정보문화사
Information Publishing Group

초보자를 위한
C++ 200제 2판

2판 1쇄 발행 | 2018년 4월 30일
2판 2쇄 발행 | 2021년 6월 10일

지 은 이 | 박준태
발 행 인 | 이상만
발 행 처 | 정보문화사

편 집 진 행 | 노미라

주   소 | 서울시 종로구 동숭길 113 (정보빌딩)
전   화 | (02)3673-0037(편집부) / (02)3673-0114(代)
팩   스 | (02)3673-0260
등   록 | 1990년 2월 14일 제1-1013호
홈 페 이 지 | www.infopub.co.kr

I S B N | 978-89-5674-782-8

머리말

C++는 비야네 스트롭스트룹이 만든 언어로 오늘날에는 Java, C, C# 등과 함께 전 세계에서 가장 많이 사용되는 언어 중 하나입니다. C++는 응용 분야가 매우 다양해 게임, 임베디드, 앱 개발 등 많은 업종에서 유용함을 뽐내고 있습니다. C++를 다룰 줄 아는 개발자는 다양한 분야에서 폭넓은 경험을 할 수 있으며, 프로그래밍 언어를 공부하는 학생들에게는 넓은 안목을 품게 해줍니다.

C++는 C언어와 함께 마지막까지 살아남을 언어로 꼽힙니다. 하지만, C++는 사용 방법과 구현 과정이 다양하기에 지식의 깊이를 확보하기 위해선 좋은 안내서를 꼭 읽어야 합니다. 그리고 주기적으로 발표되는 C++ 표준도 이해하여 소스를 보다 효율적으로 구현해야 합니다. 이 책은 C++를 현업에서 십분 활용하기 위한 초보자용 포괄적인 안내서로 C++11 표준 중 유용한 항목과 전반적인 기초 사항을 다룹니다.

이 책은 C++ 개발자가 되기 위한 기본 지식을 먼저 소개합니다. 그리고 현업에서 유용하게 접목할 수 있는 C++11의 Algorithm 항목을 설명합니다. 뒤에선 정규표현식과 Json을 설명하는 것으로 책은 끝을 맺습니다.

C++에 입문하는 분이라면 소스를 직접 타이핑하고, 결과를 확인하시기 바랍니다. 예제 소스도 내용을 일부 바꾸어 본인의 의도대로 결과가 나오는지 확인하는 공부 습관도 들이시기 바랍니다. 책에 수록된 소스 코드와 데이터 파일은 정보문화사 홈페이지(http://www.infopub.co.kr)의 자료실이나 저자 블로그(http://codingcoding.tistory.com)에서 다운로드할 수 있습니다.

C++는 전 세계에서 사랑받는 언어입니다. 저는 이 책을 통해 C++가 프로그래밍 세계에 입문하는 분들에게 가깝게 느껴졌으면 좋겠습니다.

> "삶은 한 번이지만, 그 한 번의 삶을 위해 많은 것을 희생한 사람이 있습니다.
> – 잔소리와 요리를 잘하는 그녀 (매야♡)"

저자 박준태

예제 제목

해당 예제의 번호와 제목을 가장 핵심적인 내용으로 나타냅니다.

학습 내용

해당 예제에서 배울 학습 내용을 설명합니다.

힌트 내용

예제에 대한 힌트나 시간을 절약 할 수 있는 방법, 앞에서 설명한 내용과 관련된 또 다른 과정, 일반적으로 알려진 기본 방법 이외에 숨겨진 기능을 설명해 줍니다.

소스

예제 파일은 정보문화사 홈페이지 (www.infopub.co.kr) 자료실에서 다운로드 받을 수 있습니다.

예제 소스

단락에서 배울 내용의 전체 예제(소스)를 나타냅니다.

---

❶

초급 **016** 문자형 변수 이해하기(char)

❷ ● 학습 내용 : 하나의 문자만 저장하는 자료형 char를 이해합니다.
❸ ● 힌트 내용 : char는 문자와 숫자를 저장하여 표현할 수 있습니다.

❹

❺

```cpp
1  #include <iostream>
2
3  using namespace std;
4
5  int main()
6  {
7      char ch1 = 'c';
8      char ch2 = 200;
9
10     unsigned char ch3 = 'c';
11     unsigned char ch4 = 200;
12
13     printf("char ch1 = %c, %d\n", ch1, ch1);
14     printf("char ch2 = %c, %d\n", ch2, ch2);
15     printf("char ch3 = %c, %d\n", ch3, ch3);
16     printf("char ch4 = %c, %d\n", ch4, ch4);
17
18     return 0;
19 }
```

이 자료형은 문자를 저장하며 아스키 코드 값에 따라 숫자로 값을 할당할 수도 있습니다. char 의 범위는 −127 ~ +127이며, unsigned 키워드를 붙일 경우 범위는 0 ~ +255로 변경됩니다.

052

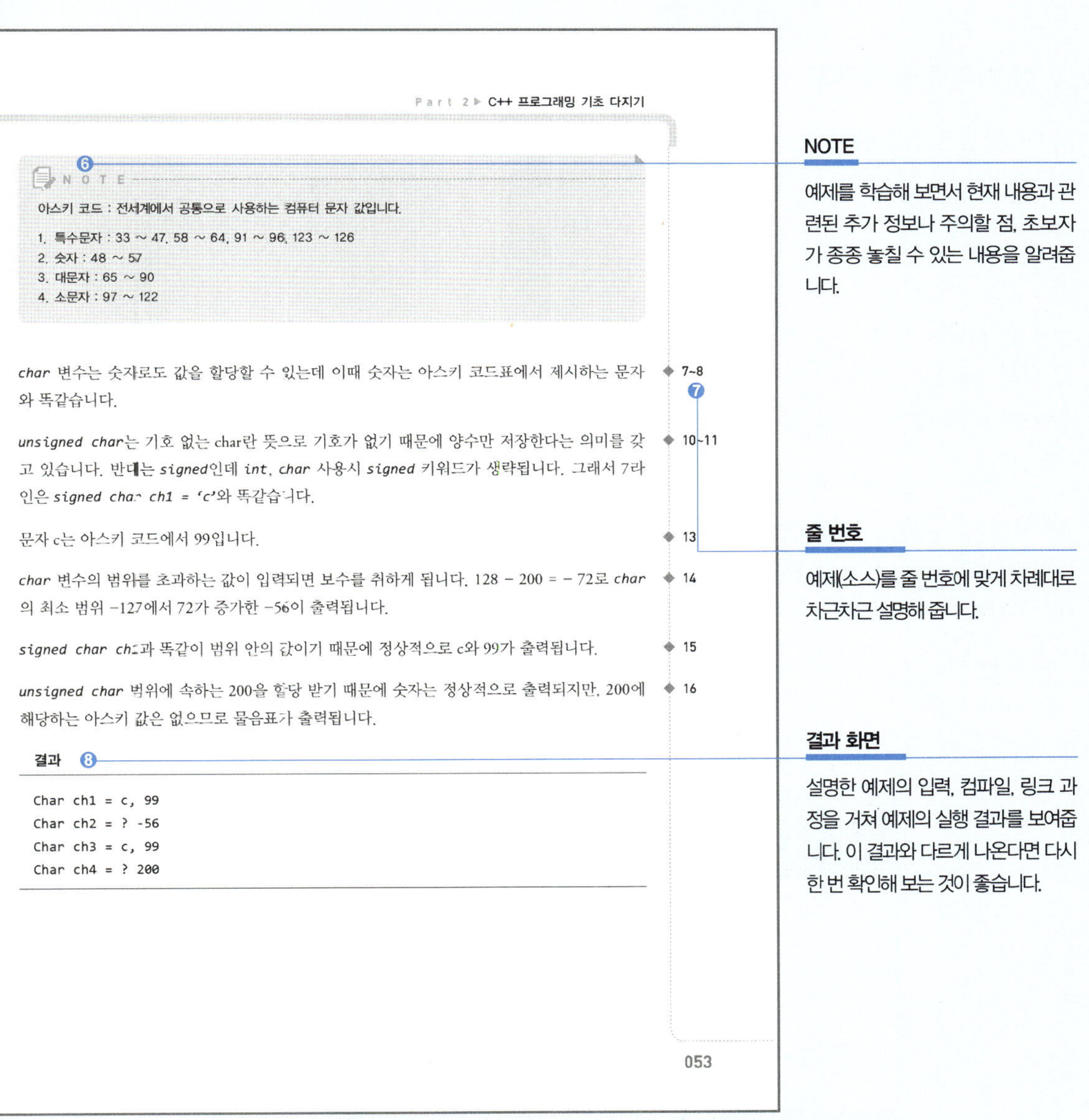

❻ N O T E

아스키 코드 : 전세계에서 공통으로 사용하는 컴퓨터 문자 값입니다.

1. 특수문자 : 33 ~ 47, 58 ~ 64, 91 ~ 96, 123 ~ 126
2. 숫자 : 48 ~ 57
3. 대문자 : 65 ~ 90
4. 소문자 : 97 ~ 122

char 변수는 숫자로도 값을 할당할 수 있는데 이때 숫자는 아스키 코드표에서 제시하는 문자 와 똑같습니다. ◆ 7~8 ❼

*unsigned char*는 기호 없는 char란 뜻으로 기호가 없기 때문에 양수만 저장한다는 의미를 갖 고 있습니다. 반대는 *signed*인데 *int*, *char* 사용시 *signed* 키워드가 생략됩니다. 그래서 7라 인은 *signed char ch1 = 'c'*와 똑같습니다. ◆ 10~11

문자 c는 아스키 코드에서 99입니다. ◆ 13

char 변수의 범위를 초과하는 값이 입력되면 보수를 취하게 됩니다. 128 - 200 = - 72로 *char* 의 최소 범위 -127에서 72가 증가한 -56이 출력됩니다. ◆ 14

*signed char ch2*과 똑같이 범위 안의 값이기 때문에 정상적으로 c와 99가 출력됩니다. ◆ 15

unsigned char 범위에 속하는 200을 할당 받기 때문에 숫자는 정상적으로 출력되지만, 200에 해당하는 아스키 값은 없으므로 물음표가 출력됩니다. ◆ 16

결과 ❽

```
Char ch1 = c, 99
Char ch2 = ? -56
Char ch3 = c, 99
Char ch4 = ? 200
```

NOTE

예제를 학습해 보면서 현재 내용과 관련된 추가 정보나 주의할 점, 초보자가 종종 놓칠 수 있는 내용을 알려줍니다.

줄 번호

예제(소스)를 줄 번호에 맞게 차례대로 차근차근 설명해 줍니다.

결과 화면

설명한 예제의 입력, 컴파일, 링크 과정을 거쳐 예제의 실행 결과를 보여줍니다. 이 결과와 다르게 나온다면 다시 한 번 확인해 보는 것이 좋습니다.

C++ 개발 환경 구축하기

▶ 이 책의 구성 스타일

C++를 공부하기 위해서는 컴파일러가 필요합니다. 여러분이 작성한 소스 코드가 문법에 맞는지 검사하고 실행 파일을 만들어주는 역할을 합니다. 컴파일러에는 여러 종류가 있지만 가장 많이 사용하고 성능 또한 뛰어난 마이크로소프트사의 비주얼 스튜디오를 추천합니다.

Visual Studio는 Microsoft가 제작하여 배포하는 통합 개발툴입니다. C++, C#, 자바스크립트, 모바일 등 많은 작업을 할 수 있습니다. 이 책에서 다루는 모든 예제는 Visual Studio 2017 기준으로 작성되어 있습니다.

만약 리눅스 환경에서 해야 한다면, KDevelop, Geany, Qt Creator를 선택할 수 있지만, 이 책에서는 윈도우 개발 환경을 기준으로 Visual Studio 설치 방법을 설명합니다.

1. Visual Studio 다운로드

Visual Studio 다운로드 사이트 https://www.visualstudio.com/ko/downloads/로 이동합니다. 맨 왼쪽에 있는 Visual Studio Community 2017 [무료 다운로드]를 클릭합니다.

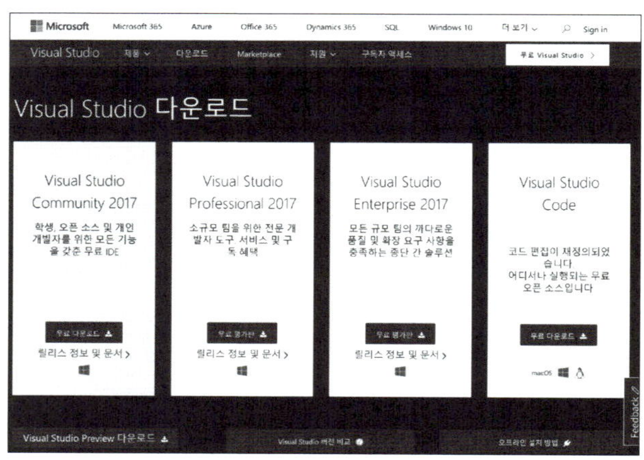

2018년 2월 12일 기준으로 vs_community__433682011.1515805403.exe 설치 파일을 다운로드할 수 있습니다. 다운로드 받는 날짜에 따라 버전은 바뀔 수 있습니다.

2. Visual Studio 설치

다운로드한 설치 파일을 더블클릭하여 Visual Studio Community 2017을 설치합니다.

많은 설치 항목들이 있는데, 우리는 C++를 공부해야 하니 Windows (3) 탭의 [C++를 사용한 데스크톱 개발]을 선택합니다.

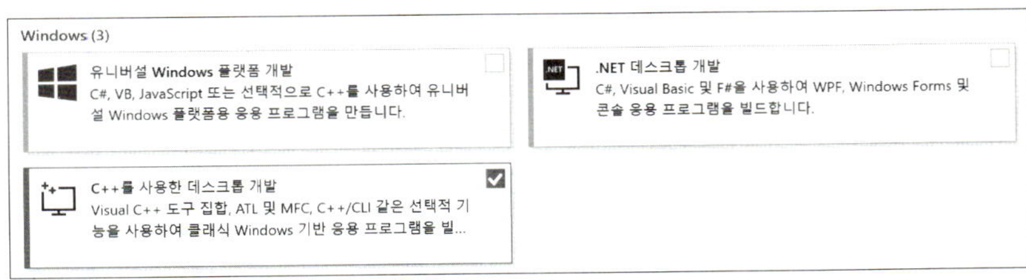

화면 하단 위치 탭에 설치 경로를 선택하고 설치 버튼을 누릅니다. 설치에 필요한 용량은 6.18GB입니다. 설치 시간은 PC 성능에 따라 다르며, 선택한 설치 항목에 따라서도 다릅니다.

설치가 완료되었다면, 설치 성공 화면을 볼 수 있습니다. [프로그램 – 시작 – Visual Studio 2017]로 이동하면 Visual Studio Community 2017 실행 파일도 확인할 수 있습니다.

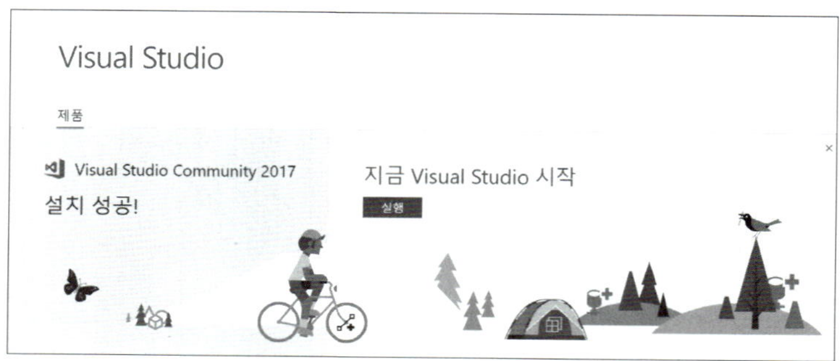

자, 그럼 Visual Studio 아이콘을 클릭하여 비주얼 스튜디오를 실행합니다. C++ 200제의 모든 예제는 Visual Studio를 이용해 실행하고 그 결과를 확인할 수 있습니다.

3. Visual Studio 예제 작성하기

예제를 실행하기 위해 프로젝트를 만들어야 합니다. 비주얼 스튜디오 첫 화면에서 [파일 – 새로 만들기 – 프로젝트 (Ctrl Shift N)]를 선택합니다. 새 프로젝트 창에서 [설치됨 – 다른 언어 – Visual C++]를 선택하고 가운데 종류에서 [Windows 콘솔 응용 프로그램]을 선택합니다.

화면 하단에 이름, 위치, 솔루션 이름을 원하는 형태로 변경하고 오른쪽 아래의 확인 버튼을 누릅니다. 변경하지 않고 기본 값을 사용해도 괜찮습니다.

이제 C++ 소스 코드를 입력하여 결과를 확인할 준비가 완료되었습니다. 그림처럼 소스 코드를 화면에 입력합니다.

```
1 #include "stdafx.h"

2 #include <iostream>

3

4 using namespace std;

5

6 int main()

7 {

8     cout << "Welcome to HEL..C++ World!!" << endl;

9

10     return 0;

11 }
```

입력이 완료되었다면 상단 메뉴에서 [디버그 – 디버그하지 않고 시작 Ctrl + F5]을 클릭합니다. 그러면 다음과 같이 실행 결과가 표시됩니다.

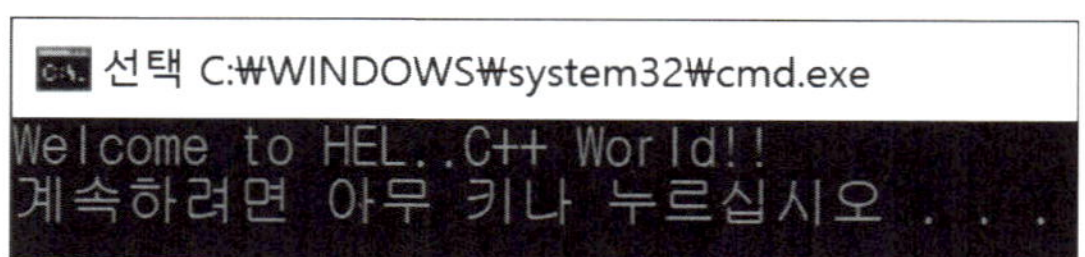

여기까지 확인되었다면 C++를 공부할 수 있는 환경이 완성된 것입니다. 만약 에러가 발생한다면, 콤마(,), 세미콜론(;) 등 오타가 없는지 확인해야 합니다.

4. Visual Studio 폰트 설정

폰트를 바꾸는 팁을 소개합니다. 필자는 Bitstream Vera Sans Mono로 설정합니다.

Visual Studio 상단 메뉴의 [도구 – 옵션]을 클릭합니다. [환경 – 글꼴 및 색]을 선택하고 표시 항목은 [일반 텍스트]를 선택합니다.

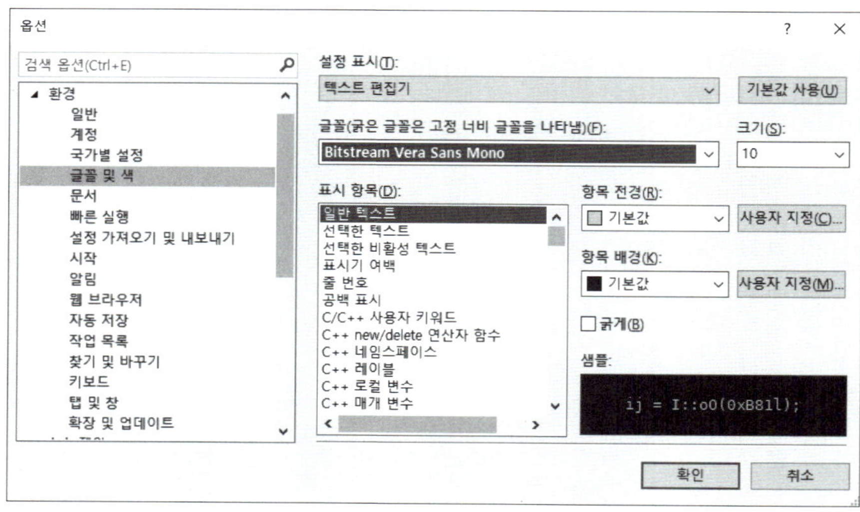

그림처럼 글꼴을 지정하면 소스 코드의 폰트가 변경됩니다.

5. 비주얼 스튜디오 2017 특징

① 비주얼 스튜디오 2015와 호환됩니다. 이전 버전의 비주얼 스튜디오는 상호 간 호환되지 않았습니다. 하지만 비주얼 스튜디오 2017은 2015 버전과 빌드된 개체 파일(OBJ), 정적 라이브러리(LIB), 동적 라이브러리(DLL), 실행 파일(EXE)이 호환됩니다.

② Enterprise 2017 버전은 Live Unit Testing 환경을 제공합니다. 무료인 커뮤니티 버전에는 없는 것으로, 코딩하는 동안 편집기에 라이브 단위 테스크 결과를 제공합니다.

③ C++ 11, C++ 14, C++ 17(일부) 문법을 지원합니다. 컴파일러 옵션에 /std:c++14, /std:c++17을 추가하면 해당 문법을 사용할 수 있습니다.

④ 유닛 테스트 기능이 강화되었습니다. 그래픽 진단 기능이 다양해졌고, 리소스 목록 찾기, 꼭짓점 및 기하 도형 세이더 출력, 리소스 변경 내역 등이 추가되었습니다. 또한, 메므리 통계, GPU 사용량 등은 엑셀 파일로 저장할 수 있습니다.

⑤ 비주얼 스튜디오 2017 15.3 버전에서는 초기화되지 않은 const 변수 에러가 경고로 변경되었습니다.

⑥ 비주얼 스튜디오와 GitHub가 호환됩니다. GitHub를 사용한다면 비주얼 스튜디오의 팀 탐색기에서 GitHub를 연동하여 바로 커밋할 수 있습니다.

⑦ 윈도우 기반의 개발툴인 비주얼 스튜디오 2017이 리눅스 개발을 지원합니다. 단, 컴퓨터에 openssh-server, g++, gdb, gdbserver가 설치되어 있어야 합니다. 리눅스 개발용 프로젝트 생성 후 CMake까지 설정하면 윈도우에서 리눅스 배포용 프로그램 개발을 할 수 있습니다.

차례

PART 1 | 입문 | C++ 프로그래밍 시작하기

PART 4 **활용** C++ 프로그래밍 응용 다지기

PART 5 · 실무

C++ 실무 응용 – 정규표현식, JSON

PART 1

PART **입문**

C++ 프로그래밍 시작하기

C++ 프로그래밍 시작하기

- **학습 내용 :** 콘솔창에 cout을 이용해 원하는 문자열을 출력하면서 C++ 프로그래밍을 시작합니다.
- **힌트 내용 :** 코딩이란 무엇인지 이해합니다.

```cpp
1 #include <iostream>
2
3 using namespace std;
4
5 int main()
6 {
7     cout << "Hello C++ World!" << endl;
8
9     return 0;
10 }
```

반갑습니다. C++은 게임, 임베디드, 서버, 네트워크 등 다양한 분야에서 사용되고 있습니다. 적용 분야는 너무 광범위하여 일일이 나열하기 힘듭니다. 그만큼 C++을 공부한다면 언제 어디든 내가 원하는 업종에서 일할 수 있어서 공부하기 너무 좋은 프로그래밍 언어입니다.

자, 이제 시작하겠습니다.

1 ◆ 책을 읽으려면 책을 펼쳐야 하고, 책을 펼쳐야 책 내용을 읽을 수 있습니다. 마찬가지로 7라인의 *cout*을 사용하려면 *cout*이 선언된 *iostream* 파일을 열어야 합니다. 만약 *iostream* 파일을 *include*하지 않는다면 다음과 같은 에러가 발생합니다.

　식별자 **"cout"**이(가) 정의되어 있지 않습니다.

책을 고르고(*#include<iostream>*) 책 내용을 읽는(*cout*) 과정입니다.

2 ◆ 소스 코드가 전혀 없습니다. 즉, 아무 의미 없는 라인입니다. 1번 라인과 3번 라인의 의미가 다르기 때문에 "의미를 구분한다"는 의미에서 한 줄을 개행한 것입니다.

◆ 3

생선(생일선물), 쏵(수학), 맥날(맥도날드) 등 우리 일상 생활 속엔 여러 줄임말이 존재합니다. 마찬가지로 C++ 소스 코드 안에도 줄임말과 유사한 using namespace가 있습니다(013. namespace 참조). std는 standard의 약자로 빈번하게 사용되는 정보들을 모아놓은 일종의 책입니다. 이 책을 사용하겠다(using)고 선언하며 책 제목(std)을 지으면 이후에 소스 코드에서 책 제목(std)을 생략하여 코딩을 할 수 있습니다.

만약 *using namespace std;* 를 미리 선언하지 않는다면 아래처럼 *cout* 앞에 *std* 를 붙여줘야 합니다.

```
std::cout << "Hello C++ World!" << std::endl;
```

sta 라고 부르는 책에서 제공하는 수많은 정보를 사용하려면 매번 *std::* 를 붙여줘야 하는데 3라인 한 줄로 이것을 생략할 수 있습니다. ::는 스코프 설정 연산자라고 부릅니다.

◆ 5

int 는 다음 장부터 배울 자료형을 의미하며 함수 이름 앞에 붙으면 반환형을 의미하기도 합니다. 뒤의 *main()* 은 함수의 이름으로 많은 작업이 이루어지는 공간을 의미합니다. 함수 이름은 다양하게 지을 수 있지만, *main* 이란 이름의 함수는 프로그램의 시작과 끝입니다. 그렇기 때문에 하나의 *main* 함수만 존재합니다.

◆ 6~10

함스는 "선언"한다고 합니다. 함수에게 너의 이름은 무엇이며 너의 영역은 어디에서 어디까지라고 알려주는 그 과정을 "선언"한다고 부릅니다. 5라인에서 함수의 반환형과 이름을 선언했습니다. 그리고 함수 영역의 시작이 어디인지를 알려줍니다. 함수 영역은 { } 사이로 6번 라인은 함수의 시작, 9번 라인은 함수의 끝을 의미합니다.

◆ 7

cout 을 이용하려면 〈〈를 붙이는데 이는 컴파일러라고 부르는 기계어 번역기와의 약속입니다. *cout* 행에 〈〈를 쓰고 그 뒤에 문자, 또는 문자열을 적으면 명령 프롬프트에 출력하기로 미리 약속되어 있는 것입니다.

그리고 맨 뒤에 *endl* 은 *end line* 의 약자로 한글이나 워드 프로세서로 문서 작업을 할 때 사용하는 엔터와 효과가 똑같습니다. 명령 프롬프트에 개행 효과를 주어 한 줄을 밑으로 내리는 것입니다. 맨 뒤의 ;은 소스 코드 한 줄의 끝을 의미합니다. 글을 쓸 때 문장 맨 뒤에 점(.)을 붙이는 것과 같은 의미입니다.

9 ◆ *return* 0이란 컴퓨터에게 프로그램 종료를 알립니다. 윈도우에서 컴퓨터를 끌 때 시스템 종료를 누르듯이 C++ 프로그래밍에선 *return* 0;을 소스 코드 맨 뒤에 적어 프로그램 종료를 알려주는 것입니다. 만약 return 0;을 적지 않으면 프로그램은 종료되지 않습니다.

결과

```
Hello C++ World!
```

콘솔창에 출력하기 (cout, cin, endl)

- **학습 내용 :** 콘솔창에 원하는 문자열을 출력합니다.
- **힌트 내용 :** cout은 출력, cin은 입력 받기, endl은 개행입니다.

```cpp
1  #include <iostream>
2
3  using namespace std;
4
5  int main()
6  {
7      int number = 0;
8
9      cin >> number;
10
11     cout << "입력한 숫자는 " << number << "입니다." << endl;
12
13     return 0;
14 }
```

*cout*은 콘솔창에 출력, cin은 콘솔창을 통해 입력받을 때 사용합니다. cin으로 입력받으면 해당 값을 변수에 할당할 수 있습니다. 변수란 무엇인지 다음 장에서 다룹니다.

정수형 변수 *number*를 선언하며 0으로 초기화합니다. 정수란 0과 자연수, 자연수의 음수로 이뤄진 숫자 체계입니다. ◆ 7

*cin*은 사용자 입력을 기다린다는 뜻입니다. 예제를 실행하면 명령 프롬프트에서 커서가 깜빡거리며 사용자 입력을 기다립니다. 입력된 해당 숫자는 변수 number에 저장됩니다. *cout*과는 다르게 〉〉를 사용합니다. ◆ 9

입력한 정수를 출력합니다. ◆ 11

결과

입력한 숫자는 27입니다.

변수 배우기

- **학습 내용 :** 값을 저장할 수 있는 변수 개념을 이해합니다.
- **힌트 내용 :** 수학 방정식 'x=y+1'의 경우 x와 y를 변수라고 합니다.

```cpp
1  #include <iostream>
2
3  using namespace std;
4
5  int main()
6  {
7      int one = 1;
8      int two = 2;
9      int sum = one + two;
10
11     cout << "1 + 2 = " << sum << endl;
12
13     return 0;
14 }
```

변수는 어느 곳에서나 선언하여 사용할 수 있습니다. 원하는 값을 저장한 뒤 가공하여 결과를 표현할 수도 있습니다. 변수 이름은 담기는 내용을 충분히 유추할 수 있도록 지어야 합니다.

7~9 ◆ 변수 *one*, *two*, *sum*을 선언하며 초기화합니다. 변수 앞에 적혀있는 *int*는 변수를 정수(음수, 양 수)로 사용한다는 의미입니다.

```
int : 정수
one : 변수 이름 (선언)
1 : 정수형 변수 one에 저장할 값 (정의)
```

변수 *sum*은 C++이 제공하는 사칙연산 결과에 따라 *one*과 *two*의 합을 저장합니다. 만약 *one = 1;*과 같이 변수의 자료형을 정해주지 않는다면 다음과 같은 에러가 발생합니다.

컴퓨터에게 *one*이란 어떤 존재인지 알려줘야 하는데 자료형을 적지 않아 컴퓨터는 알 수 없으므로 에러 메시지를 출력합니다.

그리고 정수가 아닌 소수점 숫자, 문자 등도 사용할 수 있는데 [007. 자료형 이해하기]를 참조합니다.

1 + 2의 결과를 출력합니다. "1 + 2 = "는 문자열이고 실제로 1과 2를 더한 값은 *sum*이란 *int* 정수형 변수에 저장되어 있습니다.

◆ 11

 **N O T E**

변수 이름 짓는 방법

프로그래머가 코딩할 때 자주 고민하는 것이 무엇일까요? 바로 이름 짓기입니다. 변수와 함수, 그리고 뒤에서 배울 클래스 등의 이름 짓기로 고민의 시간을 많이 보냅니다.

프로그래밍 초보자가 많이 실수하는 부분이기도 한 변수는 그 이름만으로 쓰임새가 무엇인지 꼭 알아야 합니다. 그래서 전통적으로는 이런 방법을 사용했습니다.

```
int nSize;
bool bRight;
double dVertex;
```

*n*은 정수형 변수, *b*≡ *bool(true, false)*형 변수, *d*는 실수형 변수입니다. 이것으로 변수 자료형을 유추하여 사용해왔습니다. 하지만 요즘엔 위 방법을 사용하지 않는 추세입니다.

```
int size;
bool is_right;
double vertex;
```

*size*란 변수 이름을 읽으면 크기라는 것이 뻔하죠. *is_right*란 변수 이름을 읽으면 맞다 또는 틀리다란 것이 떠오릅니다.

이처럼 변수 이름만으로 자료형 유추가 가능하기 때문에 자료형을 의미하는 n, b, d 등의 문자는 생략하는 편입니다. 그리고 변수를 소문자로만 작성하되 단어 사이엔 언더바(_)를 이용하는 것을 권장합니다. 대소문자로만 이뤄진 함수와 소문자와 언더바로만 이뤄진 변수 이름을 쉽게 구분하기 위함이죠. 변수 이름은 그 이름만으로 자료형을 내포하고 있기 때문에 굳이 변수 앞에 자료형을 기재할 필요는 없습니다.

상수 배우기(const)

- **학습 내용 :** 상수를 이해하고 사용하는 방법을 배웁니다.
- **힌트 내용 :** 변하지 않고 변할 수 없는 값을 상수라고 합니다.

```cpp
1  #include <iostream>
2
3  using namespace std;
4
5  int main()
6  {
7      const int GREATE_VICTORY_SALSU = 612;
8      const int GREATE_VICTORY_GWIJU = 1019;
9
10     cout << "고구려 살수대첩 연도 : "<<GREATE_VICTORY_SALSU << "년" << endl;
11     cout << "고려 귀주대첩 연도 : " << GREATE_VICTORY_GWIJU << "년" << endl;
12     return 0;
13 }
```

상수는 변하지 않는 값을 뜻합니다. 상수는 프로그램이 시작하고 종료될 때까지 단 한 번만 초기화됩니다. 프로그램이 종료되기 전까지 상수의 값은 변할 수 없습니다. 만약 상수에 다른 값을 할당하면 다음과 같은 에러가 발생합니다.

식이 수정할 수 있는 lvalue여야 합니다.

lvalue는 left value, 즉 값을 할당 받아야 할 변수를 의미합니다. 상수에 값을 새로 할당하려고 시도하면 const로 선언되었으므로 새로운 값을 할당할 수 없어 에러가 발생합니다. 상수는 변하지 않는 값을 선언할 때 사용하는데, 현업에선 값을 변경할 수 있는 변수보단 변하지 않을 상수형 변수를 최대한 확보하여 코드를 최적화합니다.

7~8 ◆ 고구려 살수대첩과 고려 귀주대첩이 발생한 연도는 612년과 1019년으로 절대 변하지 않는 연도입니다. 이런 변할 수 없는 값들을 상수로 사용합니다.

상수를 출력합니다. 앞선 예제의 정수형 변수처럼 상수 정수형 변수도 똑같이 출력할 수 있습니다. ◆ 10~11

결과

```
고구려 살수대첩 연도 : 612년
고려 귀주대첩 연도 : 1019년
```

 **N O T E**

상수 이름 짓는 방법

상수형 변수는 일반 변수와는 달리 한 번 값이 할당되면 프로그램이 종료될 때까지 값이 변할 수 없습니다. 그래서 변수 이름 규칙도 다른 편입니다. 구글에서 권장하는 상수형 변수 이름 규칙은 앞에 k를 붙이라는 것인데, 이는 뒤에서 배울 클래스의 C와 구분하기 위해 발음이 비슷한 k를 권장하는 것입니다(평형 상수 k와는 다른 의미입니다).

 **N O T E**

구글 권장 예) kPI, kMyCountry, kSize, kJob, kMyYear

현업에선 대문자로 상수 이름을 모두 짓는 편입니다. 아직까진 대문자로 상수 이름을 표기하는 것이 일반적입니다.

보편적인 예) PI, MY_COUNTRY, SIZE, JOB, MY_YEAR

만약 이런 코딩 규칙이 없다면 만드는 것이 좋고, 회사마다 다른 코딩 규칙이 존재한다면 기존의 것을 따르는 것이 좋습니다. 어디까지나 강제로 따르라는 규칙은 없습니다. 구성원끼리 합의해 규칙을 만드는 것이며, 규칙을 만들 때 참조할 자료는 이 책을 포함해 온라인에 많습니다.

사칙연산 배우기(+, −, *, /)

- **학습 내용 :** 더하기, 빼기, 곱하기, 나누기. 사칙연산하는 방법을 배웁니다.
- **힌트 내용 :** 사칙연산으로 원하는 숫자를 출력해 보세요.

```cpp
1  #include <iostream>
2
3  using namespace std;
4
5  int main()
6  {
7      int one = 1;
8      int two = 2;
9      int three = 3;
10     int four = 4;
11
12     cout << "1 + 3 = " << one + three << endl;
13     cout << "4 - 2 = " << four - two << endl;
14     cout << "2 * 3 = " << two * three<< endl;
15     cout << "4 / 2 = " << four / two << endl;
16
17     cout << "2 + 3 * 4 = " << two + three * four << endl;
18     cout << "1 + 4 / 2 = " << one + four / two  << endl;
19
20     return 0;
21 }
```

사칙연산이란 더하기, 빼기, 곱하기 나누기를 말합니다. *C++* 프로그래밍에서는 수학에서 사용하는 기호가 똑같아 +, −, *, /를 이용합니다. 예를 들어 *int number = 1 + 2;*라고 코딩하면 정수형 변수 *number*에는 3이란 값이 할당됩니다.

7~10 ◆ 정수형 변수 *int*에 초기값을 대입합니다.

더하기 연산을 수행합니다. 결과는 4입니다.　◆ **12**

빼기 연산을 수행합니다. 결과는 2입니다.　◆ **13**

곱하기 연산을 수행합니다. 결과는 6입니다.　◆ **14**

나누기 연산을 수행합니다. 결과는 2입니다.　◆ **15**

사칙연산이 섞여있을 때는 곱하기와 나누기를 먼저 연산합니다. 3 곱하기 4의 결과인 12에 2를　◆ **17~18**
더해 결과는 14입니다. 4 나누기 2의 결과인 2에 1을 더해 결과는 3입니다.

결과

```
1 - 3 = 4
4 - 2 = 2
2 × 3 = 6
4 / 2 = 2
2 - 3 * 4 = 14
1 - 4 / 2 = 3
```

사칙연산 축약하기(+, −, *, /)

- **학습 내용 :** 앞서 배운 사칙연산을 축약하여 간편하게 사용하는 방법을 이해합니다.
- **힌트 내용 :** x = x + 2라는 식을 x += 2로 축약할 수 있습니다.

```cpp
1  #include <iostream>
2
3  using namespace std;
4
5  int main()
6  {
7      int two = 2;
8      int eight = 8;
9      int sum1 = 2;
10     int sum2 = 2;
11
12     sum1 = sum1 + two;
13     sum2 += eight;
14
15     cout << "sum1 = " << sum1 << endl;
16     cout << "sum2 = " << sum2 << endl;
17
18     sum1 = 2;
19     sum2 = 8;
20     sum1 *= two;
21     sum2 /= eight;
22
23     cout << "sum1 = " << sum1 << endl;
24     cout << "sum2 = " << sum2 << endl;
25
26     return 0;
27 }
```

*C++*에서는 사칙연산 축약형을 제공합니다. 축약형은 현업에서도 자주 사용하며 직관적으로 계산식의 결과를 유추할 수 있어서 매우 유용합니다.

정수형 변수를 선언하고 초기값을 대입합니다.　　　　　　◆ 7~10

더하기 연산을 수행합니다. 결과는 4입니다.　　　　　　◆ 12

더하기 축약형을 사용했습니다. *sum2 = sum2 + eight;*를 위와 같이 축약할 수 있습니다. 결과는 10입니다.　　　　　　◆ 13

변수 *sum1*과 *sum2*의 결과를 출력합니다.　　　　　　◆ 15~16

이전 값을 무시하고 변수에 새로운 값을 할당합니다.　　　　　　◆ 18~19

축약형 곱하기, 나누기 연산을 합니다. 결과는 각각 4, 1입니다.　　　　　　◆ 20~21

변수 *sum1*과 *sum2*의 결과를 출력합니다.　　　　　　◆ 23~24

결과

```
sum1 = 4
sum2 = 10
sum1 = 4
sum2 = 1
```

자료형 이해하기(char, int, double, bool, string)

- **학습 내용 :** C++에서 사용하는 자료형입니다.
- **힌트 내용 :** 주로 사용하는 5개의 자료형을 알아봅니다.

```cpp
1  #include <iostream>
2  #include <string>
3
4  using namespace std;
5
6  int main()
7  {
8      char character = 'C';
9      int integer = 100;
10     double precision = 3.14159;
11     bool is_true = true;
12     string word = "Hello World";
13
14     cout << "char : " << character << endl;
15     cout << "int : " << integer << endl;
16     cout << "double : " << precision << endl;
17     cout << "bool : " << is_true << endl;
18     cout << "string : " << word << endl;
19
20     return 0;
21 }
```

프로그래밍을 하면서 가장 많이 다루게 될 자료형 5개를 소개합니다. 수많은 개발 방법론과 코드 최적화 기법이 존재하며, 노련한 개발자들이 추천하는 숏핸딩 기법 등도 있습니다. 이 모든 프로그래밍 기교의 시작은 위에서 소개하는 자료형에서 시작한다 해도 과언이 아닙니다.

문자열 자료형인 *string*을 사용하기 위해 인클루드합니다. *String*은 일반적인 자료형이 아니라 클래스이기 때문에 이와 같은 과정이 필요합니다. 클래스는 뒤에서 자세히 배웁니다. ◆ 2

문자형 변수는 *char*로 선언합니다. 문자형은 문자열과는 달리 하나의 문자만 저장할 수 있습니다. 이런 문자형 변수가 모인 것이 문자열입니다. *char* 변수에 값을 할당할 때에는 문자 앞뒤에 쿼테이션(')을 하나씩 붙여 문자의 시작과 끝을 설정합니다. ◆ 8

정수형 변수는 *int*로 선언합니다. *int*에는 정수만 담을 수 있습니다. ◆ 9

실수형 변수는 *double*로 선언합니다. *float*란 자료형도 존재하지만, 소수점 다룰 때 제한이 있어서 거의 사용되지 않습니다. 소수점까지 다뤄야 할 경우엔 *double*을 사용하는 것이 좋습니다. ◆ 10

논리형 변수는 *bool*로 선언합니다. 맞다, 틀리다 둘 중 하나의 값만 갖기 때문에 *true* 또는 *false*를 할당할 수 있습니다. ◆ 11

문자열 변수는 *string*으로 선언합니다. 문자가 모인 것을 문자열이라고 하는데 값을 할당할 때에는 더블 쿼테이션(")을 앞뒤에 붙입니다. *"010-1234-5678"*, *"Hello!!!!"*와 같이 원하는 숫자, 문자, 특수문자를 섞어 하나의 문자열을 생성할 수 있습니다. ◆ 12

결과

```
char : C
int : 100
double : 3.14159
bool : 1
string : Hello World
```

조건문 배우기(if ~ else)

- **학습 내용 :** 어떤 조건에서 참과 거짓을 판단하는 방법을 이해합니다.
- **힌트 내용 :** 참과 거짓 판정을 위해 if ~ else를 사용합니다.

```cpp
1  #include <iostream>
2
3  using namespace std;
4
5  int main()
6  {
7      int x = 10;
8      int y = 1;
9
10     if (x > y)
11         cout << "x는 y보다 큽니다." << endl;
12     else
13         cout << "x는 y보다 작습니다." << endl;
14
15     return 0;
16 }
```

조건에 맞춰 코드를 달리 작성해야할 때, if 조건문을 이용합니다. 조건문은 조건에 맞는지 (true) 아닌지 (false)를 판단하여 서로 다른 코드를 수행합니다.

10 ◆ "x가 y보다 크다면"이라는 조건을 선언합니다.

11 ◆ if 조건문이 참, 즉 x가 y보다 크다는 전제가 옳다면 수행되는 코드입니다.

13 ◆ if 조건문이 거짓, 즉 x가 y보다 크다는 전제가 틀렸다면 else에 해당하는 코드가 수행됩니다.

결과

x는 y보다 큽니다.

순환문 배우기(for)

- **학습 내용 :** 일정 범위 안에서 같은 동작을 반복하는 for 문을 이해합니다.
- **힌트 내용 :** 반복 과정에선 for 문을 주로 사용합니다.

```cpp
1  #include <iostream>
2
3  using namespace std;
4
5  int main()
6  {
7      int sum1 = 0;
8      int sum2 = 0;
9
10     int one = 1;
11     int two = 2;
12
13     for (int i = 0; i < 5; i++)
14     {
15         sum1 += one;
16         sum2 += two;
17     }
18
19     cout << "합산 결과 : " << sum1 << ", " << sum2 << endl;
20
21     return 0;
22 }
```

for 순환문은 특정 작업을 반복 수행하는데 사용합니다. 만약 숫자 1을 5번 더해야 한다면 *sum1 += 1;*이라는 코드를 5번 반복해야 하지만, for 순환문을 이용하면 한 줄로 5번 더하는 동작을 해결할 수 있습니다.

13 ◆ 반복 횟수는 정수를 이용합니다. 이 줄엔 세 가지 의미가 있습니다.

첫 번째, i를 0으로 초기화

두 번째, i가 5보다 작을 때까지 반복

세 번째, i는 순환할 때마다 1씩 증가

즉, i 값은 0에서 시작해 5보다 작을 때(4)까지 총 5번 순환합니다.

앞서 언급한 세 가지 요소는 한 괄호 안에 쓰며, 세미콜론으로 분리합니다.

15~16 ◆ *for* 문 영역에 속하는 두 라인은 i 값이 0~4일 때 수행됩니다. 만약 i 값이 5가 된다면 *for* 문의 조건에 해당하지 않기 때문에 순환은 종료됩니다.

결과

합산 결과 : 5, 10

배열 배우기([크기])

- **학습 내용 :** 같은 자료형 데이터를 여러 개 저장하는 방법을 배웁니다.
- **힌트 내용 :** 각괄호[]를 사용해 개수를 지정합니다.

```cpp
1  #include <iostream>
2
3  using namespace std;
4
5  int main()
6  {
7      const int kArraySize = 3;
8
9      int founding[kArraySize];
10     founding[0] = 918;
11     founding[1] = 1392;
12     founding[2] = 1948;
13
14     cout << "고려 건국 연도 : " << founding[0] << endl;
15     cout << "조선 건국 연도 : " << founding[1] << endl;
16     cout << "한국 건국 연도 : " << founding[2] << endl;
17
18     return 0;
19 }
```

배열에는 같은 자료형 데이터를 여러 개 담을 수 있습니다. 최근에는 *vector*, *list*, *tuple*과 같은 컨테이너로 인해 사용 빈도가 줄어들고 있습니다. 컨테이너들이 갖고 있는 편의성 때문에 배열보단 컨테이너를 사용하는 것이 생산성 향상에도 좋습니다. 그렇지만 아직도 배열이 필요한 부분이 많고 컨테이너가 갖는 메모리 점유율 등의 문제도 있어 배열과 컨테이너를 적절히 사용하는 운용의 묘가 필요합니다.

배열은 코드가 길어지고 전체 프로젝트 규모가 커질 때 효율적으로 사용할 수 있습니다. 비슷한 유형의 데이터는 따로 선언하여 사용하는 것보다 배열에 담아 꺼내 쓰는 것이 합리적입니다.

7 ◆ 배열의 크기를 나타내는 상수를 선언합니다.

9 ◆ 배열을 선언하는데 각괄호를 이용해 크기를 지정합니다. 각괄호 안에는 상수를 이용해 크기를 지정할 수 있고, [3]처럼 직접 정수를 삽입할 수도 있습니다.

10~12 ◆ 배열의 크기는 3이라 배열 0, 1, 2에 값을 지정할 수 있습니다.

14~16 ◆ 배열을 출력합니다. 값을 할당할 때처럼 변수 뒤에 각괄호를 사용합니다.

결과

```
고려 건국 연도 : 918
조선 건국 연도 : 1392
한국 건국 연도 : 1948
```

함수 배우기(())

- **학습 내용 :** 함수는 어떤 목적을 이유로 구현하는 코드 집합입니다.
- **힌트 내용 :** 기능별로 분리하여 사용합니다.

```cpp
1  #include <iostream>
2
3  using namespace std;
4
5  void Minus(const int x, const int y)
6  {
7      cout << "x - y = " << x - y << endl;
8  }
9
10 int Plus(const int x, const int y)
11 {
12     return x + y;
13 }
14
15 int main()
16 {
17     Minus(10, 5);
18
19     cout << "x + y = " << Plus(2, 6) << endl;
20
21     return 0;
22 }
```

함수는 어떤 목적을 갖고 만들기 때문에 하나의 특수한 동작을 보유합니다. 위의 예처럼 두 정수를 더하거나 빼는 기능이 필요하고, 사용 빈도가 높다면 해당 소스만 떼어 함수를 만듭니다. 여러 곳에서 자주 사용하는 소스 코드일수록 이처럼 함수로 분리하는 것이 좋습니다.

소스 코드가 길어지고 프로젝트 규모가 커질수록 함수의 역할은 중요해집니다. 수많은 소스 코드 속에서 특수한 동작을 담당하는 함수가 있어야 소스 코드 가독성도 높아지고 유지보수도 수월해 집니다.

5~8 ◆ 함수 *Minus()*를 선언하는데 인자로 *x*, *y*를 받습니다. 인자 값은 변하지 않도록 *const*로 선언합니다. 이 함수의 역할은 두 정수를 받아 그 차이를 출력하는 것입니다.

10~13 ◆ 함수 *Plus*는 두 정수의 합을 리턴합니다. 함수 이름 앞에 자료형을 지정하면 해당 자료형에 맞는 값이 반환됩니다. 반환하는 값은 *return* 뒤에 적으며, 만약 반환형을 지정해 놓고 *return* 값이 없다면 프로그램에선 오류가 발생합니다.

> 오류 C4716 'Plus': 값을 반환해야 합니다.

17 ◆ 함수 *minus*에 10과 5를 인자로 전달합니다. 함수에 전달하는 값을 인자(argument)라고 하며 함수 내부에서는 이 값을 복사하여 사용합니다.

19 ◆ 함수 plus에 2와 6을 인자로 전달합니다. Plus 함수의 반환값은 2 + 6으로 결과는 8입니다.

결과

```
x - y = 5
x + y = 8
```

주석 배우기(//, /* */)

- **학습 내용 :** 코드에서 실행되지 않는 부분은 주석 처리합니다.
- **힌트 내용 :** // 또는 /* */를 사용합니다.

```cpp
1  #include <iostream>
2
3  using namespace std;
4
5  int main()
6  {
7      // 출력하지 않을 코드
8      // cout << "여몽전쟁 영웅 김윤후, 처인성 전투 1232년" << endl;
9
10     // 0부터 9까지 출력
11     /*for (int i = 0; i < 10; i++)
12         cout << i << ", ";*/
13
14     return 0;
15 }
```

주석의 용도는 크게 2가지 입니다.

1. 현재 실행되면 안 되는 부분을 가리는 것
2. 소스 코드를 이해하는 데 필요한 설명 글 붙이기

본인이 구현한 코드에는 주석을 작성해 남들이 소스를 이해하도록 돕습니다. 그리고 주석이 모여 개발 산출물인 유지보수 문서로도 기록될 수 있습니다. 또한, 주석 내용을 기반으로 고객사에 전달할 매뉴얼 등을 제작할 수도 있습니다.

소스 앞에 //를 붙여 수행하지 않을 코드임을 명시합니다.　　　　　◆ 7~8

여러 줄을 주석 처리할 땐 /* */를 사용합니다. 이 예제에서 실제 수행되는 코드는 14번 *return 0;* 밖에 없습니다. 그래서 실행하면 명령 프롬프트엔 아무 결과도 보이지 않습니다.　　◆ 11~12

네임스페이스 배우기 (namespace)

• **학습 내용 :** 같은 이름의 함수, 변수 충돌 문제를 피하기 위해 만들어진 것입니다.
• **힌트 내용 :** 변수, 함수 범위를 제한합니다.

```cpp
1  #include <iostream>
2
3  using namespace std;
4
5  namespace silla
6  {
7      int year = 935;
8
9      void CentralArea()
10     {
11         cout << "경상도" << endl;
12     }
13 }
14
15 namespace baekjae
16 {
17     int year = 660;
18
19     void CentralArea()
20     {
21         cout << "충청도" << endl;
22     }
23 }
24
25 using namespace silla;
26 using namespace baekjae;
27
28 int main()
```

```
29 {
30      cout << "신라 중심지 : ";
31      silla::CentralArea();
32      cout << "신라 멸망연도 : " << silla::year << endl;
33      cout << "백제 중심지 : ";
34      baekjae::CentralArea();
35      cout << "백제 멸망연도 : " << baekjae::year << endl;
36
37      return 0;
38 }
```

코드 안에서 같은 이름으로 변수와 함수 이름을 지어야 할 상황이 발생할 수 있습니다. 그리고 외부에서 참조하는 소스를 사용하다 보면 같은 이름의 변수나 함수가 있어서 난감한 상황에 처하기도 합니다. 이런 문제를 해결하도록 고안된 것이 네임스페이스입니다.

원리는 간단합니다. 변수나 함수를 해당 영역에서만 유효하도록 제한하는 것입니다. 해당 변수, 함수는 특정 네임스페이스에서만 유효하며, 명시적으로 특정 네임스페이스를 이용해 내부 변수, 함수를 사용할 수 있습니다.

네임스페이스 silla를 선언하고 정수형 year 변수와 CentralArea() 함수를 선언합니다. ◆ 5~13

네임스페이스를 새로 선언하는데 변수와 함수 이름은 silla와 똑같습니다. ◆ 15~23

새로 선언한 두 네임스페이스를 사용하겠다고 선언합니다. 이때는 using 키워드를 사용합니다. ◆ 25~26

같은 이름의 변수와 함수를 사용하는데 프로그램에선 에러가 발생하지 않습니다. 네임스페이스 ◆ 30~35
영역에서만 유효한 변수와 함수라 명시적으로 baekjae::year와 같이 사용할 수 있습니다.

이렇게 사용하면 같은 성격의 함수와 변수라 할지라도 서로 다른 값을 할당해 사용할 수 있어서 소스 코드 유지보수에도 효율적입니다.

결과

```
신라 중심지 : 경상도
신라 멸망연도 : 935
백제 중심지 : 충청도
백제 멸망연도 : 660
```

#include 배우기


```cpp
1  #include <iostream>
2  #include <vector>
3
4  using namespace std;
5
6  int main()
7  {
8      vector<int> exam;
9      exam.push_back(10);
10      exam.push_back(20);
11      exam.push_back(30);
12
13      for (int i = 0, size = exam.size(); i < size; i++)
14      {
15          cout << "벡터 값 : " << exam.at(i) << endl;
16      }
17
18      return 0;
19  }
```

코딩할 때 구현 과정이 복잡하거나 구현 시간이 오래 걸린다면, 이미 검증된 외부 라이브러리를 찾아 적용하는 것이 좋습니다. 직접 구현하는 것보다 다른 사람의 소스를 분석하여 사용하는 것도 효율적입니다. 그래서 검색 능력도 실력이라는 말이 있습니다. 검색에 너무 의존하면 안 되지만, 다른 사람이 작성한 소스를 분석하고 이해하여 나에게 맞도록 수정해 사용하는 능력도 필요합니다.

그리고 *C++*은 검증된 소스들을 한데 모아 파일로 제공하고 있습니다. 이 파일 안에는 수많은 소스 코드가 존재하며 이곳에서 내가 필요한 부분을 사용할 수 있습니다.

만약 *vector*가 필요하다면 *vector*가 구현된 파일을 불러와 사용할 수 있는데, 이를 돕는 키워드가 *#include*입니다.

1. #include 〈파일 이름〉
2. #include "파일 이름"

1번은 **C++**에서 제공하는 기본 라이브러리를 사용합니다.
2번은 사용자가 만든 다른 파일을 참조할 때 사용합니다.

예제에서 사용한 vector는 C++ 표준 라이브러리에 포함되어 있기 때문에 〈 〉 사이에 파일 이름을 넣게 됩니다. 만약 새로 작성한 소스 코드가 있다면 "" 사이에 경로와 파일 이름을 넣어 사용할 수도 있습니다.

벡터를 사용하기 우해 벡터가 정의되어 있는 *vector*를 인클루드 합니다. 벡터는 사용 방법이 많고 매우 유용하여 자주 사용되는 컨테이너입니다. 자세한 사용 방법은 [152. vector 사용하기]에서 다룹니다.　　　　　◆ 2

정수형 데이터를 저장하는 벡터를 선언합니다.　　　　　◆ 8

벡터의 뒤에 순차적으로 10, 20, 30을 삽입합니다.　　　　　◆ 9~11

for 순환문을 이용해 벡터의 값을 모두 출력합니다.　　　　　◆ 13~16

결과

```
벡터 값 : 10
벡터 값 : 20
벡터 값 : 30
```

스코핑룰 이해하기({})

- **학습 내용**: 변수를 사용하기 위한 규칙으로 변수의 유효 범위를 의미합니다.
- **힌트 내용**: 같은 이름의 변수라도 영역에 따라 값이 달라질 수 있습니다.

```cpp
1  #include <iostream>
2
3  using namespace std;
4
5  int x = 10;
6
7  int Func1()
8  {
9      int y = x + 10;
10     return y;
11 }
12
13 int Func2()
14 {
15     int x = 100;
16     return x;
17 }
18
19 int main()
20 {
21     cout << "y = " << Func1() << endl;
22     cout << "x = " << Func2() << endl;
23     cout << "x = " << x << endl;
24
25     return 0;
26 }
```

어떤 변수든 변수가 유효한 공간이 존재하며, 이러한 영역을 *scope*라고 합니다. 유효 범위를 제한하여 사용하는 것을 스코핑룰이라고도 부릅니다. 변수와 함수가 많아지고 프로그램 규모가 커질스록 이런 스코핑룰을 잘 지키는 것이 중요합니다.

프로그램 어디에서나 접근할 수 있는 전역 변수 x를 선언합니다. ◆ 5

정수 y를 리턴하는 함수로 이 함수 영역 안에는 x란 변수가 없기 때문에 외부의 변수 x를 참조 ◆ 7~11
하여 y값을 연산합니다.

정수 x를 리턴하는 함수로 이 함수 영역 안에는 x란 변수를 선언하고 리턴합니다. 5번 라인에도 ◆ 13~17
x란 변수가 있지만, 이 함수 영역에는 x 변수가 있기 때문에 외부 x 변수를 사용하지 않습니다.

*Func1*의 y, *Func2*의 x, 전역 변수 x를 출력합니다. ◆ 21~23

결과

```
Y = 20
X = 100
X = 10
```

2 PART 초급

C++ 프로그래밍 기초 다지기

초보자를 위한
C++
200제

016 문자형 변수 이해하기(char)

- **학습 내용 :** 하나의 문자만 저장하는 자료형 char를 이해합니다.
- **힌트 내용 :** char는 문자와 숫자를 저장하여 표현할 수 있습니다.

```cpp
1  #include <iostream>
2
3  using namespace std;
4
5  int main()
6  {
7      char ch1 = 'c';
8      char ch2 = 200;
9
10     unsigned char ch3 = 'c';
11     unsigned char ch4 = 200;
12
13     printf("char ch1 = %c, %d\n", ch1, ch1);
14     printf("char ch2 = %c, %d\n", ch2, ch2);
15     printf("char ch3 = %c, %d\n", ch3, ch3);
16     printf("char ch4 = %c, %d\n", ch4, ch4);
17
18     return 0;
19 }
```

이 자료형은 문자를 저장하며 아스키 코드 값에 따라 숫자로 값을 할당할 수도 있습니다. char 의 범위는 −127 ~ +127이며, unsigned 키워드를 붙일 경우 범위는 0 ~ +255로 변경됩니다.

**N O T E**

아스키 코드 : 전세계에서 공통으로 사용하는 컴퓨터 문자 값입니다.

1. 특수문자 : 33 ～ 47. 58 ～ 64, 91 ～ 96, 123 ～ 126
2. 숫자 : 48 ～ 57
3. 대문자 : 65 ～ 90
4. 소문자 : 97 ～ 122

char 변수는 숫자로도 값을 할당할 수 있는데 이때 숫자는 아스키 코드표에서 제시하는 문자와 똑같습니다. ◆ 7~8

*unsigned char*는 기호 없는 char란 뜻으로 기호가 없기 때문에 양수만 저장한다는 의미를 갖고 있습니다. 반대는 *signed*인데 *int*, *char* 사용시 *signed* 키워드가 생략됩니다. 그래서 7라인은 *signed char ch1 = 'c'*와 똑같습니다. ◆ 10~11

문자 c는 아스키 코드에서 99입니다. ◆ 13

char 변수의 범위를 초과하는 값이 입력되면 보수를 취하게 됩니다. 128 − 200 = − 72로 *char*의 초소 범위 −127에서 72가 증가한 −56이 출력됩니다. ◆ 14

*signed char ch1*과 똑같이 범위 안의 값이기 때문에 정상적으로 c와 99가 출력됩니다. ◆ 15

unsigned char 범위에 속하는 200을 할당 받기 때문에 숫자는 정상적으로 출력되지만, 200에 해당하는 아스키 값은 없으므로 물음표가 출력됩니다. ◆ 16

결과

```
Char ch1 = c, 99
Char ch2 = ? -56
Char ch3 = c, 99
Char ch4 = ? 200
```

017 문자열형 변수 이해하기(string)

- **학습 내용 :** C++에서 문자열 변수를 선언하여 사용하는 방법에 대해 배웁니다.
- **힌트 내용 :** 문자열은 string 변수로 사용하는 편이 효율적입니다.

```cpp
1 #include <string>
2 #include <iostream>
3
4 using namespace std;
5
6 int main()
7 {
8     string my_country = "korea";
9     string my_job = "developer";
10
11     cout << "Country : " << my_country << endl;
12     cout << "Job : " << my_job << endl;
13
14     string my_info = my_country + ", " + my_job;
15
16     cout << "My Info : " << my_info << endl;
17
18     return 0;
19 }
```

C++표준 라이브러리에는 문자열을 편리하고 안전하게 사용할 수 있는 *string*이 있습니다. *C*언에서는 문자열을 사용하기 위해 *char* 배열(*char []*)을 사용하지만, *C++*의 *string*이 다루기엔 더 편합니다. 물론 *C++*에서도 *char* 배열을 이용해 문자열을 구성할 수 있으나, *string*을 이용하는 것이 더 효율적입니다.

전통적인 *C*언어의 문자열 처리/가공 방법은 유연성이 부족했습니다. 그래서 *C++*에서는 보다 능동적으로 문자열을 다룰 수 있는 *string*이 도입된 것입니다.

문자열을 사용하기 위해 string 표준 헤더를 추가합니다.　　　　　　　　　　◆ 1

string 변수에 초기값을 대입합니다.　　　　　　　　　　　　　　　　　◆ 8~9

두 변수와 ','를 이용하여 새로운 문자열을 만듭니다. C언에서는 두 문자열을 합칠 때 *strcat()*　◆ 14
함수를 호출했지만 *C++*에서는 '+'를 이용해 직관적으로 문자열 합치기를 할 수 있습니다.

C언어에서는 문자열을 수정하려면 *malloc()* 등을 사용해 문자열 복사, 추가, 삭제 작업 등을
수행했습니다. 이 작업을 수행하려면 문자열의 크기, 문자열 끝의 *null*, 유니코드, 멀티바이트
상황 등 고려할 것이 많았습니다. 하지만 *C++*에서 제공하는 *string*은 '+' 등을 활용해 직관적으
로 문자열을 가공하여 손쉽게 사용할 수 있습니다.

결과

```
Country : korea
Job : developer
My Info : korea, developer
```

정수형 변수 이해하기(int)

- **학습 내용 :** 정수형 자료를 이해하고 사용하는 방법을 배웁니다.
- **힌트 내용 :** −1, 0, 1 등을 정수라고 하며 int 키워드로 선언합니다.

```cpp
1  #include <iostream>
2
3  using namespace std;
4
5  int main()
6  {
7      int positive = 100;
8      int negative = -200;
9      int ascii_value = 'A';
10
11     cout << "양수 값 : " << positive << endl;
12     cout << "음수 값 : " << negative << endl;
13     cout << "아스키 값 : " << ascii_value << endl;
14
15     return 0;
16 }
```

*int*는 정수를 의미하는 자료형으로 범위는 $-2{,}147{,}483{,}648 \sim +2{,}147{,}483{,}647$입니다. *char*와 마찬가지로 *unsigned*로 선언되면 양수로만 사용할 수 있고 범위는 $0 \sim 4{,}294{,}967{,}295$입니다.

7~8 ◆ 양수와 음수를 갖는 *int* 변수 2개를 선언합니다. int는 정수형 변수라 문자열 등은 선언할 수 없습니다. 만약 소수점이 있는 실수를 할당하면 소수점은 생략되며 다음과 같은 경고 메시지가 생성됩니다.

> C4244 '초기화 중': 'double'에서 'int'(으)로 변환하면서 데이터가 손실될 수 있습니다.

소수점을 잃어버리기 때문에 데이터 손실 경고가 발생합니다.

*int*에 문자를 대입하면 아스키 코드 값이 할당됩니다. A의 아스키값은 65입니다.

◆ 9

int 변수 3개를 출력합니다.

◆ 11~13

결과

```
양수 값 : 100
음수 값 : -200
아스키 값 : 65
```

 N O T E

요즘의 컴퓨터는 8bit를 1byte로 다루며, 32비트 또는 64비트 운영체제가 일반적입니다. 변수는 char < short < int < long < long long 순서로 byte 크기가 커지지만, 컴퓨터 아키텍처에 따라 byte 크기가 달라질 수도 있습니다. 그래서 프로그램 이식성을 고려하면 int 대신 int8, int32, int64 등으로 변수의 크기를 OS가 아닌, 소스 코드에서 미리 결정하기도 합니다.

32비트 OS에선 int가 4바이트로 64비트 기준으로 프로그램을 작성하면 버퍼 오버플로우 등이 발생할 여지가 충분한 것입니다.

그래서 이식이 필요한 프로그램의 경우 int 대신 int8 등으로 그 크기를 미리 제한하여 구현하는 것이 필요합니다.

실수형 변수 이해하기(double)

- **학습 내용 :** 실수형 자료를 이해하고 사용하는 방법을 배웁니다.
- **힌트 내용 :** −1.0, 0.0, 1.2 등을 실수라고 하며 double 키워드로 선언합니다.

```cpp
1  #include <iostream>
2
3  using namespace std;
4
5  int main()
6  {
7      double pi_d = 3.14;
8      float pi_f = 3.14f;
9
10     cout << "pi_d = " << pi_d << endl;
11     cout << "pi_f = " << pi_f << endl;
12
13     return 0;
14 }
```

실수형 데이터를 다룰 땐 *double*과 *float* 키워드를 이용합니다. *double*은 8바이트에 −1.7E308 ~ +1.7E308의 범위를 갖지만 *float*는 4바이트에 −3.4E38 ~ +3.4E38의 범위를 갖습니다. *double*은 소수점 15자리, *float*는 소수점 7자리를 보유하기 때문에 일반적으로 float 대신 *double*을 주로 사용합니다.

만약 *double*과 *float*를 함께 사용하면 오버 플로우(최대 값 초과), 언더 플로우(최소 값 미만) 문제가 생길 수 있어, 의도하지 않은 값을 얻을 수 있습니다. 그래서 두 자료형 중 하나만 사용하거나 되도록 *float*를 안 쓰는 것이 좋습니다.

7 ◆ *double*형 변수를 선언하며 3.14란 초기값을 할당합니다.

8 ◆ *float*는 값 뒤에 f를 붙입니다. 컴퓨터는 실수를 기본적으로 8바이트 *double*로 생각하기 때문에 f를 붙이지 않으면 다음과 같은 경고 메시지가 발생합니다.

> C4305 : '초기화 중' : 'double'에서 'float'(으)로 잘립니다.

그래서 8바이트 *double*이 아닌, 4바이트 *float*임을 명시적으로 지정합니다.

*double*과 *float* 변수를 출력합니다.

◆ 10~11

결과

```
pi_d = 3.14
pi_f = 3.14
```

논리형 변수 이해하기(bool)

- **학습 내용 :** 참과 거짓을 나타내는 true, false를 배웁니다.
- **힌트 내용 :** 특정 조건을 만족하면 true, 그렇지 않으면 false입니다.

```cpp
1  #include <iostream>
2
3  using namespace std;
4
5  int main()
6  {
7      int x = 10;
8      int y = 6;
9
10     bool is_true = false;
11
12     if (x > y)
13     {
14         is_true = true;
15     }
16     else
17     {
18         is_true = false;
19     }
20
21     if (is_true == true)
22     {
23         cout << "x는 y보다 큽니다" << endl;
24     }
25     else
26     {
27         cout << "x는 y보다 작습니다" << endl;
28     }
```

```
29
30      return 0;
31  }
```

논리형 변수는 *true*와 *false*로 나타내며 *true*는 정수 1, *false*는 정수 0의 값을 갖습니다. 논리형 변수를 다룰 때 1, 0으로도 사용할 수 있지만 가독성을 높이기 위해 *true*, *false*를 사용하는 것이 일반적입니다. C++에서 제공하는 함수 형태에 따라 논리형 반환값을 *true*, *false* 또는 0, 1로 설정하기도 합니다.

정수형 *int* 변수 2개를 선언합니다. ◆ **7~8**

bool 변수를 선언하며 *false*로 초기화합니다. 일반적으로 조건에 "맞다"라는 것을 유추하기 위해 *bool*을 사용하므로 초기 값은 *false*로 선언합니다. ◆ **10**

정수형 변수 *x*, *y*의 크기를 비교하는데, 만약 *x*가 *y*보다 크다면 *is_true bool* 변수에는 *true* 가 할당됩니다. 조건에 부합한다면 14번 라인이 수행되어 *is_true*에는 *true*가, 조건에 부합하지 않는다면 18번 라인이 수행되어 *is_true*에는 *false*가 할당됩니다. ◆ **12~19**

bool 변수 값이 *true*라면 23번 라인이 수행되며 그렇지 않다면 28번 라인이 수행됩니다. ◆ **21~28**

결과

x는 y보다 큽니다

021

대입 연산자 이해하기(=)

- **학습 내용 :** 변수에 값을 할당하기 위해 대입 연산자를 사용합니다.
- **힌트 내용 :** 등호(=) 연산자를 사용합니다.

```cpp
1  #include <iostream>
2
3  using namespace std;
4
5  int main()
6  {
7      int x = 1;
8      int y = 9;
9
10     int z = x + y;
11
12     double i = 1.2;
13     double j = 2.3;
14
15     double k = i + j;
16
17     cout << "x + y = " << z << endl;
18     cout << "i + j = " << k << endl;
19
20     return 0;
21 }
```

C++ 프로그래밍에서는 수학과 반대로 등호(=)를 기준으로 오른쪽 값을 왼쪽으로 대입합니다. 이때 왼쪽에 위치하는 변수를 L-value라고 부릅니다. 한편, 값을 변경할 수 없는 상수는 L-value가 될 수 없습니다. 상수는 변하지 않는 특성이 있어 프로그램 수행 중간에 값을 바꿀 수 없기 때문입니다. 하지만 변수 대부분은 L-value가 되어 할당 값을 계속 바꿀 수 있습니다. 변경하려는 값은 항상 오른쪽에 위치합니다.

부호 연산자 이해하기(+, −)

- **학습 내용 :** 수학에서 사용하는 부호의 의미와 똑같다는 것을 이해합니다.
- **힌트 내용 :** 부호 연산자는 +, −를 이용합니다.

```cpp
1  #include <iostream>
2
3  using namespace std;
4
5  int main()
6  {
7      int x = 1;
8      int y = -1;
9      int z = -2;
10
11     cout << "1 + (-1) = " << x + y << endl;
12     cout << "-1 + -2 = " << y + z << endl;
13
14     return 0;
15 }
```

부호 연산자 +, −는 양수를 음수로, 음수를 양수로 변환하는 역할을 담당합니다. C++의 부호 연산자는 일반 수학에서 사용하는 의미와 똑같습니다.

프로그래밍에서는 부호 연산자 두 개를 연이어 붙여 쓰기도 합니다. ++, −−, 이때의 의미는 다음 장(증감 연산자)에서 배우며 부호 연산자 하나를 쓸 때와 두 개를 쓸때는 의미가 다릅니다. 이번 장에서는 부호 연산자를 하나 쓸 때와 두 개 쓸 때의 차이 중 하나만 쓸 때의 상황만 이해하면 됩니다.

양수와 음수를 갖는 변수 3개를 선언합니다.

◆ 7~9

양수 1과 음수 1의 합을 출력합니다.

◆ 11

음수 1과 음수 2의 합을 출력합니다. 일반 수학의 부호 연산과 결과는 똑같습니다.

◆ 12

증감 연산자 이해하기(++, --)

- **학습 내용 :** 더하기 1 또는 빼기 1을 수행하는 증감 연산자를 이해합니다.
- **힌트 내용 :** 부호 연산자와 증감 연산자는 다른 의미입니다.

```cpp
1  #include <iostream>
2
3  using namespace std;
4
5  int main()
6  {
7      int x = 1;
8
9      cout << "x = " << x++ << endl;
10     cout << "x = " << x++ << endl;
11     cout << "x = " << ++x << endl;
12     cout << "x = " << x-- << endl;
13     cout << "x = " << x-- << endl;
14     cout << "x = " << --x << endl;
15
16     return 0;
17 }
```

증감 연산자는 x = x + 1;을 x++로 축약할 수 있는 연산자입니다. 변수의 값을 증가시킬 땐 ++, 감소시킬 땐 --를 각각 사용하며, 연산자가 변수의 앞에 붙었는지, 뒤에 붙었는지에 따라 의미도 조금 달라집니다.

📋 N O T E

x++ : x를 사용한 뒤 1 증가
++x : x를 1 증가한 뒤 사용
x-- : x를 사용한 뒤 1 감소
--x : x를 1 감소한 뒤 사용

1이 출력됩니다. 먼저 사용하고 증가하기 때문에 화면엔 1이 출력되고 내부적으론 2로 증가한 상황입니다. ◆ 9

2가 출력됩니다. 9라인과 마찬가지로 먼저 사용한 뒤 증가합니다. ◆ 10

먼저 :을 증가한 뒤 사용하기 때문에 4가 출력됩니다. ◆ 11

현재 값 4가 출력되그 1이 감소합니다. ◆ 12

현재 값 3이 출력되그 1이 감소합니다. ◆ 13

먼저 1이 감소되기 때문에 1이 출력됩니다. ◆ 14

관계 연산자 이해하기
(==, !=, <, <=, >, >=)

- **학습 내용 :** 두 값이 같은지, 다른지, 큰지, 작은지, 크거나 같은지, 작거나 같은지 비교하는 방법을 이해합니다.
- **힌트 내용 :** 두 개의 값을 비교할 땐 6가지 조건을 사용할 수 있습니다.

```cpp
1  #include <string>
2  #include <iostream>
3
4  using namespace std;
5
6  int main()
7  {
8      string publisher = "정보문화사";
9      string language = "C++";
10
11     int x = 10;
12     int y = 10;
13
14     if (publisher != language)
15         cout << "두 문장은 같지 않습니다." << endl;
16     else
17         cout << "두 문장은 같습니다." << endl;
18
19     if (x >= y)
20         cout << "x는 y보다 크거나 같습니다" << endl;
21     else
22         cout << "x는 y보다 크거나 같지 않습니다" << endl;
23
24     if (x <= 20)
25         cout << "x는 20보다 작거나 같습니다" << endl;
26     else
27         cout << "x는 20보다 작거나 같지 않습니다" << endl;
28
```

```
29    return 0;
30 }
```

관계 연산자에는 6가지 조건이 있습니다.

- A == B : A와 B가 같으면 참
- A != B : A와 B가 다르면 참
- A 〉 B : A가 B보다 크면 참
- A 〈 B : A가 B보다 작으면 참
- A 〉= B : A가 B보다 크거나 같으면 참
- A 〈= B : A가 B보다 작거나 같으면 참

문자열 변수 2개와 정수형 변수 2개를 선언합니다. ◆ 8~12

두 문장은 같지 않다는 조건에 부합하므로 15번 라인이 수행됩니다. ◆ 14~17

10은 10보다 크거나 같다는 조건에 부합하므로 20번 라인이 수행됩니다. ◆ 19~22

10은 20보다 작거나 같다는 조건에 부합하므로 25번 라인이 수행됩니다. ◆ 24~27

결과

```
두 문장은 같지 않습니다.
x는 y보다 크거나 같습니다.
x는 20보다 작거나 같습니다.
```

025

논리 연산자 이해하기 (and(&&), or(||), not(!))

- **학습 내용 :** 두 개의 값 또는 두 개 이상의 조건을 비교하는 방법을 이해합니다.
- **힌트 내용 :** 공학에서 사용하는 의미와 똑같습니다.

```cpp
1  #include <iostream>
2
3  using namespace std;
4
5  int main()
6  {
7      int x = 10;
8      int y = 20;
9
10     bool is_x = true;
11     bool is_y = false;
12
13     if (is_x == true && is_y == true)
14         cout << "is_x && is_y = " << "true" << endl;
15     else
16         cout << "is_x && is_y = " << "false" << endl;
17
18     if (x == 10 || is_x == false)
19         cout << "x가 10이거나 is_x가 true입니다" << endl;
20     else
21         cout << "x는 10이 아니며 is_x도 false가 아닙니다" << endl;
22
23     if (!is_y)
24         cout << "is_y 원래 값은 false입니다" << endl;
25     else
26         cout << "is_y 원래 값은 true입니다" << endl;
27
28     return 0;
```

```
29 }
30
```

논리 연산자에는 세 가지 조건이 있습니다.

- A && B : A와 B가 참이면 참
- A || B : A와 B중 하나만 참이여도 참
- !A : A 논리값의 반대값

정수형 변수 2개를 선언합니다.　　　　　　　　　　　　　　　　　　　　　　　◆ **7~8**

논리형 변수 2개를 선언합니다.　　　　　　　　　　　　　　　　　　　　　　　◆ **10~11**

두 논리형 변수가 모두 참이어야 참입니다. *is_y*가 *false*이기 때문에 16번 라인이 수행됩니　　◆ **13~16**
다. 두 논리형 변수가 모두 참이라는 전제가 참이 아닙니다.

정수 *x*는 10, *is_x*는 true지만 *x == 10*이 참이기 때문에 19번 라인이 수행됩니다. || or 연산　　◆ **18~21**
자는 조건 중 하나단 참이어도 결과는 참입니다.

*is_y*의 값은 *false*입니다. 논리형 변수 앞에 !를 붙이면 == *false*와 같은 뜻이라 *is_y*가　　◆ **23~26**
*false*란 조건이 성립하기 때문에 24번 라인이 수행됩니다.

결과

```
is_x && is_y = false
x가 10이거나 is_x가 true입니다
is_y 원래 값은 false입니다
```

조건부 삼항 연산자 이해하기(? :)

- **학습 내용 :** 간단한 if 문을 한 줄로 대체할 수 있는 조건부 삼항 연산자를 이해합니다.
- **힌트 내용 :** if ~ else 대신 ? :를 사용합니다.

```cpp
1  #include <iostream>
2
3  using namespace std;
4
5  int main()
6  {
7      int x = 1;
8      int y = 2;
9      int z = 0;
10
11     z = x > y ? x : y;
12
13     cout << "x와 y중 더 큰 값은 : " << z << endl;
14
15     return 0;
16 }
```

조건부 연산자는 삼항 연산자로도 부릅니다. *if* 문을 대체하는 효과가 있으면 소스를 축약할 수 있어 코드 최적화를 소개하는 글에서 빠지지 않고 등장하는 연산자이기도 합니다.

코드가 길어질 때, 삼항 연산자를 사용하면 가독성도 높일 수 있습니다. 적지만 코드 라인 일부를 줄일 수 있는 효과도 있습니다. 조건부 삼항 연산자는 다음과 같은 *if* 문을 대체합니다.

```cpp
if (x > y)
    z = x;
else
    z = y;
```

총 4줄에 해당하는 라인이 예제 11번 라인처럼 한 줄로 축약됩니다.

$x > y$는 1항, 앞의 결과값($true$) x는 2항, 뒤의 결과값($false$) y는 3항입니다. x가 y보다 크다면 : 앞에 있는 수를 z에 대입합니다. 이 경우 $x > y$ 조건이 $true$이기 때문에 y값을 z에 할당합니다. 만약 조건이 맞지 않는다면 $false$에 해당하는 y값이 z에 할당됩니다.   ◆ 11

결과

---

x와 y중 더 큰 값 : 2

N O T E

삼항 연산자는 if문을 짧게 축약하여 사용할 수 있는 장점이 있습니다. 하지만 가독성에 문제가 있다며 제한적으로 사용할 것을 권장하는 사람들도 있습니다.

이 문제는 분기하여 처리할 것이냐, 또는 연산할 것이냐는 명제에 따라 생각할 여지가 있습니다. "삼항 연산자는 가독성이 나쁘다"는 의미는 결국 연산에 그치지 않고 "분기하여 처리"하는 과정이 들어가다 보니 "차라리 if문을 사용"하자는 것으로 귀결됩니다.

결국 삼항 연산자를 예제처럼 짧고 간결하게 사용하면 되지만, 코드가 길어지면 가독성에 문제가 생깁니다. 그러니, 삼항 연산자는 짧게 쓰되, 길어진다면 if 문으로 풀어 사용하는 것이 좋습니다.

쉼표 연산자 이해하기(,)

• 학습 내용 : 연속되는 코드를 이어 붙이는데 쉼표 연산자가 사용됩니다.
• 힌트 내용 : . 연산자를 사용할 수 있습니다.

```cpp
1  #include <iostream>
2
3  using namespace std;
4
5  int main()
6  {
7      int goguryeo = 37, baekjae = 18, silla = 57;
8
9      printf("삼국 건국연도\n");
10     printf("고구려 bc%d년, 백제 bc%d년, 신라 bc%d년\n", goguryeo, baekjae,
11 silla);
12
13     return 0;
14 }
```

쉼표 연산자는 비슷한 의미의 코드를 이어 붙이는데 사용됩니다. 예제처럼 *int* 변수를 여러 번 이어 붙여 한번에 변수를 선언하고 초기화도 할 수 있습니다.

10 ◆ *int* 변수 3개를 출력하기 위해 쉼표 연산자를 사용합니다. 이 라인은 어쩔 수 없이 출력문을 위해 쉼표를 사용했지만 7라인처럼 변수 3개를 한 줄에 선언하는 것은 좋은 습관이 아닙니다.

흐름 상 소스 코드는 가로로 읽어야 합니다. 하지만 코드가 길어지면 가독성에 문제가 생겨, 일부 회사에선 한 라인을 30, 50, 70 문자로 제한하는 내부 규칙을 사용합니다. 한 라인에 여러 변수를 선언하면 몇 개의 변수가 있는지 파악하기 힘든 문제도 있습니다. 그래서 한 줄엔 변수 한 개를 선언하는 것이 좋습니다.

비트 연산자 이해하기 (&, |, ^, ~, ⟨⟨, ⟩⟩)

- **학습 내용 :** 컴퓨터가 이해하는 비트 단위 연산을 이해합니다.
- **힌트 내용 :** 컴퓨터는 0과 1, 두 개 신호로 동작합니다.

```cpp
1  #include <iostream>
2  #include <bitset>
3
4  using namespace std;
5
6  int main()
7  {
8      bitset<8> bit1;
9      bit1.reset(); // 0000 0000
10     bit1 = 127; // 0111 1111
11
12     bitset<8> bit2;
13     bit2.reset();
14     bit2 = 0x20; // 32
15
16     bitset<8> bit3 = bit1 & bit2;
17     bitset<8> bit4 = bit1 | bit2;
18     bitset<8> bit5 = bit1 ^ bit2;
19     bitset<8> bit6 = ~bit1;
20     bitset<8> bit7 = bit2 << 1;
21     bitset<8> bit8 = bit2 >> 1;
22
23     cout << "bit1 & bit2 : " << bit3 << ", " << bit3.to_ulong() << endl;
24     cout << "bit1 | bit2 : " << bit4 << ", " << bit4.to_ulong() << endl;
25     cout << "bit1 ^ bit2 : " << bit5 << ", " << bit5.to_ulong() << endl;
26     cout << "~bit1: " << bit6 << ", " << bit6.to_ulong() << endl;
27     cout << "bit2 << 1: " << bit7 << ", " << bit7.to_ulong() << endl;
28     cout << "bit2 >> 1: " << bit8 << ", " << bit8.to_ulong() << endl;
```

```
29
30      return 0;
31 }
```

컴퓨터는 0과 1로 이뤄진 신호로 모든 연산을 처리합니다. 컴퓨터가 처리하는 단위기 때문에 사람이 보기엔 다소 낯설고 어려울 수 있지만, 근본적인 데이터 처리 단위이기 때문에 비트가 무엇인지 이해하는 과정도 꼭 필요합니다.

8비트는 1바이트이며, 2의 8승인 256가지를 표현할 수 있습니다. *C++* 자료형 중에 *char*가 8비트 1바이트 단위이기 때문에 8비트 단위로 예제를 구성했으며, 비트 연산에는 6가지 방법이 있습니다.

- A & B : A와 B를 and 연산
- A | B : A와 B를 or 연산
- A ^ B : A와 B의 xor 연산
- ~A : A 비트를 반전
- A 〉〉 n : A 모든 비트를 n만큼 오른쪽으로 시프트
- A 〈〈 n : A 모든 비트를 n만큼 왼쪽으로 시프트

2 ◆ *bitset*을 인클루드 합니다. *C++*에서는 C언어처럼 *char*나 *int*로 비트 연산을 하는 것보다 *bitset*이라는 컨테이너를 사용하는 것이 수월합니다. *bitset*은 162장, 163장, 164장에서 자세히 다룹니다.

8 ◆ *bitset* 변수를 선언하며 크기는 8로 지정합니다.

9 ◆ *bitset*을 0으로 초기화합니다.

10 ◆ *bitset* 변수에 127(0111 1111)을 할당합니다.

16 ◆ *and* 연산은 두 값이 모두 1일 때 결과도 1입니다. 0111 1111 & 0010 0000 결과는 0010 0000입니다.

17 ◆ *or* 연산은 두 값 중 하나만 1이어도 결과는 1입니다. 0111 1111 | 0010 0000 결과는 0111 1111입니다.

xor 연산은 두 값이 0으로 같으면 결과는 0이며, 1로 같아도 결과는 0입니다. 값이 서로 다를 ◆ 18
때 결과는 1입니다. 0111 1111 ^ 0010 0000 결과는 0101 1111입니다.

비트를 반전하는데 bit1은 0111 1111이기 때문에 1000 0000이 결과입니다. ◆ 19

0010 0000을 왼쪽으로 1 시프트하여 결과는 0100 0000입니다. ◆ 20

0010 0000을 오른쪽으로 1 시프트하여 결과는 0001 0000입니다. ◆ 21

결과

```
bit1 & bit2 : 00100000, 32
bit1 | bit2 : 01111111, 127
bit1 ^ bit2 : 01011111, 95
~bit1: 10000000, 128
bit2 << 1: 01000000, 64
bit2 >> 1: 00010000, 16
```

캐스트 연산자 이해하기 (static_cast)

- **학습 내용 :** 어떤 자료형을 다른 자료형으로 변경하는 방법을 이해합니다.
- **힌트 내용 :** 자료형 변환을 캐스트라 합니다.

```cpp
1 #include <iostream>
2
3 using namespace std;
4
5 int main()
6 {
7     int x = 2;
8     double y = 4.4;
9
10     int i = static_cast<int>(y / x);
11     int j = (int)y / x;
12     double k = y / x;
13
14     cout << "4.4 / 2 = (static_cast<int>) " << i << endl;
15     cout << "4.4 / 2 = (int) " << j << endl;
16     cout << "4.4 / 2 = " << k << endl;
17
18     return 0;
19 }
```

자료형을 변경하는 전통적인 방법은 *(double)*처럼 괄호 안에 원하는 자료형을 넣어 다른 변수에 할당하는 것이었습니다. 하지만, 이런 *C*언어 스타일의 형변환은 아무 조건도 없이 무작정 변경하고 본다는 단점이 있습니다.

변경할 수 없을 때도 변경을 시도하니 예상하지 못한 문제가 발생합니다. 그래서 프로젝트 규모가 커질수록 이런 사소한 문제로 인해 발생하는 에러를 찾아내기 힘들었습니다. 이런 문제를 해결하고자 *C++*에서는 4가지 자료형 변환 연산자를 제공합니다.

- static_cast〈 〉 : 가장 기본적인 캐스트 연산 방법
- dynamic_cast〈 〉 : 객체지향 언어의 다형성을 이용하여 모호한 타입 캐스팅 오류를 막아줌
- const_cast〈 〉 : 자료형이 갖고 있는 상수 속성을 제거
- reinterpret_cast〈 〉 : 어떠한 포인터 타입끼리도 변환할 수 있게 도움

4가지 캐스팅 방법을 모두 다루려면 상당히 많은 설명이 필요합니다. 그래서 3개는 생략하고 자주 사용하게 될 static_cast만 예제에서 다룹니다.

나머지 캐스팅 방법에 대해선 인터넷으로 많은 자료를 접해볼 수 있습니다. 하지만, 공통적으로 내용이 매우 길기 때문에 자세히 알아보려거든 오랜 시간 정독할 마음가짐을 준비하는 것이 좋습니다.

정수형 변수와 실수형 변수를 1개씩 선언합니다.　　　　　　　　　　　◆ **7~8**

변수 *i*에 4.4 나누기 2의 결과를 저장합니다. *int*는 소수점을 저장할 수 없어서 결과는 2가 됩　◆ **10**
니다. 정수와 실수 나누기의 결과는 *static_cast*를 통해 *int*로 변환됩니다.

*(int)*를 사용했는데 이것이 전통적인 C언어 스타일 캐스팅입니다. 그 어떤 자료형도 무조건　◆ **11**
변환한다는 문제가 있으니 *C++*에서는 가급적 사용하지 않길 권장합니다.

*double*은 소수점을 저장할 수 있어서 따로 캐스팅하지 않아도 자연스럽게 결과값 2.2가 저장　◆ **12**
됩니다.

캐스팅 결과를 출력합니다.　　　　　　　　　　　　　　　　　　◆ **14~16**

결과

```
4.4 / 2 = (static_cast<int>) 2
4.4 / 2 = (int) 2
4.4 / 2 = 2.2
```

명시적 변환 이해하기(( ))

- **학습 내용 :** static_cast를 이용하지 않고 명시적으로 자료형을 변경하는 방법을 이해합니다.
- **힌트 내용 :** 자료형 뒤에 괄호( )를 붙이고 그 안에 변환하려는 변수를 넣습니다.

```cpp
1  #include <iostream>
2
3  using namespace std;
4
5  int main()
6  {
7      int number1 = 65;
8      double number2 = 23.4;
9
10     int number3 = int(number2);
11     double number4 = double(number1 / number2);
12
13     char ch = char(number1);
14
15     cout << "number1 : " << number1 << endl;
16     cout << "number2 : " << number2 << endl;
17     cout << "number3 : " << number3 << endl;
18     cout << "number4 : " << number4 << endl;
19     cout << "ch : " << ch << endl;
20
21     return 0;
22 }
```

명시적으로 자료형을 변환하여 코딩을 조금 더 쉽게 할 수 있습니다.

10 ◆ 함수 *int*() 안에 *double* 변수를 인자로 전달하여 *int*로 변환합니다. *double* 형식 이름만으로
는 변환할 대상이 명확하지 않으므로, 23.4란 값을 보유한 *double*형 변수 *number2*를 인자로 전
달합니다. 이 라인에서는 double을 int로 변환합니다.

*double*로 명시적인 변환을 합니다.   ◆ 11

int 정수는 *char*로도 표현되기 때문에 *number1*을 *char*로 명시적 변환합니다. 아스키 코드에   ◆ 13
서 정수 65는 알파벳 대문자 A입니다.

결과

```
number1 : 65
number2 : 23.4
number3 : 23
number4 : 2.77778
ch : A
```

자료형의 크기 이해하기(sizeof)

- **학습 내용 :** 자료형이나 객체 등이 갖는 메모리 크기를 이해합니다.
- **힌트 내용 :** sizeof 연산자를 이용합니다.

```cpp
1 #include <iostream>
2
3 using namespace std;
4
5 class Temp {
6     int no;
7     bool is_on;
8 };
9
10 int main()
11 {
12     cout << "char 크기 : " << sizeof('p') << endl;
13     cout << "int 크기 : " << sizeof(10) << endl;
14     cout << "double 크기 : " << sizeof(10.0) << endl;
15     cout << "클래스 크기 : " << sizeof(Temp) << endl;
16
17     return 0;
18 }
```

자료형의 실제 크기를 알 수 있다면 프로그래밍 과정에서 발생하는 스택 깨짐, 통신 loss 등 여러 문제에 대처할 수 있는 방법을 찾을 수 있습니다.

5~8 ◆ 104장 이후에서 다루게 될 *class*를 조금 살펴보겠습니다. 이 클래스는 4바이트 *int*와 1바이트 *bool* 데이터를 하나씩 보유합니다.

12~14 ◆ *char*의 크기는 1바이트, *int*의 크기는 4바이트, *double*의 크기는 8바이트입니다.

클래스 *Temp*의 크기 결과는 8바이트인데 이상하지 않나요? *int* 4 바이트와 *bool* 1 바이트를 더하면 분명 5바이트입니다. 이건 컴퓨터 프로세서의 데이터 버스와 관련이 있는데, 데이터 버스는 한 번에 4바이트 데이터를 담아 이동합니다. 그래서 4바이트 단위로 몇 번 움직이느냐에 따라 *sizeof*의 결과가 달라집니다. 클래스 *Temp*는 5바이트이기 때문에 데이터 버스는 두 번 이동합니다. 그래서 4바이트를 담는 버스가 두 번 이동하여 결과는 8바이트입니다.

결과

```
char 크기 : 1
int 크기 : 4
double 크기 : 8
클래스 크기 : 8
```

N O T E

시스템 버스는 CPU, 메모리, 입력 장치, 출력 장치들끼리 데이터를 주고 받을 수 있도록 돕습니다. 컴퓨터와 스마트폰 사이에 USB를 연결하여 사진, 음악 등을 주고 받을 수 있는데, 이걸 가능하게 돕는 것이 시스템 버스입니다.

일종의 연결 고리를 하는 버스는 동기식, 비동기식으로 나뉩니다. 동기식은 속도가 빠르지만 시스템 클럭 주기를 맞추는 과정에서 쓸모없는 시간이 흐르는 단점이 있습니다. 비동기식은 핸드 쉐이크 등으로 속도가 느립니다. 반면, 주고 받을 준비만 되면 언제든 송수신이 가능해 시간은 효율적으로 사용할 수 있습니다.

중첩 조건문 이해하기
(if~else if~else)

032

- **학습 내용 :** if문의 조건을 여러 번 두는 중첩 사용 방법을 이해합니다.
- **힌트 내용 :** if와 else 사이에 else if를 추가합니다.

```cpp
1  #include <iostream>
2
3  using namespace std;
4
5  int main()
6  {
7      int number1 = 100;
8      int number2 = 6;
9
10     if (number1 < number2)
11         cout << "number2가 더 큽니다." << endl;
12     else if (number1 > number2)
13         cout << "number1이 더 큽니다." << endl;
14     else
15         cout << "number1과 number2는 같습니다." << endl;
16
17     if (number2 < 7)
18     {
19         if (number2 > 3)
20         {
21             if (number2 == 4)
22                 cout << "number2은 4입니다" << endl;
23             else if (number2 == 5)
24                 cout << "number2는 5입니다" << endl;
25             else
26                 cout << "number2는 6입니다" << endl;
27         }
28         else
```

```
29          {
30              if (number2 == 3)
31                  cout << "number2는 3입니다" << endl;
32              else if (number2 == 2)
33                  cout << "number2는 2입니다" << endl;
34              else
35                  cout << "number2는 1이하 입니다" << endl;
36          }
37      }
38      return 0;
39 }
```

if 문에는 조건을 여러 개 두어 중첩하여 사용할 수 있습니다. 이때 사용하는 *else if* 문에는 또 다른 조건을 설정할 수 있습니다.

10번 라인이 참이면 11번 라인이 수행되지만 10번 라인이 거짓이라면 12번 라인이 수행됩니다. 12번 라인이 참이라면 13번 라인이 수행되지만 거짓이라면 *else*에 해당하는 15번 라인이 수행됩니다. 중첩 조건문은 위에서부터 순차적으로 내려오며 조건을 비교합니다.

◆ **10~15**

바로 위에 있는 중첩 조건문이 조금 길어졌지 전체 맥락은 똑같습니다.

◆ **17~37**

다만, *else if*를 한 번 사용하는 것은 괜찮지만 2번, 3번 사용하는 것은 지양합니다. 조건문을 일일이 비교하다 보면 PC(프로그램 카운터)가 증가하여 프로그램 성능에도 좋지 않고 조건문이 길어지면 가독성도 떨어지기 때문입니다.

만약 중첩 조건문의 조건이 2개 이상이라면 뒤에서 배울 switch case문 사용을 권장합니다[037. 조건 선택문 참조]. 10~15라인은 올바른 *if else* 중첩문이지만 17~37라인은 권장하지 않는 사용 예입니다.

굳이 사용하려면 예제처럼 1에서 7까지 모두 비교하지 말고, 값을 절반 등으로 나눈 후 비교하는 것이 PC를 줄이는데 도움이 됩니다.

결과

```
number1이 더 큽니다.
number2는 6입니다
```

중첩 조건문으로
가장 큰 수 찾기(if~else)

- **학습 내용 :** if 문을 이용하여 가장 큰 수 찾는 방법을 이해합니다.
- **힌트 내용 :** 3개의 정수를 비교하여 가장 큰 정수를 찾습니다.

```cpp
1 #include <iostream>
2 #include <string>
3
4 using namespace std;
5
6 int main()
7 {
8     int number1 = 100;
9     int number2 = 200;
10    int number3 = 300;
11
12    if (number1 > number2 && number1 > number3)
13        cout << "가장 큰 수 number1 : " << number1 << endl;
14    else if (number2 > number1 && number2 > number3)
15        cout << "가장 큰 수 number2 : " << number2 << endl;
16    else if (number3 > number1 && number3 > number2)
17        cout << "가장 큰 수 number3 : " << number3 << endl;
18    else
19        cout << "찾을 수 없습니다." << endl;
20
21    return 0;
22 }
```

앞선 예제처럼 조건문을 중첩하여 사용합니다. *if*와 *else* 사이에는 *else if* 라는 중첩 조건이 추가됩니다.

12~13 ◆ *number1*이 *number2*보다 크다, *number1*이 *number3*보다 크다는 두 개의 조건이 만족하면 13번 라인이 수행됩니다. *if* 문도 중첩하여 사용할 수 있는데 *if* 문 안에도 *and* && 연산자를 이용하여 조건을 2개 이상 선언할 수 있습니다.

*number2*가 *number1*보다 크다, *number2*가 *number3*보다 크다는 두 개의 조건이 만족하면 15번 라인이 수행됩니다. 14번 라인이 수행되려면 12번 라인의 조건이 거짓이어야 합니다. 즉, 앞선 조건이 성립하지 않으면 다음 *else if* 문이 실행되는 것으로 앞선 조건문이 만족하면 뒤의 조건문은 수행되지 않습니다.

◆ 14~15

*number3*이 *number1*보다 크다, *number3*이 *number2*보다 크다는 두 개의 조건이 만족하면 17번 라인이 수행됩니다.

◆ 16~17

앞선 3개의 조건문이 모두 성립하지 않으면 19번 라인이 수행됩니다.

◆ 18~19

결과

```
가장 큰 수 number3 : 300
```

중첩 순환문 이해하기 (for~continue~break)

- **학습 내용** : 반복문 사이에 조건을 두어 순환하는 방법을 이해합니다.
- **힌트 내용** : 순환문에서 continue는 건너뛰기, break는 종료를 의미합니다.

```cpp
1  #include <iostream>
2
3  using namespace std;
4
5  int main()
6  {
7      int number = 7;
8
9      for (int i = 0; i < 10; i++)
10     {
11         if (i % 3 == 0)
12             continue;
13         else if (i == number)
14             break;
15         else
16             cout << "현재 i 값 : " << i << endl;
17     }
18     return 0;
19 }
```

11~12 ◆ *i % 3*은 *i* 나누기 3의 나머지입니다. 그래서 11번 라인은 *i*가 3의 배수라면 12번 라인 *continue*가 수행되어 13~16번 라인은 생략하고 9번으로 돌아가 *i* 값이 1증가합니다.

13~14 ◆ *i* 값이 *number*의 값 7과 같다면 9번 라인의 순환문 조건에 해당하지 않더라도 강제 종료되어 *for* 문을 빠져나옵니다.

i 값이 3, 6일 때는 3의 배수라 16번 라인 *cout*이 수행되지 않았고 7, 8, 9일 때는 *i*가 7이 되는 순간 *for* 문이 종료되어 16번 라인 *cout*이 수행되지 않습니다. 결과는 1, 2, 4, 5입니다.

순환문으로 특정 문자 개수 구하기(for)

- **학습 내용**: 문자열에서 특정 알파벳 개수를 구하는 방법을 이해합니다.
- **힌트 내용**: string 변수의 한 요소는 char입니다. 알파벳 한 개의 일치 여부는 char로 비교합니다.

```cpp
1 #include <iostream>
2 #include <string>
3
4 using namespace std;
5
6 int main()
7 {
8     string str = "The Jin state was formed in southern Korea by the 3rd
9 century BC";
10
11     char find = 'a';
12
13     int size = str.size();
14     int count = 0;
15
16     for (int i = 0; i < size; i++)
17     {
18         if (str[i] == find)
19             count++;
20     }
21
22     cout << "문장의 a 개수는 " << count << "개 입니다." << endl;
23
24     return 0;
25 }
```

문자열 변수와 그곳에서 찾아볼 문자를 각각 *string*, *char*로 선언합니다.

◆ 8~11

13 ◆ 문자열 *str*의 크기만큼 반복해야 하기 때문에 미리 *str*의 크기를 변수에 저장합니다.

14 ◆ 알파벳 *a*를 한 번 찾을 때 마다 값을 1씩 증가시킬 변수 *count*입니다.

16~20 ◆ *str*의 첫 번째 문자에서 마지막 문자까지 반복하는 *for*문입니다. *str[0]*은 T, *str[1]*은 h, *str[2]*는 e, *str[3]*은 공백, *str[4]*는 J입니다. 이렇게 문자열을 가리키는 인덱스를 증가하며 문자열 처음부터 끝까지 순회합니다. 순회 중 가리키는 문자가 10번 라인의 *find* 변수값과 똑같다면 18번 라인처럼 *count* 변수가 1 증가합니다.

결과

문장의 a 개수는 3개 입니다.

순환문으로 홀수, 짝수 찾기(for)

```cpp
1  #include <iostream>
2
3  using namespace std;
4
5  int main()
6  {
7      int data[10] = { 5, 19, 76, 3, 10, 89, 54, 43, 2, 17 };
8
9      for (int i = 0; i < 10; i++)
10     {
11         if (data[i] % 2 == 0)
12             cout << i << " : " << data[i] << "는 짝수입니다." << endl;
13         else
14             cout << i << " : " << data[i] << "는 홀수입니다." << endl;
15     }
16
17     return 0;
18 }
```

정수형 배열을 선언하며 무작위로 선정한 값 10개로 초기화합니다.　　◆ 7

배열 *data*의 크기가 10이기 때문에 0에서 10보다 작을 때까지 반복하는 *for* 문을 선언합니다.　◆ 9~15
11번 라인에서 현재 가리키는 배열 값을 2로 나눴을 때 몫이 0이라면 12번 라인이 수행됩니다.

짝수는 2로 나눴을 때 나머지가 0이지만 홀수는 0이 아니라서 11번 라인처럼 나머지만 알아낸
다면 쉽게 홀수, 짝수를 구분할 수 있습니다.

결과는 홀수, 홀수, 짝수, 홀수, 짝수, 홀수, 짝수, 홀수, 짝수, 홀수입니다.

037

조건 선택문 이해하기 (switch~case~default)

- **학습 내용:** 조건 선택문을 사용하는 방법을 이해합니다.
- **힌트 내용:** 중첩 조건문이 길어지면 조건 선택문을 사용합니다.

```cpp
1 #include <iostream>
2
3 using namespace std;
4
5 int main()
6 {
7     int number = 3;
8
9     switch (number)
10    {
11    case 1:
12        cout << "number 값은 1입니다." << endl;
13        break;
14    case 2:
15        cout << "number 값은 2입니다." << endl;
16        break;
17    case 3:
18        cout << "number 값은 3입니다." << endl;
19        break;
20    default:
21        cout << "number 값을 알 수 없습니다." << endl;
22        break;
23    }
24
25    return 0;
26 }
```

if else 문장이 길어지면 가독성에 문제가 생기고 PC(프로그램 카운터) 증가로 성능에 좋지 않은 영향을 미치기 때문에 *switch case*문을 사용하는 것이 좋습니다.

case 비교문에서 사용할 값을 받습니다. ◆ **9**

*switch*에서 받은 값과 *case*의 값이 같다면 12번 라인이 수행된 후 *switch case* 문은 종료됩 ◆ **11~13**
니다. 그리고 13번 *break* 라인이 없으면 case 문은 종료되지 않고 그 아래 14번 라인으로 이동
해 조건 선택이 수행됩니다. 그래서 조건에 맞다면 선택문이 종료되도록 반드시 *break*를 삽입
해야 합니다.

case 어느 것에도 해당하지 않을 때 수행됩니다. *if* 문의 *else*와 같은 의미입니다. 간혹 ◆ **20**
*default*를 생략한 채 조건 선택문을 사용하기도 하는데, 꼼꼼한 코딩과 향후 유지보수를 생각
하면 반드시 *default*를 구현하는 것이 좋습니다.

결과

---

number 값은 3입니다.

조건 순환문 이해하기 ① (while~continue~break)

- **학습 내용 :** 조건에 맞으면 반복한다는 while문 사용 방법을 이해합니다.
- **힌트 내용 :** for문은 특정 범위, while은 특정 조건에서 반복합니다.

```cpp
1  #include <iostream>
2
3  using namespace std;
4
5  int main()
6  {
7      int number = 0;
8
9      while (number < 10)
10     {
11         number++;
12
13         if (number % 3 == 0)
14             continue;
15         else
16             cout << "number 값 : " << number << endl;
17     }
18
19     return 0;
20  }
```

for 문은 특정 범위 안에서 반복하지만 *while* 문은 특정 조건으로 반복됩니다. *while*도 중첩 순환문 *for* 문처럼 *continue*와 *break*를 사용할 수 있습니다.

9 ◆ *while* 문이 반복하는 특정 조건을 선언합니다. 정수형 변수 *number*의 값이 10보다 작다면 *while* 문은 반복 수행됩니다.

*number*를 증가시키지 않으면 *number*는 계속 10보다 작을 테니 *while* 문은 끝나지 않을 겁니 ◆ 11
다. 이런 상황을 "무한 루프에 빠졌다"라고 표현합니다.

for 문 예제처럼 *number* 값이 3의 배수라면 16번 라인의 출력문을 수행하지 않습니다. ◆ 13~16

결과

```
number 값 : 1
number 값 : 2
number 값 : 4
number 값 : 5
number 값 : 7
number 값 : 8
number 값 : 10
```

조건 순환문 이해하기 ②
(do~while~continue~break)

- **학습 내용 :** 무조건 한 번은 실행한 뒤, 조건이 맞는다면 반복하는 do while 문 사용 방법을 이해합니다.
- **힌트 내용 :** 무조건 한 번은 실행한다는 장점과 단점을 갖고 있습니다.

```cpp
1  #include <iostream>
2
3  using namespace std;
4
5  int main()
6  {
7      int number = 0;
8
9      do {
10         number++;
11
12         if (number % 3 == 0)
13             continue;
14         else
15             cout << "number 값 : " << number << endl;
16     } while (number < 10);
17
18     return 0;
19 }
```

while 문은 조건에 맞지 않는다면 단 한 번도 수행되지 않지만 *do while* 문은 무조건 한 번은
실행됩니다. 그리고 조건에 맞춰 반복 수행됩니다.

그동안 한 번은 꼭 실행되는 것이 장점으로 인식되었는데 최근엔 한 번 더 수행되는 점 때문에
사용 빈도가 줄어드는 추세입니다. "무조건 한 번은 실행된다"에서 "한 번 더 실행된다"라고 인
식이 바뀐 것입니다.

반복문이 한 번 더 수행되면 벡터와 같은 컨테이너들의 인덱스 문제 등이 있습니다. 그래서 되도록이면 *do while* 대신 *for*, *switch case*, *whie* 사용을 권장합니다.

do while 문은 *while* 문과 다르게 *do*로 시작합니다. ◆ 9

*number*를 증가시키지 않으면 *number*는 계속 10보다 작을 테니 *while* 문은 끝나지 않을 겁니다. 므한 루프에 빠지지 않도록 증감 연산자를 사용합니다. ◆ 10

do while 문에서도 *continue*를 사용할 수 있습니다. 만약 *number* 값이 3의 배수라면 건너뛰고, 그렇지 않다면 15번 라인이 수행되며 *number*의 현재 값을 출력합니다. ◆ 12~15

9~16라인은 무조건 한 번은 실행되고 특정 조건을 확인합니다. 여기서 조건에 맞으면 반복 수행되고 그렇지 않으면 한 번 수행된 것으로 *do while* 문은 종료됩니다. ◆ 16

결과

```
number 값 : 1
number 값 : 2
number 값 : 4
number 값 : 5
number 값 : 7
number 값 : 8
number 값 : 10
```

040 반복문을 이용하여 구구단(15단) 출력하기

- **학습 내용 :** 반복문을 이용하여 구구단(15단)을 출력하는 방법을 이해합니다.
- **힌트 내용 :** for문을 3개 이용해야 합니다.

```cpp
1 #include <iostream>
2
3 using namespace std;
4
5 int main()
6 {
7     int offset = 0;
8
9     for (int i = 1; i <= 15; i += offset)
10    {
11        for (int j = 1; j <= 9; j++)
12        {
13            cout << i << " * " << j << " = " << i * j;
14
15            for (int k = 0; k < offset; k++)
16            {
17                cout << "\t";
18                cout << (i + k + 1) << " * " << j << " = " << (i + k +
19 1) * j;
20            }
21
22            cout << endl;
23        }
24
25        cout << endl;
26
27        offset++;
28    }
```

```
29
30     return 0;
31 }
```

구구단 15단을 출력해야 하므로 0부터 15까지 반복하는 첫 번째 *for* 문으로 설정합니다. ◆ 9

각 단은 9단까지 표현합니다. 그래서 9까지만 반복하도록 두 번째 *for* 문을 설정합니다. ◆ 11

i는 1부터 15까지 반복이고 j는 9까지 반복이라 1~9, 2~9, 3~9, 4~9 등 어떤 숫자든 9까지 ◆ 13
만 곱한 결과를 출력합니다.

1단, 2단, 3단, 4단 등 단을 의미하는 *offset*까지만 반복합니다. 1단까지, 2단까지, 3단까지 ◆ 15
등 해당 단까지만 반복하는 세 번째 *for* 문을 추가합니다. 그리고 위의 i와 j 값은 순회할수록
1씩 증가하기 때문에 첫 순회에선 1단만, 다음 순회에선 2단, 3단만, 다음 순회에선 4단, 5단만
반복하는 등 15단까지 반복합니다.

각 단에 맞도록 9까지 곱한 값을 순차적으로 출력합니다. ◆ 18

offset 변수를 증가시켜야 1단에서 2단, 2단에서 3단으로 변환됩니다. 증가시키지 않으면 1단 ◆ 27
만 계속 출력하는 무한 루프에 빠집니다.

결과

```
1 * 1 = 1
1 * 2 = 2
1 * 3 = 3
1 * 4 = 4
1 * 5 = 5
1 * 6 = 6
1 * 7 = 7
1 * 8 = 8
1 * 9 = 9

2 * 1 = 2      3 * 1 = 3
2 * 2 = 4      3 * 2 = 6
2 * 3 = 6      3 * 3 = 9
2 * 4 = 8      3 * 4 = 12
```

2 * 5 = 10   3 * 5 = 15
2 * 6 = 12   3 * 6 = 18
2 * 7 = 14   3 * 7 = 21
2 * 8 = 16   3 * 8 = 24
2 * 9 = 18   3 * 9 = 27

4 * 1 = 4   5 * 1 = 5   6 * 1 = 6
4 * 2 = 8   5 * 2 = 10   6 * 2 = 12
4 * 3 = 12   5 * 3 = 15   6 * 3 = 18
4 * 4 = 16   5 * 4 = 20   6 * 4 = 24
4 * 5 = 20   5 * 5 = 25   6 * 5 = 30
4 * 6 = 24   5 * 6 = 30   6 * 6 = 36
4 * 7 = 28   5 * 7 = 35   6 * 7 = 42
4 * 8 = 32   5 * 8 = 40   6 * 8 = 48
4 * 9 = 36   5 * 9 = 45   6 * 9 = 54

7 * 1 = 7   8 * 1 = 8   9 * 1 = 9   10 * 1 = 10
7 * 2 = 14   8 * 2 = 16   9 * 2 = 18   10 * 2 = 20
7 * 3 = 21   8 * 3 = 24   9 * 3 = 27   10 * 3 = 30
7 * 4 = 28   8 * 4 = 32   9 * 4 = 36   10 * 4 = 40
7 * 5 = 35   8 * 5 = 40   9 * 5 = 45   10 * 5 = 50
7 * 6 = 42   8 * 6 = 48   9 * 6 = 54   10 * 6 = 60
7 * 7 = 49   8 * 7 = 56   9 * 7 = 63   10 * 7 = 70
7 * 8 = 56   8 * 8 = 64   9 * 8 = 72   10 * 8 = 80
7 * 9 = 63   8 * 9 = 72   9 * 9 = 81   10 * 9 = 90

(이하 생략)

반복문을 이용하여
피보나치 수열 출력하기

- **학습 내용 :** 반복문을 이용하여 피보나치 수열을 출력하는 방법을 이해합니다.
- **힌트 내용 :** for문을 2개 이용해야 합니다.

```cpp
1  #include <iostream>
2
3  using namespace std;
4
5  int main()
6  {
7      int p = 0;
8      int n = 0;
9      int t = 0;
10
11     for (int i = 1; i < 10; i++)
12     {
13         p = 0;
14         n = 1;
15
16         for (int j = 1; j <= i; j++)
17         {
18             cout << n << ", ";
19
20             t = n;
21             n += p;
22             p = t;
23         }
24
25         cout << endl;
26     }
27
28     return 0;
29 }
```

피보나치 수열이란 0과 1로 시작하며, 다음 수는 앞의 두 수의 합이 되어야 합니다.

7~9 ◆ 피보나치 수열에 필요한 변수 3개를 선언합니다. P는 두 번째 for 문에서 사용될 누적 값, n은 콘솔창에 출력되는 시점의 피노나치 값, t는 n 값을 p에 전달하기 위한 임시 변수입니다.

11 ◆ 아홉 번 반복하기 위한 for 문을 선언합니다. 피보나치 수열의 결과값도 최대 9개까지 출력됩니다.

13~14 ◆ 피보나치 값의 처음 출력값은 1이기 때문에 n은 1로 초기화되고 누적되는 피보나치 값은 0으로 초기화합니다.

16 ◆ 처음 시작 숫자에서 현재 작업 중인 숫자까지만 반복합니다. 예를 들어 1에서 2까지, 1에서 5까지 등 11번 라인에서 증가되는 i 값에 맞춰 피보나치 수를 계산합니다.

결과

```
1,
1, 1,
1, 1, 2,
1, 1, 2, 3,
1, 1, 2, 3, 5,
1, 1, 2, 3, 5, 8,
1, 1, 2, 3, 5, 8, 13,
1, 1, 2, 3, 5, 8, 13, 21,
1, 1, 2, 3, 5, 8, 13, 21, 34,
```

반복문을 이용하여 피라미드 출력하기

- **학습 내용 :** 반복문을 이용하여 피라미드를 출력하는 방법을 이해합니다.
- **힌트 내용 :** for 문 3개, while 문 1개를 이용합니다.

```cpp
1  #include <iostream>
2
3  using namespace std;
4
5  int main()
6  {
7      int offset = 4;
8
9      for (int i = 1, j = 0; i <= offset; i++, j = 0)
10     {
11         for (int k = 1; k <= offset - i; k++)
12             cout << "  ";
13
14         while (j != 2 * i - 1)
15         {
16             cout << "* ";
17             j++;
18         }
19
20         cout << endl;
21     }
22
23     return 0;
24 }
```

4단 피라미드를 출력하기 위해 *offset* 변수를 4로 설정합니다. ◆ 7

변수 *i*는 단을 의미하며 4단 출력을 위해 4와 같아질 때까지 순회하며 증가합니다. *j*는 피라미 ◆ 9
드를 구성하는 별을 출력하는 횟수입니다.

위에서 2번째 줄부터 별을 하나씩 더 출력해야 하기 때문에 16번 라인에선 행과 2를 곱하여 별을 출력하는 횟수를 결정합니다. 줄이 바뀌면 처음부터 다시 출력해야 하기 때문에 마지막 부분처럼 j를 0으로 초기화하는 과정이 필요합니다. j를 0으로 초기화하지 않으면 별이 한 줄에 2개씩만 찍힙니다.

11 ◆ 출력되는 별들은 항상 가운데 정렬입니다. 피라미드 가운데를 중심으로 좌우로 나눴을 때, 좌측에 공백값이 들어가야 합니다. 별은 행이 증가할수록 더 많이 출력되지만, 공백은 별이 증가하는 만큼 줄어들어야 하기 때문에 현재 행과 $offset$을 비교하여 출력되는 공백의 횟수를 결정합니다.

14 ◆ 11번 라인의 반대 의미로 행이 증가할수록 별이 더 많이 찍힙니다.

이 예제를 앞선 구구단과 합쳐 응용하면 숫자로 이뤄진 피라미드 등을 만들 수도 있으니 다양하게 응용해 보기 바랍니다.

결과

```
      *
    * * *
  * * * * *
* * * * * * *
```

실수 소수점 버리기 올리기 (floor, ceil)

초급

043

- **학습 내용 :** 소수점을 무조건 버리거나 올리는 방법을 이해합니다.
- **힌트 내용 :** floor, ceil 함수를 사용합니다.

```cpp
1  #include <iostream>
2
3  using namespace std;
4
5  int main()
6  {
7      cout << "== 소수점 버리기 ==" << endl;
8      cout << "floor(1.1) : " << floor(1.1) << endl;
9      cout << "floor(2.3) : " << floor(-2.3) << endl;
10     cout << "floor(40.5) : " << floor(40.5) << endl;
11     cout << "floor(55.7) : " << floor(-55.7) << endl;
12     cout << "floor(100.9) : " << floor(100.9) << endl;
13
14     cout << "== 소수점 올리기 ==" << endl;
15     cout << "ceil(1.1) : " << ceil(1.1) << endl;
16     cout << "ceil(2.3) : " << ceil(-2.3) << endl;
17     cout << "ceil(40.5) : " << ceil(40.5) << endl;
18     cout << "ceil(55.7) : " << ceil(-55.7) << endl;
19     cout << "ceil(100.9) : " << ceil(100.9) << endl;
20
21     return 0;
22 }
```

실수의 소수점을 무조건 버릴 때 사용하는 함수는 *floor*입니다.

floor 함수로 5개 실수의 소수점을 버리고 출력합니다. 양수라면 소수점만 버려지지만 음수라 ◆ 7~12
면 원래 실수보다 적은 수를 돌려주기 때문에 −2.3은 −3, −55.7은 −56으로 표시됩니다. 소수
점을 버리면 값이 더 작아져야 한다는 점을 꼭 기억하세요.

 실수의 소수점을 무조건 올릴 때 사용하는 함수는 ceil입니다.

ceil 함수로 5개 실수에 소수점이 있다면 무조건 올립니다. 양수라면 소수점이 있을 때 1 증가하지만, 음수라면 원래 실수보다 큰 수를 돌려주기 때문에 −2.3은 −2, −55.7은 −55로 표시됩니다. 소수점을 올리면 값이 더 커진다는 점을 꼭 기억하세요.

결과

```
== 소수점 버리기 ==
floor(1.1) : 1
floor(2.3) : -3
floor(40.5) : 40
floor(55.7) : -56
floor(100.9) : 100
== 소수점 올리기 ==
ceil(1.1) : 2
ceil(2.3) : -2
ceil(40.5) : 41
ceil(55.7) : -55
ceil(100.9) : 101
```

실수 반올림하기(round)

- **학습 내용**: 소수점을 반올림하는 방법을 이해합니다.
- **힌트 내용**: round 함수를 사용합니다.

```cpp
1  #include <iostream>
2
3  using namespace std;
4
5  int main()
6  {
7      cout << "round(1.1) : " << round(1.1) << endl;
8      cout << "round(2.3) : " << round(-2.3) << endl;
9      cout << "round(40.5) : " << round(40.5) << endl;
10     cout << "round(55.7) : " << round(-55.7) << endl;
11     cout << "round(100.9) : " << round(100.9) << endl;
12
13     return 0;
14 }
```

실수의 소수점을 반올림할 때 사용하는 함수는 *round*입니다.

round 함수로 5개 실수를 반올림합니다. 소수점은 5보다 크면 1을 올리고 5보다 작으면 소수점을 버립니다. 양수라면 원하는 값으로 출력되지만, 음수의 경우 부호에 상관없이 무조건 올리기 때문에 의도하지 않은 값이 나올 수 있습니다. 음수라도 소수점이 5보다 크다면 무조건 1을 올려 원래 값보다 더 작은 값이 출력됩니다.

◆ 7~11

−55.7을 반올림하면 소수점 7 때문에 1이 증가해 결과는 −56입니다. *floor*, *ceil*과는 다르게 의도치않은 결과가 출력됩니다. *round* 함수 사용 시 음수 변환할 땐 주의가 필요한 이유입니다. 결과는 1, −2, 41, −56, 101입니다.

045

절대값과 제곱수 구하기 (abs, fabs, pow)

- **학습 내용 :** 절대값과 제곱수 구하는 방법을 이해합니다.
- **힌트 내용 :** abs, fabs, pow를 사용합니다.

```cpp
1  #include <iostream>
2
3  using namespace std;
4
5  int main()
6  {
7      cout << "==절대값 구하기" << endl;
8      cout << "-10의 절대값 " << abs(-10) << endl;
9      cout << "-5.72의 절대값 " << fabs(5.72) << endl;
10
11     cout << "==제곱수 구하기==" << endl;
12     cout << "2의 2승 : " << pow(2, 2) << endl;
13     cout << "3의 4승 : " << pow(3, 4) << endl;
14     cout << "4의 6승 : " << pow(4, 6) << endl;
15     cout << "8의 3승 : " << pow(8, 3) << endl;
16
17     return 0;
18 }
```

*abs*는 absolute value(절대값)의 약자입니다. 정수의 절대값은 *abs*, 실수의 절대값은 *fabs*로 구합니다. 하지만 *C++*에서는 *abs*로도 실수의 절대값을 구할 수 있으며, *Long* 자료형은 *Labs*로 절대값을 구할 수 있습니다. 해당 함수들은 최소 반환값과 최대 표현 값 등이 다릅니다. 결과는 10, 5.72입니다.

제곱수란 어떤 수를 제곱했을 때 얻는 수를 말합니다. 수학에서 설명하는 것과 똑같은 개념입니다. 제곱수 함수 *pow*는 인자로 제곱할 수와 곱셈 횟수를 받습니다. 결과는 4, 81, 4096, 512입니다.

몫과 나머지 구하기(%)

```cpp
1  #include <iostream>
2
3  using namespace std;
4
5  int main()
6  {
7      double x = 5.7;
8      int div1 = static_cast<int>(x / 5);
9      double mod1 = x - 5 * static_cast<int>(x / 5);
10
11     int y = 10;
12     int div2 = static_cast<int>(y / 2);
13     double mod2 = y % 2;
14
15     cout << "5.7 / 5 = 몫 : " << div1 << ", 나머지 : " << mod1 << endl;
16     cout << "10 / 2 = 몫 : " << div2 << ", 나머지 : " << mod2 << endl;
17
18     return 0;
19 }
```

실수 *x*를 선언하고 8번 라인에서 5로 나눕니다. 이때, 구하려하는 몫은 정수이기 때문에 타입 캐스팅을 하여 나머지는 버립니다. *static_cast<int>*의 반환값은 정수로, *x / 5*의 몫에 해당합니다. ◆ 7~8

나누려는 수 5와 몫을 곱합니다. 그리고 원래 값인 *x*에서 빼주면 "원래 값 − (나누려는 수 * 몫)"의 형태가 되어 나머지를 구할 수 있습니다. ◆ 9

11~12 ◆ 정수와 정수를 나눌 때도 나머지가 발생할 수 있으니 타입 캐스팅을 하여 *int* 정수로 변환해 주는 것이 필요합니다.

13 ◆ 9번 라인과 의미는 똑같지만 계산 방법은 다릅니다. % 연산자를 사용하면 나머지를 구할 수 있기 때문에 9번 라인처럼 코드를 꾸미지 않아도 됩니다. 나머지를 구할 땐 9번 라인을 사용해도 되지만 간단하게 % 연산자를 사용하는 것이 좋습니다. 나머지는 실수이기 때문에 *double*형 변수에 담습니다.

15~16 ◆ 결과를 출력합니다.

결과

```
 5.7 / 5 = 몫 : 1, 나머지 : 0.7
10 / 2 = 몫 : 5, 나머지 : 0
```

제곱근 구하기(sqrt)

- **학습 내용 :** 제곱근 구하는 방법을 이해합니다.
- **힌트 내용 :** sqrt 함수를 사용합니다.

```cpp
1  #include <iostream>
2
3  using namespace std;
4
5  int main()
6  {
7      cout << "4의 제곱근 : " << sqrt(4.0) << endl;
8      cout << "16의 제곱근 : " << sqrt(16) << endl;
9      cout << "64의 제곱근 : " << sqrt(64) << endl;
10     cout << "256의 제곱근 : " << sqrt(256.0) << endl;
11
12     return 0;
13 }
```

수학에서 말하는 제곱근을 구하려면 *sqrt* 함수를 사용합니다. *x*의 제곱근이란 제곱하여 *x*가 되는 실수를 의미합니다. 가령 4의 제곱은 16이기 때문에 *sqrt* 함수로 16.0을 전달하면 결과값은 4가 출력됩니다.

C언에서는 *sqrt* 함수를 사용할 때 *double* 실수형으로 인자를 전달해야 합니다. 하지만 *C++*은 실수, 정수 모두 받아 처리하기 때문에 혼용해도 문제는 없습니다.

4, 16, 64, 256의 제곱근을 구합니다. 제곱근 구하는 함수는 *sqrt*이며 인자는 실수, 정수 모두 허용됩니다. ◆ 7~10

결과

```
4의 제곱근 : 2
16의 제곱근 : 4
64의 제곱근 : 8
256의 제곱근 : 16
```

소수점 분리하기(modf)

초급 048

- **학습 내용 :** 실수를 정수(몫)와 소수(나머지)로 나누는 방법을 이해합니다.
- **힌트 내용 :** modf 함수를 사용합니다.

```cpp
1  #include <iostream>
2
3  using namespace std;
4
5  int main()
6  {
7      double x = 1.2345;
8      double div = 0.0;
9      double mod = 0.0;
10
11     mod = modf(x, &div);
12
13     cout << "1.2345의 몫 : " << div << ", 나머지 : " << mod << endl;
14
15     return 0;
16 }
```

7~9 ◆ 실수 3개를 선언합니다.

11 ◆ *modf* 함수를 이용해 실수의 정수와 소수를 구합니다. *modf* 함수 반환값은 나머지 소수이며, *modf* 함수 인자로 전달되는 두 번째 변수에는 정수 몫이 저장됩니다. *div* 변수의 주소를 넘기기 때문에 해당 함수에서 값을 변경하면 함수 호출 영역 밖에서도 값이 유효하게 됩니다.

13 ◆ 결과를 출력합니다.

결과

1.2345의 몫 : 1, 나머지 : 2345

난수 생성하기(srand, rand)

- **학습 내용 :** 임의의 수, 난수를 구하는 방법을 이해합니다.
- **힌트 내용 :** srand와 rand 함수를 사용합니다.

```cpp
1  #include <iostream>
2  #include <ctime>
3
4  using namespace std;
5
6  int main()
7  {
8      srand(static_cast<unsigned int>(time(NULL)));
9
10     for (int i = 0; i < 5; i++)
11         cout << "난수 : " << rand() << endl;
12
13     return 0;
14 }
```

난수를 구할 땐 해당 정보를 프로그램 안에서 한 번은 초기화해야 합니다. 이때 난수를 구하기 위해선 씨앗(seed)라 불리는 "어떤 값"이 필요한데 보통은 시스템 시간을 사용합니다. 씨앗을 기준으로 무작위로 값을 생성하기 때문에 씨앗은 계속 바뀌어야 합니다. 그렇지 않다면 난수임에도 항상 같은 결과가 출력됩니다.

난수의 씨앗을 심는 과정으로 시간을 초기화하여 난수가 항상 똑같지 않도록 합니다. ◆ 8

rand 함수를 이용해 임의의 값을 얻으며 범위는 0~32767입니다. *rand* 함수는 *srand* 함수를 통해 변경된 씨앗값을 이용해 무작위로 값을 생성합니다. ◆ 11

하지만 *rand* 함수는 진정한 의미의 난수를 생성하지 않습니다. 그래서 *C++11*부터는 여러 난수 생성기를 제공하고 있는데, 나중에 STL을 비롯해 난이도 높은 공부를 할 때 다시 살펴보기 바랍니다. 이 책에서는 난수 엔진 템플릿 모두를 다루지 않습니다.

여러분의 결과는 책과 많이 다를 겁니다. 난수, 랜덤한 값이기 때문입니다.

결과

```
난수 : 24719
난수 : 3333
난수 : 14514
난수 : 6505
난수 : 10046
```

무작위로 문자열과 배열 섞기 (random_shuffle)

- **학습 내용 :** 무작위로 문자열과 배열을 섞는 방법을 이해합니다.
- **힌트 내용 :** random_shuffle 함수를 사용합니다.

```cpp
1  #include <iostream>
2  #include <random>
3  #include <ctime>
4
5  using namespace std;
6
7  int main()
8  {
9      string str1 = "1a2b3c4d5e6f7g8h9i";
10     string str2 = "republic of korea";
11     int data1[10] = { 1, 2, 3, 4, 5, 6, 7, 8, 9, 10 };
12
13     srand(static_cast<unsigned int>(time(NULL)));
14
15     random_shuffle(str1.begin(), str1.end());
16     random_shuffle(str2.begin(), str2.end());
17     random_shuffle(data1, data1 + 4);
18
19     cout << "== str1 ==" << endl;
20     for (auto i : str1)
21         cout << i << ", ";
22
23     cout << endl << "== str2 ==" << endl;
24     for (auto i : str2)
25         cout << i << ", ";
26
27     cout << endl << "== data1 ==" << endl;
```

```
28      for (auto i : data1)
29          cout << i << ", ";
30
31      return 0;
32 }
```

9~11 ◆ 문자열 2개와 정수형 배열 1개를 선언합니다.

13 ◆ 난수의 씨앗을 심는 과정입니다. 이 과정이 없다면 매번 같은 결과가 출력됩니다.

15~16 ◆ 문자와 숫자가 섞인 문자열과 문자로만 이뤄진 문자열을 재배치합니다. *string* 변수의 *begin*
은 첫 위치, *end*는 마지막 위치를 의미합니다. 즉, 문자열 전체를 재배치 범위로 설정한다는 뜻
입니다.

17 ◆ 두 번째 인자는 *data1* + 4로 *data1*의 인덱스 0~3까지만 무작위로 재배치한다는 의미입니다.

19~29 ◆ 무작위로 재배치한 결과를 출력합니다. 실행할 때마다 매번 다른 결과가 출력될 것입니다.

결과

```
== str1 ==
a, b, c, 9, 6, 3, e, 4, 7, f, 8, i, h, g, 5, 1, 2, d,

== str2 ==
c, l, r, o,  , e,  , f, o, k, b, p, e, a, u, r, i,

== data1 ==
3, 2, 4, 1, 5, 6, 7, 8, 9, 10
```

날짜와 시간을 문자열로 변환하기 (localtime)

- **학습 내용:** 날짜를 원하는 형태로 가공하는 방법을 이해합니다.
- **힌트 내용:** strftime 함수를 사용합니다.

```cpp
1  #include <iostream>
2  #include <ctime>
3
4  using namespace std;
5
6  int main()
7  {
8      time_t now = time(NULL);
9      tm* ptm = localtime(&now);
10
11     char buffer[64];
12     strftime(buffer, 64, "예제 만드는 지금은 %Y년 %m월 %d일, %H시 %M분
13     %S초입니다.(%p)\n", ptm);
14
15     cout << buffer;
16
17     return 0;
18 }
```

일반적으로 날짜를 구할 땐 , *ctime()* 함수를 주로 이용했습니다. 여기에 더해, *strftime*과 *time_t*를 이용하여 간편하게 날짜 다루는 방법을 알아보겠습니다.

날짜와 시간을 얻을 수 있는 *time_t* 변수를 선언합니다. *NULL*은 아무것도 갖고 있지 않다, 즉 비었다는 의미입니다. ◆ 8

*tm*은 구조체로 *localtime()* 함수를 이용해 *int* 날짜와 시간 값을 대입합니다. ◆ 9

12 ◆ *strftime*은 3번째 인자의 문자열(예제 만드는~입니다)을 2번째 인자의 크기(64)만큼 1번째 배열(buffer)에 할당하는 역할을 담당합니다.

결과

예제 만드는 지금은 2017년 12월 15일, 21시 02분 55초입니다. (PM)

지나간 시간 알아내기(time)

052

- **학습 내용 :** 특정 시간에서 몇 초가 지났는지 알아내는 방법을 이해합니다.
- **힌트 내용 :** difftime 함수를 사용합니다.

```cpp
1  #include <iostream>
2  #include <ctime>
3
4  using namespace std;
5
6  int main()
7  {
8      time_t start = time(NULL);
9      time_t finish = time(NULL);
12
13     int pass_int = 1;
14
15     time(&start);
16
17     for (int i = 1; i < 100000; i++)
18     {
19         for (int j = 1; j < 100000; j++)
20             pass_int += 1;
21     }
22
23     time(&finish);
24
25     cout << "1을 100억 번 더하는 시간 : " << difftime(finish, start) << "초\n";
26
27     return 0;
28 }
```

앞선 예제처럼 *time_t* 변수를 선언하고 시간을 초기화합니다.　　　　　◆ 8~9

 시작 시간을 설정합니다. 타임 워치로 비교했을 때, *time(&start)*를 코드에 삽입할 경우 그 시점의 시간이 *start*에 할당됩니다. 즉, 타임 워치 처음 작동 시간이 그 시점이 되는 것입니다.

 정수 1에 1을 더하는 작업을 100억 번 반복합니다.

 더하기 반복 작업이 경과된 시간을 알아내기 위해 현재 시간을 *finish* 변수에 저장합니다. 타임 워치로 비교했을 때, 종료 시점을 의미합니다.

 현재 시간에서 처음 시작 시간을 뺍니다. 그러면 지나간 시간을 초 단위로 알아낼 수 있습니다. *difftime* 함수는 두 시간을 비교해 그 결과를 알려줍니다. 반환값은 초 단위로 종료 시간에서 시작 시간을 빼야 경과 시간이 출력됩니다.

결과

1을 100억 번 더하는 시간 : 21초

이 결과는 컴퓨터 사양에 따라 다를 수 있습니다.

문자열 비교하기 (string.compare)

- **학습 내용 :** string 문자열 변수를 비교하는 방법을 이해합니다.
- **힌트 내용 :** string.compare 함수를 사용합니다.

```cpp
1  #include <iostream>
2
3  using namespace std;
4
5  int main()
6  {
7      string seven_war = "임진왜란";
8      string korea_war = "한국전쟁";
9
10     if (seven_war.compare(korea_war) == 0)
11         cout << "같은 문자열입니다\n";
12     else
13         cout << "다른 문자열입니다\n";
14
15     return 0;
16 }
```

문자열 변수를 선언합니다. ◆ 7~8

문자열을 비교할 때는 *compare()* 함수를 이용합니다. 비교할 문자열에 *compare()* 함수를 호출하고 인자로 다른 문자열을 넘기는데, 이때 값이 서로 같다면 0이 리턴되고 다르면 −1이 리턴됩니다. ◆ 10

*C++*에서는 *string*이 클래스 형태로 제공되기 때문에 유용한 함수를 많이 사용할 수 있습니다.

결과

다른 문자열입니다

문자열 조회하기(find)

- **학습 내용**: 문자열 안에 어떤 문자 또는 문자열이 있는지 확인하는 방법을 이해합니다.
- **힌트 내용**: string.find 함수를 사용합니다.

```cpp
1  #include <iostream>
2  #include <string>
3
4  using namespace std;
5
6  int main()
7  {
8      string baekhap_war = "백합벌 전투 : 백제 왕자 부여창의 일기토로 유명한 전투";
9
10     int rtn = baekhap_war.find("부여창");
11
12     if (rtn = 0)
13         cout << "문자열을 찾았습니다. 위치는 " << rtn << "입니다." <<  endl;
14     else
15         cout << "문자열을 찾을 수 없습니다." << endl;
16
17     return 0;
18 }
```

10 ◆ 문자열 뒤에 *find* 함수를 호출하여 찾고자 하는 임의의 문자 또는 문자열을 입력합니다. 만약 찾지 못했다면 −1이 리턴되고 찾았다면 문자 또는 문자열의 시작 위치가 리턴됩니다.

12~15 ◆ −1은 찾음, 0보다 크거나 같다면 해당 문자를 찾았기 때문에 위치 값이 리턴됩니다.

결과

문자열을 찾았습니다. 위치는 24입니다.

문자열 길이 구하기(length)

- **학습 내용 :** 문자열의 전체 길이를 구하는 방법을 이해합니다.
- **힌트 내용 :** string.find 함수를 사용합니다.

```cpp
1  #include <iostream>
2  #include <string>
3
4  using namespace std;
5
6  int main()
7  {
8      string jinduk_name = "김승만";
9      string jinsung_name = "kim man";
10
11     cout << "진덕여왕 이름 길이 : " << jinduk_name.length() << endl;
12     cout << "진성여왕 이름 길이 : " << jinsung_name.length() << endl;
13
14     return 0;
15 }
```

문자열 길이는 *Length* 함수로 구합니다. 진덕여왕은 길이가 6이고, 진성여왕은 길이가 7입니다. 알파벳은 대소문자 52개를 0에서 127로 구성된 아스키 문자로 표현할 수 있습니다. 하지만, 한글은 초성, 중성, 종성 등 그 수가 1만 개가 넘으므로 1바이트 아스키 문자로 표현하지 못합니다. 그래서 0에서 65,535까지 표현 가능한 2바이트에 한 글자를 담습니다. 그래서 한글은 영문에 비해 문자열 길이가 두 배로 늘어납니다.

◆ 11~12

결과

```
진덕여왕 이름 길이 : 6
진성여왕 이름 길이 : 7
```

문자열 대소문자 변환하기 (toupper, tolower)

- **학습 내용 :** 하나의 문자나 문자열 전체를 대소문자로 변환하는 방법을 이해합니다.
- **힌트 내용 :** 문자를 변환하는 함수와 문자열을 변환하는 함수는 다릅니다.

```cpp
1  #include <iostream>
2  #include <string>
3  #include <algorithm>
4
5  using namespace std;
6
7  int main()
8  {
9      string silla = "divided into the Three Kingdoms.";
10     string joseon = "Yi Seong-gye, established Joseon in 1392.";
11
12     transform(silla.begin(), silla.end(), silla.begin(), toupper);
13     transform(joseon.begin(), joseon.end(), joseon.begin(), tolower);
14
15     char lower_ch = 'g';
16     char upper_ch = 'B';
17
18     lower_ch =  toupper(lower_ch);
19     upper_ch = tolower(upper_ch);
20
21     cout << "문자열 대문자로 변환 : " << silla << endl;
22     cout << "문자열 소문자로 변환 : " << joseon << endl;
23     cout << "문자 대문자로 변환 : " << lower_ch << endl;
24     cout << "문자 소문자로 변환 : " << upper_ch << endl;
25
26     return 0;
27 }
```

문자열을 대소문자로 변환하는 *transform* 함수는 *algorithm*에 정의되어 있습니다.  ◆ 3

문자열 변수 2개를 선언합니다. ◆ 9~10

문자열 전체를 대문자나 소문자로 변환하는 *transform* 함수를 이용합니다. 문자열 뒤에 붙은 ◆ 12~13
*begin*은 처음 위치, *end*는 마지막 위치를 의미합니다. 이 부분은 나중에 STL을 공부할 때 자주
다루게 될 함수이기도 합니다.

 **N O T E**

transform 함수 인자 전달 순서

1. 복사할 문자열의 시작점
2. 복사할 문자열의 종료점
3. 복사될 문자열의 시작점(다른 문자열 변수에 대입할 수 있음)
4. 대문자로 변환하려면 toupper, 소문자로 변환하려면 tolower 사용

하나의 문자를 변환할 땐 간단히 *toupper* 또는 *tolower* 함수를 호출하여 리턴값을 변수에 대 ◆ 18~19
입합니다. 반환값은 대문자 또는 소문자로 변환한 결과 값입니다.

대소문자 결과를 출력합니다. ◆ 21~24

결과

```
문자열 대문자로 변환 : DIVIDED INTO THE THREE KINGDOMS.
문자열 소문자로 변환 : yi seong-gye, established Joseon in 1392.
문자 대문자로 변환 : G
문자 소문자로 변환 : b
```

문자열 합치기(+=)

- **학습 내용 :** 특정 문자열에 다른 문자열을 추가하는 방법을 이해합니다.
- **힌트 내용 :** 간단하게 + 연산자를 이용합니다.

```cpp
1  #include <iostream>
2  #include <string>
3
4  using namespace std;
5
6  int main()
7  {
8      string king = "조선 세종";
9      string favorite1 = "고기";
10     string favorite2 = "야근";
11
12     string king_info = "";
13
14     king_info += king;
15     king_info += "은 ";
16     king_info += favorite1;
17     king_info.append("와 ");
18     king_info.append(favorite2);
19     king_info.append("을 좋아했습니다.");
20
21     cout << king_info << endl;
22
23     return 0;
24 }
```

C언어에서 문자열을 합치려면 *char* 배열, *strcat*, 메모리 재할당을 이용합니다. 하지만 C++
에서는 + 연산자로 쉽게 구현할 수 있습니다.

문자열 변수 4개를 선언합니다. *king_info*는 비어 있는 문자열입니다. ◆ 8~12

+=이란 축약된 형태로 하나의 문자열에 다른 문자열을 합칩니다. ◆ 14~16

*append*는 추가한다는 의미로 +=과 똑같은 의미입니다. 문자열 끝에 다른 문자열을 이어 붙이 ◆ 17~19
는 것으로 둘 중 어느 것을 사용해도 상관 없습니다.

결과

조선 세종은 고기와 야근을 좋아했습니다.

N O T E

string + 연산자를 이용하면 string, char, const char *도 쉽게 추가할 수 있습니다. string은 내부 버퍼를 가지고 있으므로 가변 길이 문자열 처리가 가능합니다.

또한, append, insert, push_back 함수로도 문자 또는 문자열을 추가할 수 있습니다.
string.append("ABC", 2)처럼 추가할 문자열의 크기를 지정할 수 있으며, string.append("ABC", 1, 2) 처럼 문자열 일부만 추출해 추가할 수도 있습니다.

insert를 응용할 경우 string.insert(2, "ABC", 2), string.insert(0, "ABC", 1, 2)처럼 추가할 영역, 추가할 문자열 범위 등을 설정할 수도 있습니다.

이처럼 string은 프로그래머가 쉽게 다룰 수 있는 방법이 다양합니다. +, +=, insert, append, push_back 등을 다양하게 사용하며 string을 더 깊이 이해하는 연습도 해보기 바랍니다.

문자열 중간에 문자열 추가하기 (insert)

- **학습 내용 :** 문자열 중간에 다른 문자열을 추가하는 방법을 이해합니다.
- **힌트 내용 :** insert 함수를 이용합니다.

```cpp
1  #include <iostream>
2  #include <string>
3
4  using namespace std;
5
6  int main()
7  {
8      string sentence = "i coding";
9      sentence.insert(2, "hate ");
10     cout << sentence << endl;
11
12     sentence.insert(7, "or like ");
13     cout << sentence << endl;
14
15     return 0;
16 }
```

8 ◆ 문자열 변수를 선언합니다.

9 ◆ *insert* 함수에 처음 2라는 인자를 줍니다. 2는 sentence 문자열의 2번째를 의미합니다.

i - 0번째
공백 - 1번째
c - 2번째
o - 3번째
…

2번째 위치에 새로운 문자열을 추가하여 10번 라인에서 결과를 확인합니다. 기존의 2번째 라인 문자열은 추가되는 문자열 뒤에 위치합니다.

문자열을 다시 추가하는데 앞서 문자열을 추가했기 때문에 문자열의 순서, 즉 인덱스는 변경되었습니다.

◆ 12

```
i - 0번째
공백 - 1번째
h - 2번째
a - 3번째
t - 4번째
e - 5번째
공백 - 6번째
….
```

바뀐 인덱스를 기준으로 다시 문자열을 추가하여 13번 라인에서 결과를 확인합니다.

결과

```
i hate coding
i hate or like coding
```

문자열 일부 지우기(erase)

초급 059

- **학습 내용 :** 문자열의 일부를 제거하는 방법을 이해합니다.
- **힌트 내용 :** erase 함수를 이용합니다.

```cpp
1 #include <iostream>
2 #include <string>
3
4 using namespace std;
5
6 int main()
7 {
8     string sentence = "i hate coding";
9
10     sentence.erase(0, 7);
11
12     cout << "i like " << sentence << endl;
13
14     return 0;
15 }
```

문자열 일부는 인덱스를 이용해 삭제할 수 있습니다. *erase* 함수에 삭제할 영역의 시작 인덱스와 삭제할 문자 개수를 전달하면 해당 범위의 문자열은 삭제됩니다.

```
sentence[0] = i
sentence[1] = 공백
sentence[2] = h
sentence[3] = a
sentence[4] = t
sentence[5] = e
sentence[6] = 공백
sentence[7] = c
sentence[8] = o
sentence[9] = d
sentence[10] = i
sentence[11] = n
sentence[12] = g
```

문자열에서 *erase* 함수를 호출하여 문자열 일부를 제거할 수 있습니다. 이때 2개의 인자가 필 ◆ 10
요한데 첫 번째는 제거할 영역의 시작 인덱스고, 두 번째는 제거할 문자의 개수입니다. 0과 7이
전달되었기에, sentence[0]~sentence[6]까지 총 7개 문자가 삭제됩니다.

결과

i like coding

문자열 이동하기(move)


```cpp
1  #include <iostream>
2  #include <string>
3  #include <vector>
4
5  using namespace std;
6
7  int main()
8  {
9      string str1 = "i like coding";
10     string str2 = move(str1);
11
12     cout << "str1 : " << str1 << endl;
13     cout << "str2 : " << str2 << endl;
14
15     vector<int> v1 = { 1, 2, 3 };
16     vector<int> v2 = move(v1);
17
18     cout << "v1 size : " << v1.size() << endl;
19     cout << "v2 size : " << v2.size() << endl;
20
21     return 0;
22 }
```

문자열을 복사하지 않고 다른 곳으로 이동할 때에는 *move* 함수를 사용합니다. *move*는 잘라내기 기능과도 같아 기존 변수의 내용은 삭제되고 다른 문자열로 이동합니다.

9 ◆ 문자열 변수를 선언합니다.

새로운 문자열 변수를 선언하며 초기값으로 *move* 함수를 이용합니다. *move* 함수에 인자로 전   ◆ **10**
달된 *str1*의 내용이 *str2*로 이동합니다.

문자열 2개를 출력합니다. *move* 함수로 인해 *str1*에는 아무 내용이 없으며, *str2*에는 원래   ◆ **12~13**
*str1*의 값이 할당되었습니다.

9, 10라인과 비슷한 의미로 *v1*에는 데이터가 처음엔 있지만 *move* 함수로 인해 *v2*로 데이터가   ◆ **15~16**
모두 이동합니다.

벡터 2개의 크기를 출력합니다. *v1*에는 아무 값이 없고, *v2*에는 1, 2, 3의 값이 있습니다. 결과   ◆ **18~19**
는 0과 3입니다.

결과

```
str1 :
str2 : i like coding
v1 size : 0
v2 size : 3
```

문자열에서 특정 문자만 제거하기 (erase, remove)

- **학습 내용 :** 문자열에서 임의의 문자만 제거하는 방법을 이해합니다.
- **힌트 내용 :** erase 함수와 remove 함수를 함께 이용합니다.

```cpp
1 #include <iostream>
2 #include <string>
3 #include <algorithm>
4
5 using namespace std;
6
7 int main()
8 {
9     string sentence = "i like coding";
10
11     sentence.erase(remove(sentence.begin(), sentence.end(), ' '),
12 sentence.end());
13
14     cout << sentence << endl;
15
16     return 0;
17 }
```

9 ◆ 문자열 변수를 선언합니다.

11 ◆ 문자열에서 특정 문자만 제거할 때는 *erase*와 *remove* 함수를 함께 사용합니다. *erase* 함수의 첫 번째 인자로 *remove* 함수가 호출되었는데, 이 함수는 특정 문자가 있는 모든 인덱스를 *erase* 함수에게 알려줍니다. 첫 번째 인자 *begin*은 문자열의 시작 위치, 두 번째 인자 end는 문자열의 마지막 위치, 세 번째 인자 ' '는 공백입니다. 문자열의 시작에서 마지막 위치까지 순회하며 공백의 모든 위치를 *erase* 함수에 리턴하는 것입니다.

C언어에서는 반복문을 이용해 문자열을 문자 단위로 조회했지만 *C++*에는 이처럼 강력한 기능이 있기 때문에 단 한 줄로 기능 구현이 가능합니다.

C언어 소스 코드를 *C++*에서도 사용할 수 있지만, 이러한 이유로 *C++*에서 제공하는 기능을 사용하는 것이 향후 유지보수에도 유리합니다.

결과를 출력합니다. 공백을 삭제했으므로 결과는 *ilikecoding*입니다.　　　　　　◆ 14

결과

ilikecoding

문자열 일부 교체하기(replace)

- **학습 내용:** 문자열의 일부를 교체하는 방법을 이해합니다.
- **힌트 내용:** replace 함수와 find 함수를 이용합니다.

```cpp
1 #include <iostream>
2 #include <string>
3
4 using namespace std;
5
6 int main()
7 {
8     string sentence = "i like coding";
9     string find_str = "coding";
10     string replace_str = "history";
11
12     sentence.replace(sentence.find(find_str), find_str.length(),
13 replace_str);
14
15     cout << sentence << endl;
16
17     return 0;
18 }
```

8 ◆ 문자열 일부를 교체할 대상으로 원래 값은 *"i like coding"*입니다.

9~10 ◆ *"coding"*이란 문자열을 찾아 *"history"*로 바꾸기 위해 *string* 변수를 선언합니다.

12 ◆ 문자열을 교체할 땐 *replace* 함수를 사용하는데 앞선 예제처럼 인자가 길지만 그리 어렵지 않
게 해석할 수 있습니다.

> **NOTE**
>
> 1. sentence.find(find_str) : 전체 문자열에서 "coding"을 찾아 그 위치를 알아냅니다.
> 2. find_str.length() : 찾아야 할 문자열의 길이를 replace 함수에 알려줍니다.
> 3. replace_str : 찾아낸 문자열을 교체할 새로운 문자열입니다.

C++에서는 위와 같이 축약된 형태로 소스 코드를 구현할 수 있습니다. 다른 챕터에서 배울 람다 문법이나 C#의 LINQ와 같이 C++ STL은 매우 유용하니 본격적으로 공부하기 전에 미리 감을 잡아두는 것이 좋습니다.

결과

```
i like history
```

문자열을 정수로 변환하기(stoi)

- **학습 내용 :** 문자열을 int 정수로 변환하는 방법을 이해합니다.
- **힌트 내용 :** C++11 이상에서 지원하는 stoi 또는 atoi를 이용합니다.

```cpp
1  #include <iostream>
2  #include <string>
3
4  using namespace std;
5
6  int main()
7  {
8      string str1 = "10";
9      string str2 = "2.456";
10     string str3 = "456 문자열";
11
12     int num1 = stoi(str1);
13     int num2 = stoi(str2);
14     int num3 = stoi(str3);
15
16     cout << num1 << ", " << num2 << ", " << num3 << endl;
17
18     return 0;
19 }
```

12 ◆ 문자열 "10"을 담은 변수를 *stoi* 함수의 인자로 넘겨 정수로 변환합니다.

13 ◆ 실수형으로 만들어진 문자열을 정수로 변환하면, 소수점 이하는 버려진 채, 정수로 변환됩니다.

14 ◆ 문자열과 숫자가 섞여있다면 문자열은 제거된 채 정수로 변환됩니다.

C++11 문법을 사용하려면 최소 비주얼 스튜디오 2012가 필요합니다. 만약 비주얼 스튜디오 2012보다 낮은 버전을 사용한다면 *stoi* 함수는 C언어 스타일의 *atoi* 로 교체하여 사용해도 무방합니다.

문자열을 숫자로 변환하기 (stringstream)

- **학습 내용 :** stringstream을 이용해 문자열을 정수, 실수로 변경하는 방법을 이해합니다.
- **힌트 내용 :** stoi와 결과는 똑같지만 방법은 다릅니다.

```cpp
1  #include <iostream>
2  #include <sstream>
3
4  using namespace std;
5
6  int main()
7  {
8      stringstream ss;
9
10     double number1 = 0.0;
11
12     ss << "1.2,2.6-3.8!4.7=8.9";
13
14     cout << "== string to double ==" << endl;
15     while (!ss.eof())
16     {
17         ss >> number1;
18         ss.ignore();
19
20          cout << number1 << ", ";
21     }
22
23     ss.clear();
24     ss.str("");
25     ss << "1," << "2" << 3 << " " << 4;
26
27     int number2 = 0;
28
29     cout << endl << "== string to int ==" << endl;
30     while (!ss.eof())
```

```
31      {
32          ss >> number2;
33          ss.ignore();
34
35          cout << number2 << ", ";
36      }
37
38      return 0;
39 }
```

2 ◆ *stringstream*을 사용하기 위해 인클루드합니다.

8 ◆ *stringstream* 변수를 선언합니다.

12 ◆ *stringstream* 변수에 실수와 특수문자로 이루어진 문자열을 추가합니다.

15~21 ◆ *stringstream*을 다 읽지 않았으면 반복되는 *while*문입니다. *ss* 변수에서 숫자를 읽어 실수형 변수 *number1*에 할당합니다. *while*문에서 *ss*는 처음 데이터를 읽고 다시 처음으로 돌아가 데이터를 읽기 때문에 중간에 *ignore*를 호출하여 다음 데이터를 읽을 수 있도록 합니다. 만약 *ignore*를 호출하지 않는다면 첫 데이터를 계속 읽기 때문에 무한루프에 빠집니다.

23 ◆ 현재 상태를 정리합니다. *ss* 변수는 15~21라인을 통해 파일을 끝까지 읽어 더는 읽을 수 없는 상태인데 이것을 초기화하는 것입니다.

24 ◆ *ss*변수의 데이터를 초기화합니다.

25 ◆ *ss*변수에 정수를 추가합니다. *ss*변수에 추가되는 문자열 데이터는 "1,23 4"입니다.

30~36 ◆ 15~21번 라인과 똑같습니다. *ss*에는 "1,23 4"라는 문자열이 있기 때문에 1과 23과 4로 분리됩니다.

결과

```
== string to double ==
1.2, 2.6, 3.8, 4.7, 8.9,
== string to int ==
1, 23, 4,
```

문자열 정렬하기(sort)

- **학습 내용 :** 문자열을 구성하는 알파벳들을 순서대로 정렬하는 방법을 이해합니다.
- **힌트 내용 :** sort() 함수를 이용하면 쉽게 정렬할 수 있습니다.

```cpp
1 #include <iostream>
2 #include <string>
3 #include <algorithm>
4
5 using namespace std;
6
7 int main()
8 {
9     string sort_str1= "gojoseon";
10    string sort_str2 = "AaBbCcDdEe";
11
12    sort(sort_str1.begin(), sort_str1.end());
13    sort(sort_str2.begin(), sort_str2.end());
14
15    cout << "소문자만 정렬 : " << sort_str1 << endl;
15    cout << "대소문자만 정렬 : " << sort_str2 << endl;
17
18    return 0;
19 }
```

문자열을 알파벳 순서에 맞게 정렬합니다. 대소문자가 섞여있다면 소문자는 대문자 뒤로 정렬 ◆ 12~13
됩니다.

결과

```
소문자만 정렬 : egjnooos
대소문자 정렬 : ABCDEabcde
```

문자열 뒤집기(reverse)

- **학습 내용 :** 문자열을 뒤에서 앞으로 순서를 바꿔 뒤집는 방법을 이해합니다.
- **힌트 내용 :** reverse 함수를 이용합니다.

```cpp
1 #include <iostream>
2 #include <string>
3 #include <algorithm>
4
5 using namespace std;
6
7 int main()
8 {
9     string str = "gfedcba";
10
11     reverse(str.begin(), str.end());
12
13     cout << str << endl;
14
15     return 0;
16 }
```

앞으로 C++를 공부하면 C++11, C++14, C++17, C++20 (예정) 등의 표준을 접하게 될텐데 C++ 버전은 높아질수록 더 많은 기능과 더 많은 라이브러리를 지원합니다. 이 책에서는 주로 C++11을 이용한 함수를 사용하고 있습니다. 비주얼 스튜디오 같은 개발툴의 버전이 높아지면 기존 문법이 수정되기도 하며, 새로운 문법이 등장하기도 합니다. 더 좋은, 더 강력한 문법이 등장한다면 당연히 그것을 공부하고 사용하는 것이 좋습니다.

3 ◆ 문자열 뒤집을 때 사용하는 함수 *reverse*가 정의된 *algorithm*을 인클루드합니다.

9 ◆ 문자열 변수를 선언합니다.

11 ◆ 문자열의 첫 위치와 마지막 위치를 인자로 전달합니다. 첫 위치에서 마지막 위치까지 모두 뒤집는다는 의미입니다. 결과는 abcdefg입니다.

숫자를 문자열로 변환하기 (to_string)

- **학습 내용 :** 정수와 실수를 문자열로 바꾸는 방법을 이해합니다.
- **힌트 내용 :** to_string() 함수를 이용합니다.

```cpp
1  #include <iostream>
2  #include <string>
3
4  using namespace std;
5
6  int main()
7  {
8      int number1 = 10;
9      double number2 = 67.8;
10
11     string no_str1 = to_string(number1);
12     string no_str2 = to_string(number2);
13
14     cout << "number1 : " << number1 << endl;
15     cout << "number2 : " << number2 << endl;
16
17     return 0;
18 };
```

int 정수형 변수와 double 실수형 변수를 선언합니다. ◆ 8~9

to_string 함수의 인자로 변수를 전달합니다. 결과는 10, 67.8입니다. ◆ 11~12

결과

```
number1 : 10
number2 : 67.8
```

정수와 문자의 최대/최소값 알아내기(min, max)

- **학습 내용:** 정수나 문자의 최대, 최소값을 알아내는 방법을 이해합니다.
- **힌트 내용:** min, max, minmax 함수를 이용합니다.

```cpp
1  #include <iostream>
2  #include <string>
3  #include <algorithm>
4
5  using namespace std;
6
7  int main()
8  {
9      auto result1 = min(1, 5);
10     auto result2 = max('a', 'z');
11
12     cout << result1 << ", " << result2 << endl;
13
14     auto result3 = minmax({ 'a', 'n', 'z' });
15     auto result4 = minmax({ 1, 2, 3 });
16
17     cout << result3.first << ", " << result3.second << endl;
18     cout << result4.first << ", " << result4.second << endl;
19
20     return 0;
21 }
```

9 ◆ *min* 함수에 정수 1과 5를 인자를 넘기며 최소 값을 알아냅니다. 자료형 *auto*는 반환형이 무엇인지 모를 때 사용할 수 있는 유용한 키워드로 뒤에서 자세히 다룹니다.

10 ◆ *max* 함수에 알파벳 a와 z를 넘깁니다. a에서 z중 가장 나중에 나오는 문자를 알아내는 것으로 아스키 코드 값을 기준으로 반환됩니다. 소문자 a는 10진수로 97이며 z는 122입니다.

minmax 인자로 a, n, z를 넘깁니다. a는 아스키 코드로 97, n은 110, z는 122입니다.   ◆ **14**

minmax 인자로 1, 2, 3을 넘깁니다.   ◆ **15**

auto 키워드로 받은 결과의 *first*는 최소값, *second*는 최대값입니다.   ◆ **17~18**

결과

```
1, z
a, z
1, 3
```

포인터 이해하기(*)

- **학습 내용 :** 특정 대상의 주소를 가리키는 포인터를 이해합니다.
- **힌트 내용 :** C언어의 꽃은 배열, 함수, 포인터라는 말이 있습니다.

```cpp
 1 #include <iostream>
 2
 3 using namespace std;
 4
 5 int main()
 6 {
 7     int number1 = 10;
 8     int *pointer1 = &number1;
 9
10     double number2 = 23.4;
11     double *pointer2 = &number2;
12
13     cout << "number1 : " << number1 << " (size : " <<
14         sizeof(number1) << ")" << endl;
15     cout << "pointer1 : " << pointer1 << " (size : " <<
16         sizeof(pointer1) << ")" << endl;
17
18     cout << "number2 : " << number2 << " (size : " <<
19         sizeof(number2) << ")" << endl;
20     cout << "pointer 2: " << pointer2 << " (size : " <<
21         sizeof(pointer2) << ")" << endl;
22
23     return 0;
24 }
```

코딩을 처음 시작할 때 C언어의 꽃은 배열, 함수, 포인터라는 말을 들었었습니다. 그만큼 C언어를 공부하는데 꼭 이해하고 넘어가야 할 정도로 중요한 부분입니다.

C++에서도 포인터의 개념은 역시나 중요합니다. C#이나 자바엔 없는 개념이라 C++를 다뤄보지 않은 프로그래머들이 어려워하는 부분이기도 합니다.

변수가 실제 값을 저장하는 용도로 사용된다면 포인터는 변수의 주소를 가리킵니다. 거꾸로 이야기하자면 예제처럼 10이란 정수가 담겨있는 위치를 나타내는 것이 포인터입니다.

int 자료형 변수를 선언합니다.　　　　　　◆ 7

변수 이름 앞에 *를 붙입니다. * 아스테리스크가 붙은 변수는 실제 값이 아니라 주소를 저장한다는 의미입니다. 그래서 **pointer1* 변수에는 *number1*의 주소를 저장할 수 있도록 *number1* 변수에 주소가 할당됩니다. & 앰퍼샌드는 변수의 주소를 불러오는 의미입니다.　　◆ 8

따라서 주소를 저장하도록 *가 붙은 변수를 선언하고, 그 변수에 주소를 불러오는 &를 이용해 *number1*의 주소를 가져와 대입하는 것입니다.

int 자료형만 *double*로 변경되었습니다. 기본 사항은 7~8라인과 똑같습니다.　　◆ 10~11

int 변수의 크기는 4바이트이며 포인터 또한 4바이트입니다. 포인터는 값이 아닌 주소를 저장하기 때문에 출력 결과는 컴퓨터 내부의 위치를 가리키는 주소값입니다. 이 주소값은 컴퓨터 내부적으로 할당하기 때문에 사용자가 임의로 주소를 지정할 순 없습니다. 아예 지정할 수 없는 건 아니지만 그런 경우는 극히 드물다는 정도만 알고 넘어가면 되겠습니다.　　◆ 13~16

13~16 라인과 거의 유사하지만 *double* 자료형의 포인터 변수 크기가 4바이트입니다. *double* 변수는 8바이트인데 왜 크기가 4로 출력이 될까요? 그건 포인터 변수가 실제 값이 아니라 주소, 즉 위치 값만 가지고 있는 것이 원인입니다. 포인터는 실제 값이 아니라 주소를 가리키는 화살표만 저장하는데 이 화살표의 크기가 4바이트라고 이해할 수 있습니다.　　◆ 18~21

결과

```
number1 : 10 (size : 4)
pointer1 : 004FFC30 (size : 4)
number2 : 23.4 (size : 8)
pointer 2: 004FFC14 (size : 4)
```

포인터 변수 사용하기

- **학습 내용 :** 함수를 이용하여 포인터 변수를 사용하는 방법을 이해합니다.
- **힌트 내용 :** 포인터는 프로그램 성능을 향상하는데 도움이 됩니다.

```cpp
1  #include <iostream>
2  #include <string>
3  #include <vector>
4
5  using namespace std;
6
7  int PointerFunc(vector<string> *info)
8  {
9      if (info->empty() == true)
10         return 0;
11     else
12         return sizeof(info);
13 }
14
15 int main()
16 {
17     vector<string> message;
18     message.push_back("고려 장군");
19     message.push_back("척준경!");
20     message.push_back("절친 이름은");
21     message.push_back("... 무엇일까");
22
23     cout << "포인터 인자 크기 : " << PointerFunc(&message) << endl;
24     cout << "원래 변수 크기 : " << sizeof(message) << endl;
25
26     return 0;
27 };
```

포인터를 사용하면 프로그램 전체 성능을 올리는데 도움이 되기도 합니다. 함수는 인자로 넘어오는 값을 일단 복사하여 사용하는데 만약 인자가 크다면 복사하는데 많은 시간이 소요됩니다. 해당 함수를 자주 호출할 수록 프로그램 성능은 그에 비례하여 떨어질 겁니다. 인자의 크기가 클수록 포인터를 이용하여 4바이트 주소만 넘기는 것이 좋습니다.

함수를 선언하였는데 인자는 *vector*<*string*> 형입니다.　　　　　　　　　　◆ **7**

함수 인자로 전달받은 벡터의 크기를 조회합니다. 만약 비어 있다면 0을 반환하고 비어 있지 않　　◆ **9~12**
다면 *info*의 크기를 반환합니다. 여기서 포인터 변수 오른쪽에 −〉 화살표를 붙였는데 이건 포
인터 변수를 다루는 규칙입니다.

string 자료형을 저장하는 벡터 변수를 선언하고 데이터를 추가합니다.　　　　　　◆ **17~21**

PointerFunc 함수에 벡터를 전달합니다. 결과는 4입니다.　　　　　　　　　◆ **23**

벡터의 원래 크기를 출력하는데, 포인터 인자 크기는 4로 차이가 납니다. 포인터는 주소값 4바　　◆ **24**
이트라서 함수가 포인터 인자를 받을 때 주소만 복사하기 때문입니다. 함수를 호출할 때 이처
럼, 포인터를 이용하면 인자 복사 시간을 줄일 수 있어 프로그램 성능 향상에 도움이 됩니다.

결과

```
포인터 인자 크기 : 4
원래 변수 크기 : 16
```

포인터 배열 사용하기

- **학습 내용:** 배열을 가리키는 포인터 사용 방법을 이해합니다.
- **힌트 내용:** 해당 포인터는 배열 인덱스 0을 가리킵니다.

```cpp
1 #include <iostream>
2
3 using namespace std;
4
5 int main()
6 {
7     const int kSize = 3;
8
9     int numbers[kSize] = { 10, 20, 30 };
10     int *pointer1 = numbers;
11
12     int no1 = 1;
13     int no2 = 2;
14     int no3 = 3;
15     int *pointer2[kSize] = { &no1, &no2, &no3 };
16
17     for (int i = 0; i < kSize; i++)
18         cout << "Pointer1[" << i << "] = " << *(pointer1 + i) << endl;
19
20     for (int i = 0; i < kSize; i++)
21         cout << "Pointer2[" << i << "] = " << *pointer2[i] << endl;
22
23     return 0;
24 };
```

7 ◆ 배열의 크기로 사용할 상수를 선언합니다. 되도록 코드 중간엔 의미를 알 수 없는 숫자 3, 21, 102 등을 사용하지 않는 것이 좋습니다. 상수로 의미를 명확히 하여 사용하는 것이 유지보수에도 좋습니다.

저는 코드 중간에 삽입되어 의미를 알 수 없는 숫자를 *Magic Number*라고 부릅니다. 프로그래 밍을 처음 배울 때 Code Project에서 봤던 표현을 그대로 사용하는 중입니다.

배열을 하나 선언하고 포인터 변수에 그 주소를 지정합니다. 배열의 포인터 주소는 *numbers[0]*을 가리키며 증감 연산자로 주소를 증가하면 *numbers[1]*, *numbers[2]*로 포인터가 가리키는 곳이 변경됩니다. ◆ 9~10

포인터 배열을 선언하며 초기값도 함께 지정합니다. 배열은 선언과 함께 무조건 초기화하는 습 관이 중요합니다. 만약 배열을 선언만 해놓고 초기화하지 않으면 쓰레기 값이 들어가 나중에 버그 등이 발생할 때 원인을 추적하기 어렵습니다. 그러니 배열을 사용할 땐 항상 초기화도 함 께 해주세요. ◆ 15

*pointer1*은 *numbers*의 주소를 가리키기 때문에 *pointer1[0]*처럼 사용하면 주소값이 출력됩 니다. 해당 주소의 실제값을 출력하려면 18번 라인처럼 소스를 구성합니다. ◆ 17~18

*pointer1*은 *numbers*의 주소를 통해 *number*의 값에 접근하지만, *pointer2*는 해당 변수의 주 소를 이미 저장한 상태입니다. 그래서 18번 라인처럼 괄호를 이용한 포인터 연산이 필요하지 않습니다. ◆ 20~21

종종, 더블 포인터 **를 사용하거나 3중, 4중 포인터 배열을 사용하는 예제를 볼 때가 있습니 다. 하지만, 너무 복잡하면 유지보수가 어려워 지양하는 방법이며, 부득이 더블 포인터나 3중 포인터 이상을 다룰 일이 생기면 프로그램 전체 구조를 다시 구상하는 것이 좋습니다.

결과

```
Pointer1[0] = 10
Pointer1[1] = 20
Pointer1[2] = 30
Pointer2[0] = 1
Pointer2[1] = 2
Pointer2[2] = 3
```

지역 변수 이해하기

- **학습 내용 :** 지역 변수를 사용하는 방법을 이해합니다.
- **힌트 내용 :** 변수는 유효 범위에 따라 부르는 이름이 다릅니다.

```cpp
1 #include <iostream>
2
3 using namespace std;
4
5 int Temp1(const int arg)
6 {
7     int number = 20;
8
9     return number + 1;
10 }
11
12 int Temp2(const int arg)
13 {
14     int number = arg;
15
16     return number + 1;
17 }
18
19 int main()
20 {
21     int number = 10;
22
23     int rtn1 = Temp1(number);
24     int rtn2 = Temp2(number);
25
26     cout << "메인 함수 number : " << number << endl;
27     cout << "Temp 함수 number : " << rtn1 << endl;
28     cout << "Temp 함수 number : " << rtn2 << endl;
```

```
29
30      return 0;
31 }
```

함수의 인자를 받지만 사용하지 않고, 7번 라인에 선언된 변수를 리턴합니다. ◆ 5~10

함수의 인자를 사용해 내부 변수를 초기화하여 리턴합니다. ◆ 12~17

두 함수에서 리턴된 값을 출력해보면 각각 21, 11입니다. *Temp1*, *Temp2*, *main* 함수에 공통적으 ◆ 23~28
로 *number*란 같은 이름의 변수가 선언되었는데, 일반적으로 같은 이름의 변수나 함수는 사용할
수 없습니다. 하지만, 유효 범위가 다르다면 같은 이름의 변수를 선언하여 사용할 수 있습니다.
변수의 유효 범위가 다르면 중복하여 사용할 수 있는 것이죠.

7번 라인 *number*는 *Temp1* 함수의 영역에서만 유효한 변수이며, 14번 라인 *number* 변수도 마찬
가지입니다. 그래서 *main* 함수의 *number* 변수는 7, 14번 라인 변수처럼 *main* 함수에서만 유효
한 변수입니다.

이렇게 특정 지역에서만 유효한 변수를 지역 변수라고 부릅니다.

결과

```
메인 함수 number : 10
Temp1 함수 number : 21
Temp2 함수 number : 11
```

전역 변수 이해하기(extern)

```cpp
1  #include <iostream>
2
3  using namespace std;
4
5  extern int g_number = 100;
6
7  int Func1()
8  {
9      return g_number++;
10 }
11
12 int Func2()
13 {
14     return g_number++;
15 }
16
17 int main()
18 {
19     int number = g_number++;
20
21     cout << "메인 number : " << number << endl;
22     cout << "Func1 number : " << Func1() << endl;
23     cout << "Func2 number : " << Func2() << endl;
24
25     return 0;
26 };
```

extern 키워드를 이용해 전역 변수를 선언합니다.　　　　　◆ 5

두 함수에서 각각 전역 변수를 1 증가시킵니다.　　　　　◆ 7~15

number 변수에 현재 전역 변수의 값을 저장한 뒤 전역 변수를 1 증가시킵니다.　　◆ 19

차례대로 100, 101, 102가 출력됩니다. 전역 변수는 프로그램 어느 곳에서 접근하여 사용할 수 　◆ 21~23
있는 변수입니다. 얼핏 보면 사용하기 편하고 좋은 변수라고 생각할 수 있지만, 실제론 정반대
입니다. 전역 변수는 뒤에서도 다루겠지만, "쓰면 안 된다" 정도로만 기억해 두는 것이 좋습니
다.

C++ 같은 객체지향 프로그래밍 언어엔 전역이란 개념 자체가 없고, 억지로 전역 변수, 전역 함
수를 사용하면, 네임스페이스 오염, 커플링 문제, 메모리 할당, 테스트 어려움 등 좋은 점은 없
고 나쁜점이 많습니다. "전역 변수라는 것이 있다" 정도만 이해하고 현업에선 아예 사용하지 않
는 것이 좋습니다.

결과

```
메인 number : 100
Func1 number : 101
Func2 number : 102
```

PART 3

중급

C++ 프로그래밍
실력 다지기

Call by Value 이해하기


```cpp
1  #include <iostream>
2
3  Using namespace std;
4
5  void Func(int arg)
6  {
7      cout << "변경 전 : " << arg << endl;
8      arg += 10;
9      cout << "변경 후 : " << arg << endl;
10 }
11
12 int main()
13 {
14     int year = 10;
15
16     Func(year);
17
18     cout << "함수 종료 후 : " << year << endl;
19
20     return 0;
21 };
```

5~10 ◆ *Func* 함수는 인자로 받은 *int* 정수에 10을 더해줍니다. 결과는 10과 20입니다.

14~18 ◆ 변수를 선언하여 *Func* 함수에 인자로 넘긴 후 출력합니다. 결과는 10입니다.

분명히 8번 라인에서 인자 *year*에 10을 더했는데 *main* 함수에서 여전히 *year*의 값은 10입니다. *Call by Value*는 인자로 넘어온 값을 내부적으로 복사해 사용합니다. 그러므로, *year* 변수는 *Func* 함수 내부에 복사된 값과 같지 않습니다. *year* 변수에 직접 10을 더한 것이 아니라 내부적으로 복사한 값에 10을 더한 셈입니다.

결과

```
변경 전 : 10
변경 후 : 20
함수 종료 후 : 10
```

Call by Reference 이해하기


```cpp
1  #include <iostream>
2  #include <string>
3
4  using namespace std;
5
6  void Func1(int &arg)
7  {
8      cout << "변경 전 : " << arg << endl;
9      arg += 10;
10     cout << "변경 후 : " << arg << endl;
11 }
12
13 void Func2(string &info)
14 {
15     info += "981년";
16 }
17
18 int main()
19 {
20     int year = 10;
21
22     Func1(year);
23
24     cout << "Func1 함수 종료 후 : " << year << endl;
25
26     string king_info = "고려 성종 즉위년 : ";
27
28     Func2(king_info);
```

```
29
30      cout << king_info << endl;
31
32      return 0;
33 };
```

함수 인자로 *int* 자료형의 주소를 가리키는 포인터를 받습니다. 그리고 10을 증가합니다. ◆ 6~11

함수 인자로 *string* 자료형의 주소를 가리키는 포인터를 받습니다. 그리고 문자열 뒤에 내용을 ◆ 13~16
추가합니다.

함수 *Func1*을 이용해 *year* 변수의 값을 10 증가시킵니다. 바로 앞 예제와는 다르게 *Func1* 함 ◆ 20~22
수는 인자를 복사해 사용하지 않고 인자의 주소를 가리키는 포인터를 사용하기 때문에 *year* 변
수값은 증가합니다. 포인터가 가리키는 곳, 즉 주소의 값을 직접 바꾸는 것입니다.

20~22라인과 자료형만 다를 뿐, 내용은 똑같습니다. ◆ 26~28

결과

```
변경 전 : 10
변경 후 : 20
Func1 함수 종료 후 : 20
고려 성종 즉위년 : 981년
```

Call by Address 이해하기

- **학습 내용 :** Call by Reference와 차이점을 알아보고 사용 방법을 이해합니다.
- **힌트 내용 :** 주소를 명시적으로 전달받아 4바이트가 할당됩니다.

```cpp
1  #include <iostream>
2
3  using namespace std;
4
5  void Func1(bool *is_on)
6  {
7      cout << "Call by address : " << sizeof(is_on) << endl;
8  }
9
10 void Func2(bool &is_on)
11 {
12     cout << "Call by reference : " << sizeof(is_on) << endl;
13 }
14
15 int main()
16 {
17     bool is_tmp = true;
18
19     Func1(&is_tmp);
20     Func2(is_tmp);
21
22     return 0;
23 };
```

5~8 ◆ 함수는 인자로 포인터를 받는데, 이 경우 함수 호출하는 곳에서는 주소를 명시적으로 전달해야
합니다.

함수는 인자로 주소를 받는데, 이 경우 함수 호출하는 곳에서는 값을 그대로 넘깁니다. 하지만 받는 측에서 포인터로 받습니다. ◆ 10~13

변수의 주소를 명시적으로 알려주면 포인터의 크기 4바이트로 인자가 넘어가지만, 11번 라인처럼 넘어오는 값을 포인터로 받으면 자료형만큼의 바이트만 사용됩니다. ◆ 19~20

결과

```
Call by address : 4
Call by reference : 1
```

const 변수 이해하기

- **학습 내용:** const 키워드란 어떤 의미인지 이해합니다.
- **힌트 내용:** 값을 바꿀 수 없는 변수가 있습니다.

```cpp
1 #include <string>
2 #include <iostream>
3
4 using namespace std;
5
6 int main()
7 {
8     const string kMyJob = "developer";
9
10     string question = "who are you : ";
11     string answer = "my job is :";
12
13     cout << question << kMyJob << endl;
14     cout << answer << kMyJob << endl;
15
16     return 0;
17 }
```

*const*는 상수로 불리우며 값을 바꿔선 안 될 것을 의미합니다. C언어의 *#define*을 대체하는 *C++* 문법으로 해당 변수는 변경되지 않기 때문에 코드 최적화에도 효과가 있습니다.

일반적으로 변경되지 않을 변수들을 *const*로 선언해 따로 관리하는데, 이럴 경우 매번 변수 선언하는 행위를 생략할 수 있어서 업무에도 효율적입니다. *const*는 함수 인자, 변수, 포인터 등에도 사용할 수 있어 그 쓰임새가 다양합니다.

8 ◆ 문자열 상수를 선언합니다. *const*로 선언되었기 때문에 프로그램이 종료할 때까지 *kMyJob*에는 *developer*란 값이 계속 유지되며 값은 변경할 수 없습니다. 나의 직업은 개발자로 개발자란 직업은 변하지 않기 때문에 상수로 선언하여 사용하는 것입니다.

만약 상수형 변수를 바꾸려하면 다음과 같은에러가 발생합니다.

이러한 피연산자와 일치하는 "=" 연산자가 없습니다.

*const*로 선언된 변수이기 때문에 값을 할당하는 '=' 연산자는 선언 이후에 사용할 수 없는 것입니다. 그리고 *const*는 현업 개발자 사이에서 종종 논란이 일어납니다. 값을 절대로 바꿀 수 없는 키워드는 *const*, *#define*, *enum*이 있는데, 상황에 따라 효율적인 키워드가 다르기 때문입니다. 관심있는 분들이라면 인터넷에서 검색해 관련 글을 찾아보기 바랍니다.

결과

```
who are you : developer
my job is : developer
```

const 포인터 이해하기

- **학습 내용:** const 키워드를 이용해 포인터를 응용하는 방법을 이해합니다.
- **힌트 내용:** 포인터 위치에 따라 의미가 달라집니다.

```cpp
1  #include <iostream>
2
3  using namespace std;
4
5  int main()
6  {
7      int number1 = 10;
8      int number2 = 20;
9
10     int const *ptr1;
11     ptr1 = &number1;
12     //ptr1 = number1;
13     ptr1 = &number2;
14
15     int *const ptr2 = &number1;
16     *ptr2 = number2;
17     //*ptr2 = &number2;
18
19     return 0;
20 }
```

7~8 ◆ 정수형 *int* 변수를 선언합니다.

10~13 ◆ *const int*를 가리키는 의미로 가리키는 대상을 변경할 순 있지만 *const int*이므로 값을 직접 바꿀 순 없습니다. 가리키는 대상을 변경할 수 있지만 가리키는 대상의 값은 변경할 수 없다는 의미입니다.

15~17 ◆ *int*를 가리키는 *const* 포인터로 초기값이 반드시 필요하며 가리키는 대상을 바꿀 수 없습니다. 즉, * 위치에 따라 바꿀 수 없는 것이 달라집니다.

enum 이해하기

- **학습 내용 :** 상수 집합인 열거형 enum의 사용 방법을 이해합니다.
- **힌트 내용 :** 키워드는 enumeration의 약자 enum입니다.

```cpp
1  #include <iostream>
2
3  using namespace std;
4
5  enum Status
6  {
7      normal = 0,
8      abnormal,
9      disconnect = 100,
10     close
11 };
12
13 int main()
14 {
15     Status number = close;
16
17     if (number == Status::normal)
18        cout << "Status : normal" << endl;
19     else if (number == abnormal)
20         cout << "Status : abnormal" << endl;
21     else if (number == 101)
22         cout << "Status : disconnect" << endl;
23     else
24         cout << "Status : close" << endl;
25
26     return 0;
27 }
```

5~11 ◆ 상수 집합을 선언하고 4개의 값을 추가합니다. 요소는 , (콤마)로 구분하고 값을 설정하지 않아도 자동으로 할당됩니다.

15 ◆ 열거형 *enum*의 현재 값을 *close*로 선언합니다.

17~24 ◆ *enum*의 요소들은 정수형 값을 갖습니다. 각 요소는 이전 요소의 값보다 자동으로 1이 커져서 *normal*이 0이라면 *abnormal*은 1입니다. *disconnect* 값이 100이기 때문에 *close*는 101을 갖습니다.

*enum*은 17번 라인처럼 값을 호출할 수 있고, 19번 라인처럼 요소 이름만으로도 사용할 수 있습니다. 또한, 21번 라인처럼 정수로도 사용할 수 있습니다.

결과

```
Status : disconnect
```

enum class 이해하기

```cpp
1  #include <iostream>
2
3  using namespace std;
4
5  enum Status
6  {
7      normal = 0,
8      abnormal,
9      disconnect = 100,
10     close
11 };
12
13 enum class MachineStatus : char
14 {
15     normal = 'n',
16     abnormal,
17     disconnect = 100,
18     close
19 };
20
21 int main()
22 {
23     MachineStatus machine = MachineStatus::abnormal;
24
25     if (machine == MachineStatus::normal)
26         cout << "Status : normal" << endl;
27     else if (machine == MachineStatus::abnormal)
28         cout << "Status : abnormal" << endl;
```

```
29      else if (machine == MachineStatus::disconnect)
30          cout << "Status : disconnect" << endl;
31      else
32          cout << "Status : close" << endl;
33
34      cout << "machine : " << static_cast<int>(machine) << ", "
35 << static_cast<char>(machine) << endl;
36
37          return 0;
38 }
```

*enum class*는 *enum*의 한계를 극복하기 위해 만들어졌습니다. *enum* 요소에 속하는 상수들은 일반 변수들처럼 이름이 겹치면 안 되기 때문에 부득이 비슷한 이름으로 대체해 사용했었습니다. 하지만, *enum class*가 등장함으로써 같은 이름의 *enum* 요소를 사용할 수 있게 되었습니다.

5~11 ◆ *enum*을 선언합니다.

13~19 ◆ *enum class*를 선언하며 *char* 형태로 정의합니다. *enum*은 정수형 값을 가질 수 있어 *int*와 *char* 형태로 선언할 수 있습니다. 13번 라인처럼 자료형을 명시하지 않으면 기본적으로 *int* 형태로 사용할 수 있습니다.

23~35 ◆ *enum*과는 다르게 반드시 *enum class* 요소를 사용하려면 *enum class* 이름을 먼저 기입해야 합니다. *enum class*는 같은 이름의 요소를 여러 곳에서 사용할 수 있도록 지원하기 때문에 어느 열거형의 어느 요소인지를 명확하게 기입해야 합니다.

결과

```
Status : abnormal
Machine : 111, o
```

1차원, 2차원 배열 초기화하기

- **학습 내용 :** 1차원, 2차원 배열의 초기값을 일괄적으로 설정하는 방법을 이해합니다.
- **힌트 내용 :** 어떤 변수든 초기화하지 않으면 쓰레기 값을 갖게 됩니다.

```cpp
1  #include <iostream>
2
3  using namespace std;
4
5  int main()
6  {
7      int data1[3] = { 0, 1, 2 };
8      int data2[2][2]{ { 0, }, };
9      int data3[2][2];
10
11     cout << "== data1 ==" << endl;
12     for (int i = 0; i < 3; i++)
13         cout << "data1[" << i << "] = " << data1[i] << endl;
14
15     cout << endl << "== data2 ==" << endl;
16     for (int i = 0; i < 2; i++)
17     {
18         for (int j = 0; j < 2; j++)
19             cout << "data2[" << i << "][" << j << "] = "
20                 << data2[i][j] << endl;
21     }
22
23     cout << endl << "== data3 ==" << endl;
24     for (int i = 0; i < 2; i++)
25     {
26         for (int j = 0; j < 2; j++)
27             cout << "data3[" << i << "][" << j << "] = "
28                 << data3[i][j] << endl;
```

```
29      }
30
31      return 0;
32  }
```

1차원 배열은 [] 안에 크기를 지정합니다. 2차원 배열은 [] 각괄호 두 개를 이용해 행과 열의 크기를 지정합니다.

7 ◆ 정수 3개를 담는 1차원 배열을 선언하며 초기값은 0, 1, 2로 지정합니다.

8 ◆ 정수 4개를 담는 2차원 배열을 선언합니다. 2행 2열로 각 행은 2개의 정수를 담기 때문에 크기는 총 4입니다. 7번 라인과는 다르게 {} 안에 정수 0과 쉼표를 하나 붙여서 초기화합니다. 이 뜻은 배열 크기가 몇 개라도 모두 0으로 초기화한다는 의미입니다. 즉 0,는 0, 0, 0, 0과 똑같은 의미입니다. 그리고 2차원 배열이기 때문에 {}를 두 개 사용하여 2행을 모두 초기화합니다.

2차원 배열을 포함한 다차원 배열의 경우 첫 행을 { 0, }으로 초기화하면 크기가 어떻든 모두 0으로 초기화되는 효과가 있습니다. 즉 { 0, }은 { 0, 0 }, { 0, 0 }과 똑같은 의미입니다.

9 ◆ 정수 4개를 담는 2차원 배열을 선언하지만 초기값은 설정하지 않습니다.

11~13 ◆ *data1* 배열을 순차적으로 출력합니다. 결과는 0, 1, 2입니다.

15~21 ◆ *data2* 배열을 순차적으로 출력합니다. 2차원 배열이기 때문에 []를 두 개 사용하여 배열에 접근 합니다. 결과는 0, 0, 0, 0입니다.

23~29 ◆ *data3* 배열을 순차적으로 출력하지만, 초기값이 설정되어 있지 않아 쓰레기 값이 출력됩니다.

1차원 배열 사용하기

- **학습 내용 :** 1차원 정수형 배열을 선언하고 사용하는 방법을 이해합니다.
- **힌트 내용 :** 배열의 값은 변경할 수 있습니다.

```cpp
1  #include <iostream>
2
3  using namespace std;
4
5  int main()
6  {
7      int data1[3] = { 0, 1, 2 };
8
9      data1[0] += 10;
10     data1[1] = 100;
11     data1[2] -= 2;
12
13     cout << "== data1 ==" << endl;
14     for (int i = 0; i < 3; i++)
15         cout << "data1[" << i << "] = " << data1[i] << endl;
16
17     return 0;
18 }
```

배열은 한 번 초기화한 뒤 해당 값을 변경할 수 있습니다. 사칙연산이나 = 연산자를 모두 사용할 수 있어 편리하게 값을 변경할 수 있습니다.

정수 3개를 담는 1차원 배열을 선언하며 값은 0, 1, 2로 초기화합니다.   ◆ 7

배열의 첫 번째 값에 10을 더합니다. 결과는 10입니다.   ◆ 9

배열의 두 번째 값을 100으로 변경합니다. 결과는 100입니다.   ◆ 10

배열의 세 번째 값에 2를 뺍니다. 결과는 0입니다.   ◆ 11

1차원 배열 함수 인자 사용하기

- **학습 내용 :** 1차원 배열을 함수 인자로 사용하는 방법을 이해합니다.
- **힌트 내용 :** 1차원 배열을 인자로 받는 방법에는 2가지가 있습니다.

```cpp
1  #include <iostream>
2
3  using namespace std;
4
5  void Print1(int *arr)
6  {
7      cout << "== Print1 ==" << endl;
8      cout << arr[0] << ", " <<  arr[1] << ", " << arr[2] << endl;
9
10     arr[1] = 1000;
11 }
12
13 void Print2(int arr[])
14 {
15     cout << "== Print2 ==" << endl;
16     cout << arr[0] << ", " << arr[1] << ", " << arr[2] << endl;
17
18     arr[2] = 2000;
19 }
20
21 int main()
22 {
23     int data[3] = { 0, 1, 2 };
24
25     Print1(data);
26     Print2(data);
27
28     cout << "== 결과 ==" << endl;
```

```
29      cout << data[0] << ", " << data[1] << ", " << data[2] << endl;
30
31      return 0;
32 }
```

일반 변수를 인자로 사용할 수 있듯이 배열도 인자로 사용할 수 있습니다. 이때 배열을 인자로 사용할 수 있는 방법에는 2가지가 있는데, 둘 다 똑같은 의미입니다. 함수는 인자를 *int *arr*, 또는 *int arr[]*로 받을 수 있는데 똑같이 포인터로 받아 처리하기 때문에 함수 내부에서 사용하는 방법 또한 똑같습니다.

*int *arr* 형태로 인자를 받는 함수를 선언합니다. 8번 라인에서 []를 이용해 배열의 데이터를 출력합니다. 10번 라인에선 인자로 받은 배열의 [1]번 값을 1000으로 변경합니다. ◆ 5~11

인자를 *int arr[]* 형태로 받는 차이점이 있지만, 5~11라인과 의미는 똑같습니다. [2]번 값을 2000으로 변경합니다. ◆ 13~19

정수 3개를 담는 1차원 배열을 선언하며 값은 0, 1, 2로 초기화합니다. ◆ 23

배열 *data*를 *Print1* 함수에 전달합니다. 결과는 0, 1, 2입니다. ◆ 25

배열 *data*를 *Print2* 함수에 전달합니다. 결과는 0, 1000, 2입니다. ◆ 26

배열 *data*를 출력합니다. 결과는 0, 1000, 2000입니다. ◆ 29

결과

```
== Print1 ==
  0, 1, 2
== Print2 ==
  0, 1000, 2
== 결과 ==
  0, 1000, 2000
```

084 2차원 배열 사용하기

- **학습 내용 :** 2차원 정수형 배열을 선언하고 사용하는 방법을 이해합니다.
- **힌트 내용 :** 2차원 배열이므로 각 괄호[]를 두 개 사용합니다.

```cpp
1  #include <iostream>
2
3  using namespace std;
4
5  int main()
6  {
7      int data1[2][2] = { 1, 2, 3 };
8      int data2[2][3] = { { 1, } };
9
10     cout << "data1[0][0] = " << data1[0][0] << endl;
11     cout << "data1[0][1] = " << data1[0][1] << endl;
12     cout << "data1[1][0] = " << data1[1][0] << endl;
13     cout << "data1[1][1] = " << data1[1][1] << endl;
14
15     cout << endl;
16     cout << "data2[0][0] = " << data2[0][0] << endl;
17     cout << "data2[0][1] = " << data2[0][1] + 1 << endl;
18     cout << "data2[0][2] = " << data2[0][2] + 2 << endl;
19     cout << "data2[1][0] = " << data2[1][0] + 3 << endl;
20     cout << "data2[1][1] = " << data2[1][1] + 4 << endl;
21     cout << "data2[1][2] = " << data2[1][2] + 5 << endl;
22
23     return 0;
24 }
```

2차원 배열은 각괄호 2개를 겹쳐서 사용합니다. 예를 들어, [2][4] 크기의 2차원 배열이라면 2행 4열을 의미합니다. 행마다 4개의 데이터가 존재한다는 뜻입니다. 1차원 배열과 마찬가지로 사칙연산 등을 이용해 데이터 수정을 할 수 있습니다.

정수 4개를 담는 2차원 배열을 선언하며 1, 2, 3, 0으로 초기화합니다.   ◆ 7

정수 6개를 담는 2차원 배열을 선언하며 1, 0, 0, 0, 0, 0으로 초기화합니다.   ◆ 8

*data1*을 출력합니다. 결과는 1, 2, 3, 0입니다. 2차원 배열은 1차원 배열 보다 각괄호 사용이   ◆ 10~13
하나 늘어나니 데이터에 접근할 때도 행과 열을 정확히 기재해야 합니다.

*data2*를 출력합니다. 결과는 1, 1, 2, 3, 4, 5입니다. 8번 라인에서 *{ 1, }* 형태로 초기화했으   ◆ 16~21
므로 0행 0열은 1로 초기화되며 나머지 값은 모두 0으로 초기화됩니다.

결과

```
data1[0][0] = 1
data1[0][1] = 2
data1[1][0] = 3
data1[1][1] = 0

data2[0][0] = 1
data2[0][1] = 1
data2[0][2] = 2
data2[1][0] = 3
data2[1][1] = 4
data2[1][2] = 5
```

2차원 배열 함수 인자 사용하기

- **학습 내용 :** 2차원 배열을 함수 인자로 사용하는 방법을 이해합니다.
- **힌트 내용 :** 2차원 배열을 인자로 받는 방법에는 2가지가 있습니다.

```cpp
1  #include <iostream>
2
3  using namespace std;
4
5  void Func1(int arr[2][2])
6  {
7      arr[0][0] = 1000;
8  }
9
10 void Func2(int arr[][2], int row)
11 {
12     arr[row - 2][1] = 2000;
13 }
14
15 void Func3(int *arr, int row, int col)
16 {
17     *((arr + row - 1) + col - 1) = 3000;
18 }
19
20 int main()
21 {
22     int data[2][2] { { 1, 2 }, { 3, 4} };
23
24     Func1(data);
25     Func2(data, 2);
26     Func3(*data, 2, 2);
27
28     cout << "== 결과 ==" << endl;
```

```
29      for (int i = 0; i < 2; i++)
30      {
31          for (int j = 0; j < 2; j++)
32          {
33              cout << data[i][j] << endl;
34          }
35      }
36
37      return 0;
38  }
```

2차원 배열은 5번 라인처럼 직접 크기를 지정해 인자로 받을 수 있습니다. 1차원 배열과 마찬가지르 포인터 형태로 받으며, 이 함수는 1행 1열의 값을 1000으로 변경합니다. ◆ 5~8

2차원 배열 인자의 행은 생략할 수 있습니다. 하지만 이럴 경우 배열 크기를 가늠할 수 없어서 행 크기를 담는 변수를 함께 인자로 받아야 합니다. 이 함수는 1행 2열의 값을 2000으로 변경합니다. ◆ 10~13

2차원 배열을 포인터로 받을 수 있습니다. 18번 라인은 *((arr + 1) + 1)로 연산이 되며, 인자로 받는 *int *arr*은 *data* 배열의 1행 1열, 즉 첫 번째 데이터를 가리킵니다. ※를 추가하고 괄호 안에 행과 열을 더함으로써 2차원 배열을 사용할 수 있습니다. 이 함수는 2행 1열의 값을 3000으로 변경합니다. ◆ 15~18

2차원 배열을 선언하며 1, 2, 3, 4로 초기화합니다. ◆ 22

2차원 배열을 인자로 전달하여 배열 내부 값을 변경합니다. ◆ 24~26

2차원 배열의 모든 값을 출력합니다. ◆ 28~35

결과

```
== 결과 ==
1000
2000
3000
4
```

배열 일부 변경하기(fill)

- **학습 내용 :** 배열 중간의 일부 영역을 특정 값으로 변경하는 fill 함수 사용 방법을 이해합니다.
- **힌트 내용 :** 일정 영역을 일괄적으로 변경하는데 유용합니다.

```cpp
1  #include <iostream>
2  #include <vector>
3  #include <algorithm>
4
5  using namespace std;
6
7  int main()
8  {
9      int data1[10] { 0, };
10     fill(data1, data1 + 3, 10);
11     fill(data1 + 4, data1 + 8, 20);
12
13     cout << "== data1 결과 ==" << endl;
14
15     for (int i = 0; i < 10; i++)
16         cout << data1[i] << ", ";
17
18     vector<int> data2({ 0, 1, 2, 3, 4, 5, 6, 7 });
19     fill(data2.begin(), data2.begin() + 3, 30);
20
21     cout << endl << endl << "== data2 결과 ==" << endl;
22
23     for (int i = 0, size = data2.size(); i < size; i++)
24         cout << data2.at(i) << ", ";
25
26     return 0;
27 }
```

배열은 선언과 함께 특정 값으로 배열 전체를 초기화할 수 있습니다. 그리고 배열 일부 영역을 특정 값으로 변경할 수도 있습니다.

fill 함수를 사용하기 위해 *algorithm*을 인클루드합니다. ◆ 3

1차원 배열을 선언하며 0으로 초기화합니다. ◆ 9

fill 함수는 첫 번째 인자로 수정할 배열 영역의 시작 위치, 두 번째 인자로 마지막 위치를 받습니다. 세 번째 인자는 수정할 값입니다. 10라인은 *data1[0]*, *data1[1]*, *data1[2]*를 10으로 변경합니다. ◆ 10

수정할 배열 영역이 인덱스 4~7로 설정되었으며, 이 영역엔 모두 20이 할당됩니다. ◆ 11

*data1*의 모든 값을 출력합니다. 결과는 10, 10, 10, 0, 20, 20, 20, 20, 0, 0입니다. ◆ 15~16

정수형 벡터를 선언하고 0~7로 초기화합니다. ◆ 18

fill 함수는 일반 배열과 컨테이너를 인자로 받습니다. 수정할 영역을 0~2로 설정하고 해당 영역은 30으로 변경합니다. ◆ 19

*data2*의 모든 값을 출력합니다. 결과는 30, 30, 30, 3, 4, 5, 6, 7입니다. ◆ 24

결과

```
== data1 결과 ==
10, 10, 10, 0, 20, 20, 20, 20, 0, 0,

== data2 결과 ==
30, 30, 30, 3, 4, 5, 6, 7,
```

배열 일부 변경하기(fill_n)

- **학습 내용 :** 배열 중간의 일부 영역을 특정 값으로 변경하는 fill_n 함수 사용 방법을 이해합니다.
- **힌트 내용 :** fill과 fill_n의 차이점은 두 번째 인자입니다.

```cpp
1  #include <iostream>
2  #include <vector>
3  #include <algorithm>
4
5  using namespace std;
6
7  int main()
8  {
9      int data1[10]{ 0, };
10     fill_n(data1, 2, 10);
11     fill_n(data1 + 4, 3, 20);
12
13     cout << "== data1 결과 ==" << endl;
14
15     for (int i = 0; i < 10; i++)
16         cout << data1[i] << ", ";
17
18     vector<int> data2({ 0, 1, 2, 3, 4, 5, 6, 7 });
19     fill_n(data2.begin(), data2.size() - 1, 30);
20     fill_n(data2.begin(), 4, 40);
21
22     cout << endl << endl << "== data2 결과 ==" << endl;
23
24     for (int i = 0, size = data2.size(); i < size; i++)
25         cout << data2.at(i) << ", ";
26
27     return 0;
28 }
```

*fill_n*은 *fill*처럼 사용할 수 있지만, 2번째 인자를 종료 위치가 아닌 개수로 받습니다.

1차원 배열을 선언하며 0으로 초기화합니다.　　　　　　　　　　◆ 9

fill_n 함수는 두 번째 인자로 수정할 개수를 받습니다. 개수 인자로 2를 넘겼기 때문에　◆ 10
data1[0], *data1[1]* 두 개의 데이터는 10으로 변경됩니다.

수정할 배열 영역이 인덱스 4~6으로 설정되었으며 이 영역엔 모두 20이 할당됩니다.　◆ 11

*data1*의 모든 값을 출력합니다. 결과는 10, 10, 0, 0, 20, 20, 20, 0, 0, 0입니다.　◆ 15~16

정수형 벡터를 선언하고 0~7로 초기화합니다.　　　　　　　　　◆ 18

수정할 영역을 0~6으로 설정하고 해당 영역은 30으로 변경합니다. *data2*의 사이즈는 8이고 두　◆ 19
번째 인자로 사용할 때 1을 빼주기 때문에 실제 사용된 값은 7입니다.

수정할 영역을 0~3으로 설정하고 해당 영역은 40으로 변경합니다.　◆ 20

data2의 모든 값을 출력합니다. 결과는 40, 40, 40, 40, 30, 30, 30, 7입니다.　◆ 24~25

결과

```
== data1 결과 ==
10, 10, 0, 0, 20, 20, 20, 0, 0, 0,

== data2 결과 ==
40, 40, 40, 40, 30, 30, 30, 7,
```

구조체 사용하기(struct)


```cpp
1  #include <iostream>
2  #include <string>
3
4  using namespace std;
5
6  struct Princess
7  {
8      string name;
9      string father;
10     string birthday = "알 수 없음";
11 } Goryeo[2];
12
13 int main()
14 {
15     Princess jungmyung;
16     jungmyung.name = "정명공주";
17     jungmyung.father = "조선 선조";
18     jungmyung.birthday = "1603년 6월 27일";
19
20     Goryeo[0].name = "선정왕후";
21     Goryeo[0].father = "고려 성종";
22     Goryeo[1].name = "효정공주";
23     Goryeo[1].father = "고려 현종";
24
25     cout << " == 조선 공주 == " << endl;
26     cout << jungmyung.name << endl;
27     cout << jungmyung.father << endl;
28     cout << jungmyung.birthday << endl;
```

```
29
30      cout << " == 고려 공주 == " << endl;
31      cout << Goryeo[0].name << endl;
32      cout << Goryeo[0].father << endl;
33      cout << Goryeo[0].birthday << endl << endl;
34      cout << Goryeo[1].name << endl;
35      cout << Goryeo[1].father << endl;
36      cout << Goryeo[1].birthday << endl;
37
38      return 0;
39 }
```

구조체는 여러 데이터 타입들을 한데 묶어 사용할 수 있는 일종의 데이터 묶음입니다. *C언어*에는 클래스 개념이 없기 때문에 주로 구조체를 이용해 데이터를 가공 후 저장하는 용도로 많이 사용합니다. 하나의 주제에 맞는 여러 데이터 타입을 한데 묶어 사용할 수 있기 때문에 매우 편리하기 때문입니다.

*C++*에는 클래스 개념이 있기 때문에 구조체를 사용하지 말라는 주장도 있지만, 프로그래머들 사이에서도 의견이 분분한 부분이기 때문에 생략하겠습니다. 관심이 있다면 포털 사이트에서 구조체 vs 클래스를 검색해 보세요. 어쨌든 구조체는 유용하게 사용할 수 있는 데이터 묶음입니다.

struct 키워드를 사용해 구조체를 선언합니다. 8~10번 라인의 *string* 변수는 구조체를 구성하는 요소이며, 10번 라인처럼 미리 데이터를 초기화할 수 있습니다. 또한, 11번 라인처럼 구조체를 배열로 사용할 수 있게 미리 변수를 지정할 수도 있습니다. ◆ 6~11

구조체 변수를 선언하고 구조체 내부 데이터에 값을 할당합니다. 11번 라인의 변수 *Goryeo*는 사용하지 않고 메인 함수에서 변수를 새로 추가해 사용합니다. ◆ 15~18

미리 선언된 배열 변수를 사용하여 데이터를 설정합니다. ◆ 20~23

*jungmyung*의 모든 데이터를 출력합니다. ◆ 25~28

결과

```
== 조선 공주 ==
정명공주
조선 선조
1603년 6월 27일
```

31~37 ◆ *Goryeo*의 모든 데이터를 출력합니다.

결과

```
== 고려 공주 ==
선정왕후
고려 성종
알 수 없음

효정공주
고려 현종
알 수 없음
```

구조체를 함수 인자로 사용하기

```cpp
1  #include <iostream>
2  #include <string>
3
4  using namespace std;
5
6  struct Princess
7  {
8      string name;
9      string father;
10     string birthday;
11 } jungso;
12
13 void Print(Princess *who)
14 {
15     cout << "jungso.name = " << who->name << endl;
16     cout << "jungso.father = " << who->father << endl;
17     cout << "jungso.birthday = " << who->birthday << endl;
18 }
19
20 int main()
21 {
22     jungso.name = "정소공주";
23     jungso.father = "조선 태종";
24     jungso.birthday = "1412년";
25
26     Print(&jungso);
27
28     return 0;
29 }
```

6~11 ◆ *struct* 키워드를 사용해 구조체를 선언합니다. 구조체 변수 *jungso*도 선언합니다.

13~18 ◆ 구조체 인자를 포인터로 받는 함수입니다. 구조체는 일반 변수처럼 다뤄지기 때문에 주소 번지 지정자 &를 사용하여 넘기고 받는 함수는 &를 이용합니다. 포인터이기 때문에 . 대신 −〉를 사용합니다.

22~24 ◆ 미리 선언된 변수 *jungso*에 값을 설정합니다.

26 ◆ *jungso*의 모든 데이터를 출력합니다.

결과

```
jungso.name = 정소공주
jungso.father = 조선 태종
jungso.birthday = 1412년
```

구조체 초기화하는 방법 ①

- **학습 내용 :** 구조체를 초기화하는 세 가지 중 첫 번째를 알아봅니다.
- **힌트 내용 :** 구조체도 클래스 생성자처럼 선언과 초기화를 내부에서 처리할 수 있습니다.

```cpp
1  #include <iostream>
2
3  using namespace std;
4
5  struct Data1
6  {
7      Data1(int x) : number(x) {}
8
9      int number;
10 };
11
12 struct Data2
13 {
14     Data2()
15     {
16         number = 10;
17     }
18
19     int number;
20 } data2;
21
22 int main()
23 {
24     Data1 data1(2);
25     cout << "Data1 number : " << data1.number << endl;
26     cout << "Data2 number : " << data2.number << endl;
27
28     return 0;
29 }
```

5~10 ◆ *struct* 키워드를 사용해 구조체를 선언합니다. 7번 라인에는 클래스 생성자와 비슷한 초기화 소스 코드가 있습니다. 사용 방법도 클래스 생성자와 똑같아 24번 라인처럼 구조체 변수를 만들 때 인자로 정수를 넘기면 내부 변수가 해당 값으로 초기화됩니다.

12~20 ◆ 구조체를 선언하며 내부 변수 *number*를 10으로 초기화합니다.

24 ◆ *Data1* 구조체 변수를 만들며 인자로 2를 전달합니다.

결과

```
Data1 number : 2
Data2 number : 10
```

- **학습 내용 :** 구조체가 다른 구조체를 참조하여 사용하는 방법을 이해합니다.
- **힌트 내용 :** 구조체는 다른 구조체를 포함할 수도 있습니다.

```cpp
1  #include <iostream>
2
3  using namespace std;
4
5  struct Data1
6  {
7      int number;
8  };
9
10 struct Data2
11 {
12     Data1 data1;
13
14     int number;
15 } data2;
16
17 int main()
18 {
19     Data1 data1 = { };
20     Data2 data2 { data1, 10 };
21
22     cout << "Data1 number : " << data2.data1.number << endl;
23     cout << "Data2 number : " << data2.number << endl;
24
25     return 0;
26 }
```

정수형 변수를 보유한 구조체를 선언합니다.   ◆ 5~8

10~15 ◆ 다른 구조체와 정수형 변수를 보유한 새 구조체를 선언합니다. 12번 라인처럼 구조체 안에 다른 구조체를 선언하여 사용할 수 있습니다.

19 ◆ *Data1*의 변수를 만들며 {}를 선언했는데, 이 의미는 내부 변수를 모두 초기화한다는 뜻입니다. *int*는 0으로 초기화되며, *data1* 변수는 20번 라인에서 인자로 사용됩니다.

20 ◆ 구조체를 초기화하는 다른 방법입니다. { } 안에 선언된 순서에 맞춰 인자를 전달하여 초기화합니다. *Data1* 변수, *int* 변수가 차례로 선언되었기 때문에 인자도 *data1*, 10의 순서에 맞춰 전달해야 에러가 발생하지 않습니다.

22~23 ◆ *data2* 변수의 내용을 출력합니다.

결과

```
Data1 number : 0
Data2 number : 10
```

구조체 초기화하는 방법 ③

- **학습 내용** : 구조체 안에 다른 구조체를 선언하여 사용하는 방법을 이해합니다.
- **힌트 내용** : 구조체 선언 영역에 다른 구조체를 추가로 선언합니다.

```cpp
1 #include <iostream>
2 #include <string>
3
4 using namespace std;
5
6 struct Info
7 {
8     string country;
9
10    struct Who
11    {
12        string name;
13        string nickname;
14    } who;
15 };
16
17 int main()
18 {
19    Info chuck = { "고려", { "장군 척준경", "소드마스터" } };
20    Info anjang = { "고구려", "안장왕 고흥안", "한주 사랑" };
21
22    cout << chuck.country << ", " << chuck.who.name << ", " <<
23 chuck.who.nickname << endl;
24    cout << anjang.country << ", " << anjang.who.name << ", " <<
25 anjang.who.nickname << endl;
26
27    return 0;
28 }
```

 구조체와 *string* 변수를 보유하는 구조체를 선언합니다. 10~14번 라인은 Info 구조체에 포함되는 새로운 구조체로 이처럼 구조체 안에 다른 구조체를 선언하여 사용할 수 있습니다.

 구조체 변수를 선언합니다. { } 두 개를 이용해 *string* 변수와 *Who* 구조체 영역을 분리하여 초기화합니다.

 구조체 변수를 선언하며 문자열 3개를 인자로 사용합니다. 선언된 순서에 맞춰 *country*, *name*, *nickname*으로 값이 대입됩니다.

결과

고려, 장군 척준경, 소드마스터
고구려, 안장왕 고흥안, 한주 사랑

파일을 한 글자씩 읽기 (ifstream, get)

- **학습 내용 :** 파일을 한 문자씩 읽어 출력하는 방법을 이해합니다.
- **힌트 내용 :** ifstream과 get을 사용하여 한 문자씩 읽어 출력할 수 있습니다.

```cpp
1  #include <iostream>
2  #include <fstream>
3
4  using namespace std;
5
6  int main()
7  {
8      ifstream read;
9
10     read.open("093.txt", ifstream::in);
11
12     char line = read.get();
13
14     while (read.eof() == false)
15     {
16         cout << line;
17
18         line = read.get();
19     }
20
21     cout << endl;
22
23     read.close();
24
25     return 0;
26 }
```

*ifsetram*을 이용해 예제 파일을 오픈합니다. *Ifstream::in*은 열기 모드란 의미입니다. ◆ 8~10

12 ◆ 파일의 첫 문자 한 개를 읽습니다.

14 ◆ *eof*는 *End Of File*의 약자로 파일을 끝까지 읽지 않았다면 *while*문은 계속 반복된다는 의미 입니다.

14~19 ◆ 파일 내용을 끝까지 읽을 때까지 한 문자씩 출력합니다.

23 ◆ 파일을 다 읽었다면 *close()* 함수를 이용해 오픈했던 파일을 닫습니다. 만약 파일을 닫지 않는 다면 해당 파일은 다른 프로세스가 점유한 상태가 유지되기 때문에 별도로 파일을 열어 수정할 수 없습니다.

결과

```
bc2333  고조선  건국
bc238   부여 건국
bc57    신라  건국
bc37    고구려  건국
bc18    백제  건국
42      가야  건국
698     발해  건국
900     후백제  건국
901     후고구려  건국
918     고려  건국
1392    조선  건국
1948    대한민국 건국
```

파일을 한 줄씩 읽기 (ifstream, getline)

- **학습 내용 :** 파일을 한 줄씩 읽어 출력하는 방법을 이해합니다.
- **힌트 내용 :** ifstream과 getline을 사용하여 한 줄씩 읽어 출력할 수 있습니다.

```cpp
1  #include <iostream>
2  #include <fstream>
3  #include <string>
4
5  using namespace std;
6
7  int main()
8  {
9      ifstream file;
10     file.open("093.txt", ifstream::in);
11
12     string line;
13
14     while (getline(file, line))
15         cout << line << endl;
16
17     file.close();
18
19     return 0;
20 }
```

파일에 내용이 많다면 한 문자씩 읽는데 시간이 오래 걸릴 수 있습니다. 그럴 땐 한 줄씩 읽는 방법을 사용할 수 있습니다.

*ifstream*을 이용하여 파일을 오픈합니다. *Ifstream::in*은 열기 모드란 의미입니다. ◆ 9~10

getline 함수를 이용하여 한 줄씩 읽어 *line* 변수에 저장합니다. 한 줄씩 읽다가 더는 읽을 내용이 없다면 *while* 문은 종료됩니다. ◆ 14

변수에 저장된 파일 내용을 출력합니다. 결과는 앞 예제와 똑같습니다. ◆ 15

중급 095

파일 내용을 모두 읽기 (stringstream)

- **학습 내용 :** 파일 내용을 모두 읽어 한꺼번에 출력하는 방법을 이해합니다.
- **힌트 내용 :** stringstream을 이용해 두 가지 방법으로 출력할 수 있습니다.

```
#include <iostream>
#include <sstream>
#include <fstream>
#include <string>

using namespace std;

int main()
{
    ifstream ifs("삼한시대 마한 태기왕 전설.txt");

    stringstream ss;

    ss << ifs.rdbuf();
    ifs.close();

    string read = "";

    cout << "== !ss.eof ==" << endl;
    while (!ss.eof())
    {
        ss >> read;
        cout << read << " ";
    }

    cout << endl << "== !ss.str() ==" << endl;
    read = ss.str();

```

```
29        cout << endl << read << endl;
30
31        return 0;
32 }
```

*stringstream*을 사용하기 위해 *sstream*을 인클루드합니다. ◆ 2

*ifstream*을 이용해 텍스트 파일을 엽니다. 파일 모드를 생략하면 *ifstream::in*으로 설정됩니 ◆ 10
다.

*stringstream*을 선언합니다. ◆ 12

*ifstream*으로 열은 파일의 전체 텍스트 내용을 *stringstream*에 저장합니다. 그리고 파일 열 ◆ 14~15
기를 끝냅니다.

*ss*의 텍스트를 끝까지 읽지 않았다면 22, 23라인이 반복 수행됩니다. *ss*에 저장된 문자열을 순 ◆ 20~24
차적으로 *read* 문자열 변수에 저장하고 출력합니다. *ss*에서 *read*로 전달하는 문자열은 *ifs*를
통해 읽은 텍스트 문서의 내용으로, 연속된 문자열을 한 단위로 저장합니다. 띄어쓰기, 특수 문
자 등을 만나기 전까지의 텍스트를 한 단위로 처리합니다. 그 단위를 순차적으로 *read* 변수에
저장한 뒤 출력하는 것입니다.

텍스트 내용을 출력하는 다른 방법으로 *stringstream*의 모든 데이터를 문자열로 변환하여 ◆ 27
string 변수에 담을 수 있습니다. 이 변수를 그대로 출력하면 텍스트 문서 내용이 모두 출력됩
니다.

결과

```
== !ss.eof ==
삼한시대 마한 태기왕 이야기 삼한시대 마한의 마지막 왕 태기왕은 신라 초기의 왕 박혁거세에게 밀려
이곳 천하의 요새 덕고산(지금의 태기산)에 입산하였다.
... (중략)
```

텍스트를 파일에 쓰기(ofstream)

- **학습 내용 :** 원하는 텍스트가 담긴 파일의 생성 방법을 이해합니다.
- **힌트 내용 :** ofstream을 사용하여 파일에 기록할 수 있습니다.

```cpp
1  #include <iostream>
2  #include <fstream>
3  #include <string>
4
5  using namespace std;
6
7  int main()
8  {
9      const string file_name = "096.txt";
10
11     ofstream file_out;
12     file_out.open(file_name, ifstream::out);
13
14     file_out << "고구려 유리왕과 황조가" << endl;
15     file_out << "사랑의 아픔을 승화한 시" << endl;
16
17     file_out.close();
18
19     ifstream file_in;
20     file_in.open(file_name, ifstream::in);
21
22     string line;
23
24     while (getline(file_in, line))
25         cout << line << endl;
26
27     file_in.close();
28
```

```
29    return 0;
30 }
```

*ofstream*으로 파일을 여는데 이 시점에 파일이 없다면 새로 생성됩니다. 만약 파일이 존재하면 기존 내용은 삭제하고 새롭게 파일에 텍스트를 기록합니다. *ifstream::out*은 쓰기 모드란 의미입니다.   ◆ 11~12

해당 파일에 원하는 내용을 입력합니다.   ◆ 14~15

파일 쓰기가 완료되었으니 닫습니다. 19번부터 27번 라인은 이전 예제와 같습니다.   ◆ 17

결과

```
고구려 유리왕과 황조가
사랑의 아픔을 승화한 시
```

프로그램 실행 폴더 알아내기 (current_path)

- **학습 내용 :** 프로그램이 실행되는 해당 폴더를 알아내는 방법을 이해합니다.
- **힌트 내용 :** filesystem을 인클루드합니다.

```cpp
1  #include <iostream>
2  #include <filesystem>
3
4  using namespace std;
5  namespace fs = experimental::filesystem;
6
7  int main()
8  {
9      cout << "프로젝트 폴더 : " << fs::current_path() << endl;
10
11     return 0;
12 }
```

5 ◆ 특정 함수를 특정 네임스페이스에 종속시키면, 해당 함수는 해당 네임스페이스의 집합으로 존재합니다. 이 라인에서는 네임스페이스 fs를 *experimental::filesystem*으로 특정해서 지정한 예입니다. 이렇게 네임스페이스를 별도로 분리하지 않으면 9번 라인에서 사용할 *current_path* 때문에 긴 코드를 매번 삽입해야 합니다. 5번 라인처럼 네임스페이스를 별도로 선언하여 9번 라인처럼 축약해 사용하는 것이 효율적입니다.

9 ◆ 현재 작업 중인 폴더를 출력합니다. 기준은 비주얼 스튜디오에서 빌드한 실행파일(.exe)의 위치입니다. 사용자마다 결과는 다를 수 있습니다.

결과

```
프로젝트 폴더 : E:\VIsualStudio\ConsoleApplication1\ConsoleApplication1
```

폴더 존재 여부 확인하기(exists)

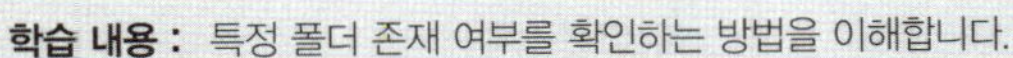

- **학습 내용 :** 특정 폴더 존재 여부를 확인하는 방법을 이해합니다.
- **힌트 내용 :** exists 함수를 사용합니다.

```cpp
1  #include <iostream>
2  #include <filesystem>
3
4  using namespace std;
5  namespace fs = experimental::filesystem;
6
7  int main()
8  {
9      if (fs::exists("c:\\Target") == true)
10         cout << "폴더가 존재합니다" << endl;
11     else
12         cout << "폴더가 없습니다" << endl;
13
14     return 0;
15 }
```

앞선 예제처럼 *filesystem* 네임스페이스를 이용해 *fs*를 선언하고 *exists* 함수를 호출합니다. ◆ 9~12
폴더가 존재한다면 *true*, 존재하지 않는다면 *false*가 반환됩니다. 같은 방식으로 파일의 존재
여부도 확인할 수 있습니다. 존재 여부를 확인하는 *exists* 함수는 *C#*, *Qt* 등에서도 같은 이름
으로 존재합니다.

결과는 사용자마다 다를 수 있습니다.

결과

폴더가 없습니다

하위 폴더 목록 확인하기 (directory_iterator)

099 중급

- **학습 내용 :** 특정 폴더에 존재하는 하위 폴더 조회 방법을 이해합니다.
- **힌트 내용 :** directory_iterator 함수를 사용합니다.

```cpp
1  #include <iostream>
2  #include <filesystem>
3  #include <string>
4
5  using namespace std;
6  namespace fs = experimental::filesystem;
7
8  int main()
9  {
10     string directory = "C:\\Program Files";
11
12     for (auto& name : fs::directory_iterator(directory))
13         std::cout << name << '\n';
14
15     return 0;
16 }
```

10 ◆ 조회할 폴더 이름을 변수에 설정합니다. 폴더 경로를 의미하는 백슬래시가 두 번 사용되는데, 백슬래시 한 개는 특수문자로 인식하기 때문에 특수문자가 아닌, 경로를 나타내기 위해 두 개를 겹쳐서 사용합니다. *C#*에서는 @를 붙여서 이를 인식하는 등 언어마다 차이점이 존재합니다.

12~13 ◆ 자료형 *auto*가 등장했습니다. *auto* 키워드는 뒤 [142. auto 사용하기]에서도 다루겠지만, 자료형을 미리 정해놓지 않고 컴파일 단계에서 정해주는 것입니다.

만약, 입력되는 *Input* 자료형이 명확하지 않거나 그 크기가 일정하지 않을 때에 유용하게 사용할 수 있습니다. 하지만, 너무 남발하면 자료형 유추가 되지 않아 유지보수가 힘들어질 수 있어서 제한적으로 사용하는 편입니다. *Qt*에는 아직 없지만 *C#*과 *C++*에서 지원하고 있어 추후에 적용되는 언어는 많아질 것으로 생각됩니다.

*filesystem*의 *directory_iterator* 함수를 호출합니다. 이 함수는 인자로 받는 디렉토리의 처음과 끝을 조회하여 결과를 알려주집니다. *directory_iterator*의 리턴값이 *auto* 자료형 *name*에 대입되고, 이 내용을 출력하는 것입니다. 전통적인 C언어에서는 이러한 개념이 전혀 없기 때문에 *C++*을 다룰 때 이와 같은 문법에 익숙해 지는 것이 중요합니다.

결과

```
C:\Program Files\7-Zip
C:\Program Files\AhnLab
C:\Program Files\Android
C:\Program Files\Application Verifier
C:\Program Files\Bonjour
(중략)
```

폴더 생성, 복사, 삭제하기 (filesystem)

- **학습 내용 :** 폴더를 생성, 복사, 삭제하는 방법을 이해합니다.
- **힌트 내용 :** filesystem을 이용하면 직관적인 코드를 작성할 수 있습니다.

```cpp
1  #include <iostream>
2  #include <fstream>
3  #include <filesystem>
4
5  using namespace std;
6  namespace fs = experimental::filesystem;
7
8  int main()
9  {
10      fs::create_directory("temp");
11      fs::copy("temp", "temp_copy");
12      fs::remove("temp");
13      fs::remove("temp_copy");
14
15      return 0;
16  }
```

6 ◆ *filesystem* 네임스페이스를 포함하는 *experimental*을 *fs*란 새로운 이름으로 정의합니다.

10 ◆ *temp* 이름의 폴더를 생성합니다. 별도의 경로를 지정하지 않을 경우 프로젝트 폴더에 *temp* 폴더가 생성됩니다. 즉, 여러분이 사용하는 *cpp* 파일의 경로에 만들어집니다.

11 ◆ *temp* 폴더를 *temp_copy*란 폴더로 복사합니다. 마찬가지로 *temp_copy*도 별도의 경로를 지정하지 않으면 프로젝트 폴더에 생성됩니다.

12~13 ◆ *temp* 폴더와 *temp_copy* 폴더를 삭제합니다. 연습할 땐 12, 13라인을 주석 처리해야 실제로 폴더가 생성되고 복사되는지 확인할 수 있습니다.

파일 복사, 삭제하기 (copy, remove)

- **학습 내용 :** 파일을 복사하고 삭제하는 방법을 이해합니다.
- **힌트 내용 :** copy와 remove 함수를 사용합니다.

```cpp
1  #include <iostream>
2  #include <filesystem>
3  #include <string>
4
5  using namespace std;
6  namespace fs = experimental::filesystem;
7
8  int main()
9  {
10     fs::copy("연개수영 전설.txt", "(복사)연개수영 전설.txt");
11     fs::remove("연개수영 전설.txt");
12
13     return 0;
14 }
```

copy 함수를 호출합니다. 복사할 파일 이름을 첫 번째 인자, 복사된 파일이 갖게 될 이름을 두 번째 인자로 사용합니다. 만약 복사된 파일의 이름이 원본과 똑같다면 예외처리가 되지 않았다는 에러가 발생합니다. 하지만 경로가 다르다면에러는 발생하지 않습니다. 예외처리는 *try ~catch*에서 다룹니다. ◆ 10

remove 함수는 삭제할 파일 이름을 인자로 사용합니다. 전달받은 인자와 똑같은 경로와 이름의 파일을 삭제합니다. ◆ 11

이 예제에서는 연개소문 여동생인 연개수영 전설이 담긴 파일의 복사본을 만든 뒤, 원본 파일을 삭제합니다. 해당 txt 파일은 프로젝트 폴더에서 사용한다는 전제하에 전체 경로가 생략된 것이고, 다른 특정 폴더의 파일을 대상으로 한다면 전체 경로를 기입해야 합니다.

경로를 지정할 땐 슬래시를 2개 붙여서 사용합니다.

102 파일 존재 여부 확인하기(good)

- **학습 내용 :** 파일의 존재 여부 확인 방법을 이해합니다.
- **힌트 내용 :** good 함수를 사용합니다.

```cpp
1  #include <iostream>
2  #include <fstream>
3
4  using namespace std;
5
6  int main()
7  {
8      ifstream stream;
9      stream.open("C:\\BOOTNXT");
10
11     if (stream.good() == true)
12         cout << "파일이 존재합니다" << endl;
13     else
14         cout << "파일이 없습니다" << endl;
15
16     stream.close():
17
18     return 0;
19 }
```

8~9 ◆ *ifstream* 객체를 생성하고 파일을 오픈합니다.

11~14 ◆ 만약 *open* 함수에 인자로 사용된 파일 경로가 옳다면 *ifstream*은 정상적으로 파일이 열렸다는 내부 상태 값을 갖게 될 것입니다. 하지만 파일이 존재하지 않는다면 파일 오픈 과정에서 내부 오류가 발생했을 겁니다. 11번 라인처럼 *ifstream*의 상태를 조회하여 파일 존재 여부를 확인할 수 있습니다. *good* 함수를 호출했을 때, 파일이 정상적으로 오픈 되었다면 *true*, 그렇지 않다면 false란 값을 반환합니다. 사용자가 지정한 파일 경로와 이름에 따라 결과값은 다를 수 있습니다.

16 ◆ 파일을 다루고 나면 버릇처럼 *close* 함수를 호출합니다.

파일 크기 확인하기(file_size)

- **학습 내용 :** 파일의 크기 확인하는 방법을 이해합니다.
- **힌트 내용 :** file_size 함수를 사용합니다.

```cpp
1  #include <iostream>
2  #include <filesystem>
3
4  using namespace std;
5  namespace fs = experimental::filesystem;
6
7  int main()
8  {
9      int size = fs::file_size("연개수영 전설.txt");
10
11     cout << "파일 크기 : " << size << "바이트" << endl;
12
13     return 0;
14 }
```

file_size 함수를 사용하며, 인자는 파일의 경로입니다. 만약 전체 경로를 입력하지 않는다면 ◆ 9
프로젝트 폴더의 파일을 열게 됩니다.

인자로 전달된 연개수영 전설.txt 파일을 마우스 오른쪽 버튼을 클릭하여 속성을 확인합니다.
다음의 그림처럼 크기는 290바이트로 확인됩니다.

파일 형식:	텍스트 문서(.txt)
연결 프로그램:	메모장
위치:	E:\VIsualStudio\Console
크기:	290바이트 (290 바이트)

이 파일의 크기를 *int* 변수에 담아 출력하면 실제 크기와 똑같은 값이 출력되는 것을 확인할 수 있습니다.

결과

파일 크기 : 290 바이트

N O T E

지난 2006년까지 새로운 C++ 표준에 포함될 기능들을 추천 받았습니다. 그리고 2011년에 C++ 11이 발표되었고, 새로운 표준 속에는 boost 라이브러리가 대거 포함되었습니다.

이 장에서 다룬 file_size 함수도 boost 라이브러리의 하나였으며, C++ 11 이전에 이 함수를 사용하려면 boost 라이브러리를 설치하고 #include 〈boost/filesystem.hpp〉를 추가해야 했습니다. namespace도 boost::filesystem으로 설정할 수 있었습니다.

이젠 C++ 11 표준 이후 C++의 기본 라이브러리가 되었으므로, 비주얼 스튜디오 2012 버전 이상을 사용한다면 별도의 설치 없이 boost의 강력한 기능들을 마음껏 사용할 수 있습니다.

클래스 정의하기(class)

- **학습 내용:** 객체지향의 기본이라 할 수 있는 클래스 정의 방법을 이해합니다.
- **힌트 내용:** 클래스는 객체지향 프로그래밍의 시작과 끝입니다.

```cpp
1  #include <iostream>
2  #include <string>
3
4  using namespace std;
5
6  class KingInfo
7  {
8  public:
9      void SetName(string name)
10     {
11         name_ = name;
12     }
13
14     string GetName() const
15     {
16         return name_;
17     }
18
19 private:
20     string name_;
21 };
22
23 int main()
24 {
25     KingInfo king_info;
26     king_info.SetName("조선 세조 이유");
27
28     cout << king_info.GetName() << endl;
```

```
29      return 0;
30 }
```

클래스는 유형별로 분리된 독립된 공간이라 할 수 있습니다. 예를 들어 회사란 클래스가 있다면 회사 사업 아이템, 회사 직원, 회사 내부 조직 등은 클래스를 구성하는 요소라 할 수 있습니다. 유사한 요소들을 하나로 모으는 이름을 클래스라 부를 수도 있는 것입니다.

그리고 회사는 하나가 아니라 복수이기 때문에 비주얼 스튜디오를 제작해 판매하는 마이크로소프트는 회사란 클래스로 정의할 수 있는 하나의 객체가 됩니다. 아이폰을 제작하는 애플은 또 다른 객체가 되는 것이고 여러분이 다니는 회사도 또 하나의 객체가 됩니다. 즉, 하나의 실사례이기 때문에 각기 다른 유형의 객체를 구분해 분리할 수 있습니다.

6 ◆ *class*를 선언할 때는 키워드 *class*와 *class* 이름을 차례로 적습니다.

8~17 ◆ 객체지향 언어에는 세 가지 접근자가 존재합니다.

  1. Public : 공개된 정보. 외부 접근 허용
  2. Protected : 제한된 정보. 해당 클래스나 서브 클래스에서만 접근 허용
  3. Private : 제한된 정보. 해당 클래스에서만 접근 허용

public 영역에 있는 두 함수는 외부에서 접근이 가능한 함수입니다. 외부에서 접근할 수 없는 20번 라인의 *string* 변수 값을 설정하거나 반환합니다.

19~20 ◆ 외부에서 접근할 수 없고 클래스 내부에서만 접근할 수 있는 *private* 변수를 선언합니다.

25 ◆ 클래스의 객체를 생성합니다.

27 ◆ 클래스 *public* 멤버 함수에 문자열을 설정할 인자를 전달합니다. 이처럼 변수를 선언하고 *get*, *set* 함수를 따로 두는 이유는 객체지향 언어의 특성 중 하나인 정보은닉 때문입니다. 정보은닉에 대해서는 뒤에서 자세히 다룹니다.

결과

조선 세조 이유

클래스 생성자 정의하기

- **학습 내용 :** 객체가 만들어지는 시점에 호출되는 함수 생성자의 사용 방법을 이해합니다.
- **힌트 내용 :** 클래스 라이프 사이클은 생성, 소멸, 대입 세 단계입니다.

```cpp
1  #include <iostream>
2  #include <string>
3
4  using namespace std;
5
6  class KingInfo
7  {
8  public:
9      KingInfo()
10     {
11         name_ = "조선 예종 이황";
12     };
13
14 public:
15     string GetName() const
16     {
17         return name_;
18     }
19
20 private:
21     string name_;
22 };
23
24 int main()
25 {
26     KingInfo king_info;
27
28     cout << king_info.GetName() << endl;
```

```
29
30     return 0;
31 }
```

생성자는 클래스 객체가 만들어질 때 자동으로 호출됩니다. 생성자 이름은 클래스 이름과 똑같으며 리턴값과 인자는 있을 수도, 없을 수도 있습니다.

9~12 ◆ *class* 생성자를 선언합니다. *name_* 변수는 26번 라인에서 객체가 생성될 때 11번 라인처럼 초기화됩니다.

결과

조선 예종 이황

클래스 복수 생성자 정의하기

- **학습 내용 :** 클래스 생성자는 인자에 따라 여러 개로 늘릴 수 있다는 것을 이해합니다.
- **힌트 내용 :** 생성자를 용도에 따라 자유롭게 늘릴 수 있습니다.

```cpp
1  #include <iostream>
2  #include <string>
3
4  using namespace std;
5
6  class KingInfo
7  {
8  public:
9      KingInfo()
10     {
11         value_ = "조선 성종 이혈";
12     };
13
14     KingInfo(const string value)
15     {
16         value_ = value;
17     };
18
19     KingInfo(const int value)
20     {
21         value_ = "연산군 즉위연도 : ";
22         value_ += to_string(value);
23     };
24
25 public:
26     string GetValue() const
27     {
28         return value_;
```

```
29       }
30
31 private:
32       string value_;
33 };
34
35 int main()
36 {
37       KingInfo king_info1;
38       KingInfo king_info2("조선 연산군 이융");
39       KingInfo king_info3(1494);
40
41       cout << king_info1.GetValue() << endl;
42       cout << king_info2.GetValue() << endl;
43       cout << king_info3.GetValue() << endl;
44
45       return 0;
46 }
```

9~12 ◆ 인자가 없는 클래스 생성자로 *string* 변수를 초기화합니다.

14~17 ◆ 인자로 문자열을 받아 *string* 변수에 대입하여 초기화합니다.

19~23 ◆ 인자로 정수를 받아 다른 문자열과 조합하여 *string* 변수를 초기화합니다.

25~29 ◆ 내부 변수 *value_*를 반환하는 *public* 함수를 선언합니다.

37~39 ◆ 클래스 객체를 생성합니다. 객체들은 생성될 때 인자를 다르게 두어서 서로 호출하는 생성자가 다릅니다. 이 객체들은 같은 함수 *GetValue*를 호출하지만 객체 생성 시 호출한 생성자가 다르므로 출력되는 값도 다릅니다.

결과

조선 성종 이혈
조선 연산군 이융
연산군 즉위연도 : 1494

클래스 default 생성자(default)

- **학습 내용 :** 멤버 변수를 초기화하여 사용할 수 있는 default 클래스 생성자 사용 방법을 이해합니다.
- **힌트 내용 :** default 키워드 사용 방법은 다양하며, 클래스 생성자에도 응용할 수 있습니다.

```cpp
1  #include <iostream>
2  #include <string>
3
4  using namespace std;
5
6  class Class1
7  {
8  public:
9      Class1() = default;
10
11 public:
12     int number;
13     double prime;
14     string word;
15 };
16
17 class Class2
18 {
19 public:
20     Class2() { };
21
22 public:
23     int number;
24     double prime;
25     string word;
26 };
27
28 int main()
```

```
29 {
30    Class1 *class1 = new Class1();
31    cout << "Class1 : " << class1->number << ", " << class1->prime << ",
32 " << class1->word << endl;
33
34    Class2 *class2 = new Class2();
35    cout << "Class2 : " << class2->number << ", " << class2->prime << ",
36 " << class2->word << endl;
37
38    return 0;
39 }
```

6~15 ◆ 멤버 변수 3개를 보유하는 클래스를 선언합니다. 생성자 옆에는 *default* 키워드가 있는데, 이 것은 클래스 내부 변수를 모두 초기화한다는 의미입니다. 그전에는 기본 생성자를 따로 구현하여 변수의 값을 일일이 지정해야 했지만, 특별한 값으로 초기화할 필요가 없을 때는 *default* 키워드를 이용하는 것이 편리합니다.

17~26 ◆ *Class1*의 생성자완 달리 *default* 키워드를 사용하지 않았습니다. 다른 내용은 똑같습니다.

30 ◆ *Class1*의 객체를 생성합니다. *new*를 이용하면 메모리 힙 영역에 할당됩니다.

31 ◆ *Class1*의 변수 내용을 출력합니다.

34 ◆ *Class2*의 객체를 생성합니다.

35 ◆ *Class2*의 변수 내용을 출력합니다.

결과

```
Class1 : 0, 0,
Class2 : -842150451, -6.27744e+66,
```

생성자에 default 키워드를 사용하면 Class1의 출력 결과처럼 내부 변수가 초기화됩니다.

클래스 생성자 초기화 리스트

- **학습 내용:** 클래스 생성자 리스트를 통해 변수를 초기화하는 방법을 이해합니다.
- **힌트 내용:** 생성자 뒤에 :를 붙이고 ,로 변수를 구분합니다.

```cpp
1  #include <iostream>
2  #include <string>
3
4  using namespace std;
5
6  class TmpClass
7  {
8  public:
9      TmpClass() : number1(10), number2(20), name("나운 : 문자명왕 이름") {}
10
11     void Print()
12     {
13         cout << number1 << ", " << number2 << ", " << number3 << ", "
14 << name << endl;
15     }
16
17 private:
18     int number1 = 1;
19     const int number2 = 2;
20     static const int number3 = 3;
21     string name = "조다 : 장수왕 아들";
22 };
23
24 int main()
25 {
26     TmpClass tc;
27     tc.Print();
28
```

```
29      return 0;
30 }
```

6~15 ◆ 클래스 *TmpClass*를 선언합니다. 9번 라인의 클래스 생성자 초기화 리스트에서 변수를 초기화합니다. 쉼표를 이용해 여러 변수를 초기화할 수 있습니다. 생성자 초기화 리스트에서는 생성자가 호출되는 시점에 변수 값을 설정하기 때문에 이전 값은 무시하고 새로운 값으로 할당됩니다.

18~21 ◆ 클래스의 내부 변수를 선언하는데, 선언과 동시에 초기화할 수 있습니다.

26~27 ◆ 클래스 객체를 생성하고 *public* 함수 *Print*를 호출하여 변수를 출력합니다. 선언과 함께 초기화했던 값 대신 생성자 초기화 리스트 값으로 출력되는 것을 확인할 수 있습니다.

결과

```
10, 20, 3, 나운 : 문자명왕 이름
```

클래스 소멸자 정의하기(~)

- **학습 내용 :** 클래스 객체가 삭제될 때 메모리 해제가 이루어지는 방법을 이해합니다.
- **힌트 내용 :** 클래스가 사용한 메모리는 모두 해제되어 반환되는데 이것을 돕는 것이 소멸자입니다.

```cpp
1  #include <iostream>
2  #include <vector>
3
4  using namespace std;
5
6  class TempClass
7  {
8  public:
9      TempClass()
10     {
11         cout << "생성자 호출" << endl;
12     };
13
14     ~TempClass()
15     {
16         cout << "소멸자 호출" << endl;
17     }
18 };
19
20 int main()
21 {
22     TempClass *temp_class = new TempClass();
23
24     delete temp_class;
25     temp_class = nullptr;
26
27     return 0;
28 }
```

클래스 객체나 변수 등은 사용하는 시점에 스택 또는 힙 영역에 메모리 할당이 이뤄집니다. 사용이 끝나고 나선 메모리 해제가 이루어지며 컴퓨터로 해당 메모리 영역이 반환됩니다. 컴파일러는 이를 위해 클래스 객체가 삭제될 때 소멸자 함수를 호출합니다.

14~17 ◆ 소멸자는 생성자처럼 이름은 클래스와 똑같지만, 그 앞에 물결이 붙는다는 것이 다릅니다.

22 ◆ 객체는 스택 영역과 힙 영역에서 관리합니다. 22번 라인처럼 포인터를 이용해 *new* 키워드로 객체를 생성하면 스택이 아닌 힙 영역에 할당됩니다.

앞선 예제처럼 선언할 경우 스택 영역에 할당되어 함수가 종료되면 클래스 객체가 차지하던 메모리도 반환됩니다. 이번 예제에선 *delete* 키워드와 소멸자 사용을 위해 힙 영역에 할당합니다. 그러기 위해 *new*를 사용했습니다.

24 ◆ 클래스 객체를 삭제해 메모리를 반환합니다. 명시적으로 할당된 메모리는 반드시 명시적으로 해제해 메모리 누수를 방지합니다. 객체를 *new*로 생성하면 *delete*로 삭제하고 포인터는 *null*로 만드는 것은 일종의 공식이니 반드시 외워야 합니다. *C*언어에서 *alloc*으로 메모리 할당하고 *free*로 메모리 해제하는 것과 비슷한 의미입니다.

결과

생성자 호출
소멸자 호출

- **학습 내용 :** 동적으로 힙 영역에 메모리 할당하는 방법을 이해합니다.
- **힌트 내용 :** new는 delete와 한 쌍입니다. 사용한 메모리는 반드시 반환해야 합니다.

```cpp
1  #include <iostream>
2
3  using namespace std;
4
5  class Info
6  {
7  public :
8      Info() {
9          data = new int;
10         data_arr = new int[3];
11     }
12     ~Info() {
13         delete data;
14         delete[] data_arr;
15     }
16
17     void Dispose()
18     {
19         delete data;
20         delete[] data_arr;
21     }
22
23 private:
24     int* data;
25     int *data_arr;
26 };
27
28 int main()
29 {
```

```
30      Info *info = new Info();
31
32      info->Dispose();
33      delete info;
34
35      return 0;
36 }
```

메모리 영역은 크게 스택, 힙, 바이너리 영역으로 분리 됩니다. 스택은 변수처럼 컴파일 시점에 크기가 결정되는 요소들이 할당되는 영역입니다. 바이너리는 *static*, 전역 요소들이 할당되는 영역입니다.

힙은 동적으로 메모리가 할당되는 곳이라 지역 변수 등 프로그램 실행 상황에 맞춰 메모리가 할당/해제되는 공간입니다. 그리고 변수는 스택에 있을 수도 있고 힙에 있을 수도 있습니다. *int *tmp*를 선언하고 다른 곳에서 *tmp = new int;*라 선언했다면 스택의 *tmp*는 힙 영역에 할당된 곳을 바라보기도 합니다. 반면 함수 내부에 선언된 지역 변수라면 힙에 할당되었다가 힙에서 메모리 해제됩니다.

8~11 ◆ 클래스 생성자로 객체가 생성될 때 실행되는 함수입니다. 여기서 24, 25번 라인 변수에 대한 동적 메모리 할당이 이뤄집니다.

12~21 ◆ 같은 기능을 보유한 소멸자와 *Dispose* 함수입니다. 이 두 함수는 동적 할당된 메모리를 해제합니다. 할당된 메모리는 다른 영역에서 사용할 수 있게 사용이 끝나면 반환해야 합니다. 만약 해제하지 않으면 프로그램이 종료한 뒤에도 이 메모리 영역에 접근할 수 없어 메모리 누수(leak) 등의 문제가 발생합니다.

24~25 ◆ 두 변수를 선언합니다. 동적 메모리 할당을 하면 변수 자체는 스택에 있지만 가리키는 메모리는 힙에 있기 때문에 변수 앞에 *을 붙여야 합니다.

30 ◆ 객체를 생성하는데, 이 시점에 생성자를 통한 동적 할당이 발생합니다. 즉, 힙 영역 어딘가에 두 변수를 위한 공간이 할당됩니다.

32 ◆ 두 변수가 사용하던 메모리 영역을 반환합니다.

33 ◆ 에러가 발생합니다. 이미 해제된 메모리 영역을 다시 해제하려 시도하면 에러가 발생합니다. 이미 해제된 영역이기 때문에 힙 영역 어디를 가리키는지 몰라 프로그램에선 에러가 발생하는 것입니다.

static 클래스 이해하기(static)

- **학습 내용 :** 전역 변수처럼 사용 가능한 static 클래스 사용 방법을 이해합니다.
- **힌트 내용 :** 단발성 이용이 필요한 기능들은 static 클래스에 모아놓을 수 있습니다.

```cpp
1  #include <iostream>
2
3  using namespace std;
4
5  static class Calculator
6  {
7  public:
8      int Plus(const int x, const int y) const
9      {
10         return x + y;
11     }
12
13 } calc;
14
15 int main()
16 {
17     cout << "1 + 2 = " << calc.Plus(1, 2) << endl;
18
19     return 0;
20 }
```

군이 저장할 필요가 없는 데이터나 단순 연산으로 결과만 얻고 싶은 기능이 있다면 static 클래스에 모아두는 것이 좋습니다. 어느 클래스에서나 사용이 필요하고 단순히 연산 결과만 알고 싶다면 유용하게 사용할 수 있습니다.

프로그램 어디에서든 접근할 수 있는 *static* 클래스를 선언합니다. ◆ 5

8~11 ◆ 두 개의 인자를 받아 더한 뒤 반환하는 함수입니다. 이 클래스 함수에서는 데이터를 저장할 필요 없이 결과를 위해 연산만 수행합니다.

13 ◆ *static* 클래스를 이용하려면 해당 클래스를 가리키는 변수가 필요합니다.

17 ◆ *static* 클래스를 이용해 1 더하기 2의 결과를 가져옵니다. 이처럼 *static* 클래스에는 데이터를 저장할 필요 없이 연산 결과만 알려주는 함수만 모아두는 것이 좋습니다. 이런 클래스는 나중에 *Utility*, *Calculator* 등 목적에 따라 분리하여 사용할 수 있습니다.

결과

```
1 + 2 = 3
```

객체지향 정보은닉 이해하기 (hiding)

- **학습 내용 :** 객체지향 언어의 특징 중 하나인 정보은닉 방법을 이해합니다.
- **힌트 내용 :** 외부에서 내부 데이터를 바로 접근하면 유지보수에 좋지 않습니다.

```cpp
1  #include <iostream>
2  #include <string>
3
4  using namespace std;
5
6  class KingInfo
7  {
8  public:
9      KingInfo() { };
10
11 public:
12     void SetValue(const string value)
13     {
14         if (value.empty() == false)
15             value_ = value;
16         else
17             cout << "잘못된 인자!!" << endl;
18     }
19
20     string GetValue() const
21     {
22         if (value_.empty() == false)
23             return value_;
24         else
25             return "설정을 먼저 해주세요.";
26     }
27
28 private:
```

```cpp
29      string value_;
30      int number_;
31 };
32
33 int main()
34 {
35      KingInfo king_info1;
36      king_info1.SetValue("조선 중종 이역");
37
38      KingInfo king_info2;
39      king_info2.SetValue("조선 인종 이호");
40
41      //king_info1.value_ = "조선 명종 이환"; //에러
42
43      cout << king_info1.GetValue() << endl;
44      cout << king_info2.GetValue() << endl;
45
46      return 0;
47 }
```

객체지향 언어의 특징 중 한 가지는 정보은닉입니다. 정보은닉은 외부에서 클래스 내부를 바라보는데 제한을 두어 임의로 클래스 내부 데이터를 교체하지 못하도록 막는 것이 목적입니다.

또한 사용자가 굳이 알지 않아도 되는 사항은 숨겨 꼭 필요한 정보로만 프로그래밍 가능하도록 돕습니다. 이처럼 제한된 사용 방법을 두면 소스 코드를 안전하게 관리할 수 있고 해당 코드와 상관없는 지점과 시기 때문에 발생할 수 있는 데이터 수정, 추가 오류 등도 방지할 수 있습니다.

12~26 ◆ 29번 라인의 *value_* 변수는 *private* 멤버 변수로 외부에서 접근할 수 없습니다. 그래서 *get*, *set* 함수를 따로 두어 변수 제어 권한을 분리합니다.

30 ◆ *number_* 변수는 *private* 멤버 변수로 외부에서 제어할 수 없습니다. 또한 외부에서 이 변수를 제어할 그 어떤 함수도 없습니다. 그래서 *number_* 변수는 결코 외부에서 사용할 수 없고 내부에서만 제어가 가능한 변수입니다. 외부에서 *number_* 변수를 바라볼 수도 없기 때문에 정보은닉에 꼭 부합합니다.

35~39 ◆ 클래스 객체를 만들고 *SetValue* 함수를 이용해 *value_* 변수에 값을 할당합니다.

*value_* 변수는 *private* 속성으로 외부에서 접근할 수 없습니다. 에러가 발생합니다.

◆ 41

결과

```
조선 중종 이역
조선 인종 이호
```

> **N O T E**
>
> 객체지향 프로그래밍에 대해선 여러 논란이 존재합니다. 그중 하나가 재사용성과 정보은닉입니다. 사실, 객체지향 언어가 등장하기 전에도 노련한 프로그래머들은 "라이브러리" 형태로 재사용 가능한 프로그램을 만들어 왔습니다. 라이브러리를 하나의 부품처럼 다뤘기에 객체지향 개념이 등장했을 당시, "뭐가 새로운 개념이지?"라며 냉소적인 반응을 보이기도 했습니다. 하지만, 객체(인스턴스)와 다형성 개념 때문에 분명히 프로그래밍 기법으론 발전한 형태가 맞다고 생각합니다.
>
> 또한, 정보은닉은 감춰야 할 데이터 때문에 get, set 함수를 남발해 낭비가 발생한다는 지적도 있습니다. 필자 또한 이점에 공감합니다. 변수를 직접 다루는 것과 public get, set 함수를 다루는 것에 차이점은 무엇일까요?
>
> 차라리 get, set 함수를 사용하지 않고 변수를 직접 제어하는 것이 더 효율적일 것입니다. 그래서 interface를 활용하기도 합니다. 구조적으로 외부에 공개(public 요소)할 요소를 미리 선언하는 프로그래밍 기법을 사용하는 것인데, 이 경우에도 고작 변수 한두 개 때문에 작업량을 늘려야 하는 낭비 요소가 존재합니다.
>
> 사실, 이런 논란에 대해선 명확한 결론이 없습니다. 다만, 더 나은 코드를 고민하는 태도야 말로 더좋은 프로그래머가 되는 길이란 점은 부인할 수 없습니다.
>
> 여러분도 언어를 공부하며 원리를 따져서 더 나은 코드를 작성하기 위한 노력을 꼭 해야 합니다.

객체지향 캡슐화 이해하기 (Encapsulation)

- **학습 내용 :** 객체지향 언어의 특징 중 하나인 캡슐화 방법을 이해합니다.
- **힌트 내용 :** 용도가 비슷한 기능들은 한 곳에 모아 사용하는 것을 캡슐화라고 합니다.

```cpp
1  #include <iostream>
2  #include <string>
3
4  using namespace std;
5
6  class KingInfo
7  {
8  public:
9      KingInfo() { };
10
11 public:
12     void SetValue(const string name, const string son, int ascend)
13     {
14         name_ = name;
15         son_ = son;
16         ascend_ = ascend;
17     }
18
19     string GetNameSon() const
20     {
21         return name_ + "의 아들 " + son_;
22     }
23
24     string GetNameAscend() const
25     {
26         return name_ + " 즉위 연도 " + to_string(ascend_) + "년";
27     }
28
```

```cpp
29 private:
30     string name_;
31     string son_;
32     int ascend_;
33 };
34
35 int main()
36 {
37     KingInfo king_info;
38     king_info.SetValue("선조", "광해군", 1567);
39
40     cout << king_info.GetNameSon() << endl;
41     cout << king_info.GetNameAscend() << endl;
42
43     return 0;
44 }
```

캡슐화의 목적은 용도가 비슷한 데이터들을 모아 한데 이용하는 것입니다. 비슷한 용도끼리 모아두면 코드 재활용성도 높아지고 정보은닉도 이루어지는 장점이 있습니다.

정보은닉 때문에 바로 접근할 수 없는 클래스 변수를 위해 set 함수를 선언합니다. ◆ **12~17**

만약 왕의 묘호와 아들 이름만 궁금하다면 22번 라인처럼 두 변수만 이용해 결과값을 만들 수 있습니다. ◆ **19~22**

21번 라인과 유사한 기능을 하는 함수입니다. 캡슐화는 이처럼 사용자가 원하는 형태로도 가공해 목적이 비슷한 변수들을 조합해 사용할 수 있습니다. ◆ **24~27**

클래스 객체를 생성하며, 생성자에 인자 3개를 전달합니다. ◆ **37~38**

사용 방법에 따라 출력 결과가 다릅니다. 캡슐화의 목적은 사용 방법에 따라 기능을 모으는 것입니다. ◆ **40~41**

결과

선조의 아들 광해군
선조 즉위 연도 1567년

```cpp
1 #include <iostream>
2 #include <string>
3
4 using namespace std;
5
6 class Info
7 {
8 public:
9     Info() { };
10
11 public:
12     string name_;
13     int year_;
14 };
15
16 class GoodKing : public Info
17 {
18 public:
19     GoodKing(const string country) : country_(country) {};
20     void Display()
21     {
22         cout << country_ << " " << name_ << " 즉위 연도 BC : "
23 << year_ << endl;
24     }
25
26 private:
27     string country_;
28 };
```

```cpp
29
30 class BadKing : public Info
31 {
32 public:
33     BadKing(const string country) : country_(country) {};
34     void Display()
35     {
36         cout << country_ << " " << name_ << " 즉위 연도 : " << year_ << endl;
37     }
38
39 private:
40     string country_;
41 };
42
43 int main()
44 {
45     GoodKing king1("고조선");
46     king1.name_ = "단군왕검";
47     king1.year_ = 2333;
48
49     BadKing king2("고려");
50     king2.name_ = "충혜왕";
51     king2.year_ = 1330;
52
53     king1.Display();
54     king2.Display();
55
56     return 0;
57 }
```

우리 역사 속에는 위대한 왕과 못된 왕이 존재합니다. 이 왕들을 설명할 때 공통적으로 왕호, 즉위 연도 등의 사항을 이야기합니다. 아무리 나쁜 왕이라 해도 좋은 왕을 설명할 때 이야기하는 일부 요소는 겹칠 수밖에 없습니다.

객체지향 프로그래밍에서는 이렇게 겹치는 요소만 따로 분리하여 사용합니다. 겹치는 요소를 매번 선언하는 것 보다 이 요소들을 미리 선언해 두고 다른 클래스에서 이 클래스를 상속받아 사용하는 것입니다.

6~14 ◆ 공통으로 사용할 요소를 모은 *Info* 클래스를 선언합니다. 아무리 못된 왕이라 해도 위대한 왕이 갖는 요소 중 일부는 겹칠 수밖에 없습니다. 왕호와 즉위 연도는 공통 요소입니다.

16~28 ◆ *Info* 클래스를 상속받는 새로운 클래스를 선언합니다. *Info* 요소들을 *public*으로 사용한다는 의미로 *Info* 앞에 *public* 키워드를 붙입니다.

30~41 ◆ *Info* 클래스를 상속받는 새로운 클래스를 선언합니다. 만약 *Info* 클래스가 없었다면 두 클래스에는 공통적으로 13, 14번 라인이 추가되어 중복 소스가 늘어납니다. 하지만 *Info* 클래스 상속으로 코드 중복을 줄이게 되었습니다.

45~54 ◆ 서로 다른 클래스의 객체를 생성했지만 *name_*, *year_* 요소에 공통적으로 접근할 수 있습니다. *GoodKing*, *BadKing* 클래스 내부에는 두 변수를 선언하지 않았지만 *Info* 클래스를 상속받았기 때문입니다.

결과

```
고조선 단군왕검 즉위 연도 BC : 2333
고려 충혜왕 즉위 연도 : 1330
```

클래스 상속 ① Has-A 관계

- **학습 내용 :** 한 클래스가 다른 클래스를 포함하는 상속 관계를 이해합니다.
- **힌트 내용 :** 사람은 건물을 소유할 수 있지만, 건물이 사람을 소유할 순 없습니다.

```cpp
1  #include "stdafx.h"
2  #include <iostream>
3
4  using namespace std;
5
6  class Building1
7  {
8  public:
9      void Name() { cout << "노른자 위 좋은 건물" << endl; }
10 };
11
12 class BuildingOwner : public Building1
13 {
14 public:
15     void MyBuilding()
16     {
17         cout << "내 보물 : ";
18         Name();
19     }
20 };
21
22 int main(void)
23 {
24     BuildingOwner envious;
25     envious.MyBuilding();
26
27     return 0;
28 }
```

클래스 상속 관계 중 하나인 *Has-A*는 포함, 집합 관계라고 합니다. 위의 예제처럼 건물주는 건물을 보유했기에 건물주입니다. 사람이 건물을 보유하여 건물주가 된다는 논리는 타당하나, 건물이 사람을 보유한다는 논리는 틀립니다.

이렇게 한 클래스가 다른 클래스를 포함, 소유하는 관계를 *Has-A*라고 합니다. 코드 재사용성을 위해 명백한 포함, 소유 관계를 정의하는 것이 필요합니다.

위의 예제에서 *Building1* 클래스를 *Building2*라 변경하고 건물 이름을 고쳐도 논리적으로 옳다는 사실은 변하지 않습니다. 이처럼 하나의 클래스, 한 묶음의 소스를 다시 사용하는 것을 코드 재사용성이라고 합니다. 코드 재사용성은 높을수록 좋습니다.

6~10 ◆ *Building1* 클래스를 선언하고, 상속 관계에 상관없이 *Name()*을 호출하면 "노른자 위 좋은 건물"이란 메시지가 출력됩니다.

12~20 ◆ *Building1*을 상속받는 클래스 *BuildingOwner*를 선언합니다. *Building1*을 상속받는 클래스는 늘어날 수 있습니다. 건물주(BuildingOwner)는 건물(Building)을 보유하므로 Has-A 관계는 성립합니다.

24~25 ◆ 건물주 객체를 만들고 결과를 출력합니다.

결과

```
내 보물 : 노른자 위 좋은 건물
```

클래스 상속 ② Is-A 관계

- **학습 내용 :** Has-A 관계에 이어 Is-A 상속 개념을 이해합니다.
- **힌트 내용 :** 모든 국민이 건물주가 될 수 없으며, 반대로 세입자가 될 수도 없습니다.

```cpp
1  #include <iostream>
2
3  using namespace std;
4
5  class Landload
6  {
7  public:
8      void IamLandload() { cout << "건물주입니다." << endl; }
9  };
10
11 class Tenant
12 {
13 public:
14     void IamTenant() { cout << "세입자입니다." << endl; }
15 };
16
17 class Nation : public Landload, public Tenant
18 {
19 public:
20     void Who()
21     {
22         cout << "저는 ";
23
24         if (is_landload == true)
25             IamLandload();
26         else
27             IamTenant();
28     }
```

```cpp
29
30 public:
31     bool is_landload;
32 };
33
34 int main()
35 {
36     Nation nation;
37     nation.is_landload = true;
38     nation.Who();
39
40     return 0;
41 }
```

Has-A 관계가 한쪽의 일방적인 포함이라면, Is-A 관계는 무엇은 무엇이다, 무엇은 한 종류이다라는 의미입니다. 예제에서 건물주나 세입자는 일반 국민 중 한 사람일 수 있지만, 모든 국민이 건물주이거나 세입자일수는 없습니다. 슬프게도 저는 현재 세입자이지만 기쁘게도 나중엔 건물주가 될 수도 있습니다. 하지만 모든 국민이 건물주이거나 세입자일 수는 없는 것이죠. 이런 상속 관계는 객체지향 프로그래밍의 근간이 됩니다.

클래스를 이용해 프로그래밍을 할 때 하위 기능을 분리하여 상위 공통 클래스에 상속되도록 코드를 구성하는 것이 바로 객체지향 프로그래밍의 기초입니다.

5~15 ◆ Is-A 관계를 나타내는 2가지 형태의 클래스를 선언합니다.

17~28 ◆ Is-A 관계를 표현하는 클래스를 선언합니다. 31번 라인 *is_landload*가 *true*일 때와 *false*일 때 결과는 다릅니다.

36~38 ◆ 클래스 객체를 생성하고 *is_landload* 변수에 *true*를 할당한 뒤 결과를 출력합니다.

결과

저는 건물주입니다.

클래스 상속 ③ Not-A 관계

- **학습 내용 :** 현실, 논리적으로 옳지 않은 관계를 이해합니다.
- **힌트 내용 :** 프로그래밍 설계 단계에서는 Not-A 관계가 발생하지 않도록 구성하는 것이 중요합니다.

```cpp
1  #include <iostream>
2
3  using namespace std;
4
5  class Landload
6  {
7  public:
8      void IamLandload() { cout << "건물주입니다." << endl; }
9  };
10
11 class MaleMonkey
12 {
13 public:
14     void Favorite() { cout << "Favorite : Female Monkey" << endl; }
15 };
16
17 class Nation : public Landload
18 {
19 public:
20     void Who()
21     {
22         cout << "안녕하세요. ";
23         IamLandload();
24     }
25 };
26
27 int main()
23 {
```

```
29      Nation nation;
30      nation.Who();
31
32      return 0;
33 }
```

이전 두 관계가 어쨌든 상호 보완적인 요소를 나타낸다면, Not-A 관계는 논리, 현실적으로 옳지 않은 관계를 말합니다. 이때 "옳지 않다"는 것은 한 클래스, 또는 한 파일, 또는 한 계층 구조 안에 전혀 어울리지 않는 클래스나 소스 묶음이 있다는 의미입니다.

위 예제 소스를 보면 *MaleMonkey* 클래스는 *Landload*, *Nation* 클래스와 아무런 연관성이 없습니다. 객체지향적 계층 구조를 구성하는데 전혀 어울리지 않는 부분이 있다면 프로그램 전체 설계에 수정 사항이 발생했다는 뜻이기도 합니다.

클래스 계층을 그림으로 표현했을 때 11번 라인의 *MaleMonkey* 처럼 상속의 주체가 되는 부모 클래스와 어울리지 않는다면, 해당 소스를 다른 부분으로 이동하거나 삭제하는 등의 재검토 과정이 필요합니다.

5~15 ◆ 관계를 설명하는 클래스 2개를 선언합니다.

17~25 ◆ Not-A 관계를 피하고 자연스러운 관계를 표현하기 위해 *Landload* 클래스를 상속합니다.

29~30 ◆ 클래스 객체를 생성하고 결과를 출력합니다.

결과

안녕하세요. 건물주입니다.

friend 클래스 사용하기(friend)

- **학습 내용 :** 한 클래스가 다른 클래스의 private, protected 영역에 접근할 수 있는 권한 지정 방법을 이해합니다.
- **힌트 내용 :** Friend 키워드를 이용하면 클래스 접근 권한을 제어할 수 있습니다.

```cpp
1  #include <iostream>
2  #include <string>
3
4  using namespace std;
5
6  class GoodKing;
7  class BadKing;
8
9  class Info
10 {
11     friend class GoodKing;
12
13 public:
14     Info() { };
15
16 private:
17     string achieve;
18 };
19
20 class GoodKing : Info
21 {
22 public:
23     GoodKing() { achieve = "백제 중흥 군주 근초고왕"; };
24     void Display()
25     {
26         cout << achieve << endl;
27     }
28 };
```

```cpp
29
30 class BadKing : public Info
31 {
32 public:
33     BadKing() {};
34     void Display()
35     {
36         //cout << achieve << endl; //에러
37     }
38 };
39
40 int main()
41 {
42     GoodKing king1;
43     king1.Display();
44
45     BadKing king2;
46     king2.Display();
47
48     return 0;
49 }
```

*private*는 외부에서 접근할 수 없도록 지정하는 키워드입니다. 하지만 예외적으로 특정 클래스를 대상으로 이 접근 권한을 풀어줄 수 있습니다.

6~7 ◆ *Info* 클래스에서 *GoodKing* 클래스를 *friend*로 설정할 수 있도록 전방 선언을 합니다.

11 ◆ *friend* 키워드를 이용해 *GoodKing* 클래스에 접근 권한을 풀어줍니다. 이때, *friend*로 선언할 수 있는 클래스는 여러 개가 될 수도 있으며, 클래스 개수에는 제한이 없습니다.

17 ◆ *private*으로 선언된 *string* 변수는 *public*으로 *Info* 클래스를 상속해도 접근할 권한은 없습니다.

20~28 ◆ 이 클래스는 접근 권한을 설정하지 않았기 때문에 기본값 *private* 형태로 *Info* 클래스를 상속 받습니다. 하지만 24, 27번 라인에도 보이듯 *friend* 클래스로 선언되었으므로 자유롭게 *private* 변수에 접근할 수 있습니다.

이 클래스는 *public*으로 *Info*를 상속 받지만 37번 라인처럼 *private* 변수에 접근할 수 없습니다.　　◆ 30~38

friend 선언에 따른 결과를 비교합니다. *GoodKing* 클래스는 *Info* 클래스의 *friend*로 선언되었기에 *private* 변수 *achive*에 접근할 수 있습니다. 하지만 *BadKing* 클래스는 *private* 변수에 접근할 수 없어서 36번 라인에서 에러가 발생합니다.　　◆ 42~46

예제를 실행할 땐 36번 라인 주석을 풀고 에러 메시지를 확인하기 바랍니다.

결과

백제 중흥 군주 근초고왕

Friend 함수 사용하기

- **학습 내용 :** private, protected 영역에 접근할 함수를 지정하는 방법을 이해합니다.
- **힌트 내용 :** Friend 키워드를 이용하면 권한을 제어할 클래스를 지정할 수 있습니다.

```cpp
1  #include <iostream>
2  #include <string>
3
4  using namespace std;
5
6  class Ondal {
7  public:
8      friend void GetYear(Ondal ondal)
9      {
10         cout << "아단성 전투 연도 : " << ondal.year_ << endl;
11     }
12
13     void SetYear(int year) { year_ = year; }
14
15 private:
16     int year_;
17 };
18
19 int main()
20 {
21     Ondal ondal;
22     ondal.SetYear(590);
23
24     GetYear(ondal);
25
26     return 0;
27 }
```

외부의 모든 접근을 허용하는 *friend* 키워드는 매우 제한적으로 사용하거나 아예 사용하지 않는 것이 좋습니다. 전역 변수처럼 좋지 않은 기능이기 때문에 사용 방법은 알지만 사용하지 않는 것을 권장합니다.

객체지향 언어의 특성 중 하나인 정보은닉을 깨뜨리는 *friend* 키워드는 앞선 예제처럼 클래스에 적용할 수 있고, 하나의 함수에만 적용할 수도 있습니다.

friend 함수 GetYear를 선언합니다. *friend* 함수는 외부에서 접근할 수 있어 정보은닉(캡슐화)에 위배됩니다.　　　◆ 8

private 멤버 변수를 초기화하는 함수입니다.　　　◆ 13

Ondal 클래스 객체를 만들어 멤버 변수를 590으로 초기화합니다.　　　◆ 21~22

friend 함수로 선언되었기 때문에 *main* 클래스에서 접근해 결과를 출력할 수 있습니다. 만약 *friend* 키워드를 지우면 에러가 발생합니다.　　　◆ 24

결과

```
아단성 전투 연도 : 590
```

함수 오버로딩 이해하기

- **학습 내용 :** 이름은 같지만 인자와 리턴값이 다른 함수 오버로딩 사용 방법을 이해합니다.
- **힌트 내용 :** 함수 이름이 똑같지만 에러가 발생하지 않습니다.

```cpp
1  #include <iostream>
2  #include <string>
3
4  using namespace std;
5
6  int Plus(int arg1, int arg2)
7  {
8      return arg1 + arg2;
9  }
10
11 double Plus(double arg1, double arg2, double arg3)
12 {
13     return arg1 + arg2 + arg3;
14 }
15
16 int main()
17 {
18     int number1 = Plus(2, 4);
19     double number2 = Plus(3.4, 5.7, 8.4);
20
21     cout << "number1 : " << number1 << endl;
22     cout << "number2 : " << number2 << endl;
23
24     return 0;
25 }
```

어떤 프로그래밍 언어든 유효 범위 안에선 함수 이름을 중복하여 사용할 수 없습니다. 하지만 인자나 리턴값이 다르다면, 같은 이름의 함수를 선언하여 사용할 수 있습니다. 이것을 함수 오버로딩이라 부르며 매우 유용하게 사용할 수 있습니다.

오버로딩의 특징은 함수 이름이 같고, 인자 종류와 개수가 다릅니다.

인자로 정수 2개를 받아 더합니다. 그리고 그 값을 리턴합니다. ◆ 6~9

인자로 실수 3개를 받아 더합니다. 그리고 그 값을 리턴하는데 7번에 선언된 함수와 이름이 똑같습니다. ◆ 11~14

오버로딩된 *Plus* 함수를 각각 호출하여 반환 값을 변수에 저장합니다. 반환형과 인자 형태가 다르기 때문에 이처럼 똑같은 이름의 함수를 선언하여 사용할 수 있습니다. ◆ 18~19

결과

```
number1 : 6
number2 : 17.5
```

함수 오버라이딩 이해하기

- **학습 내용 :** 상속 관계에서 발생하는 함수 오버라이딩 사용 방법을 이해합니다.
- **힌트 내용 :** 함수를 다시 정의한다는 의미로 오버라이딩이 이루어지면 부모 클래스의 함수는 무시됩니다.

```cpp
1 #include <iostream>
2
3 using namespace std;
4
5 class Base
6 {
7 public:
8     void Display() { cout << "고려 16대왕 예종" << endl; }
9 };
10
11 class Derived : Base
12 {
13 public:
14     void Display() { cout << "고려 17대왕 인종" << endl; }
15 };
16
17 int main()
18 {
19     Derived child;
20     child.Display();
21
22     return 0;
23 }
```

오버로딩은 인자, 리턴값 등을 구분해 같은 이름의 함수를 사용하는 것입니다. 오버라이딩은 이와는 다르게 상속 관계에서 발생하는 것으로 부모 클래스 함수를 자식 클래스에서 다시 정의한다는 의미입니다. 오버라이딩이 이루어지면 부모 클래스에서 정의된 내용은 무시됩니다.

예제를 위한 부모 클래스를 선언하고 출력 함수 *Display*를 정의합니다. ◆ 5~9

자식 클래스를 선언하고 부모 클래스를 상속 받습니다. 그리고 부모 클래스의 *Display* 함수를 ◆ 11~15
재정의합니다.

자식 클래스의 객체를 생성하고 *Display* 함수를 호출합니다. ◆ 19~20

결과

고려 17대왕 인종

결과와 같이 부모 클래스에서 정의된 내용은 무시되고 자식 클래스에서 새로 정의한 내용으로
출력됩니다.

디폴트 매개변수 이해하기

- **학습 내용 :** 함수의 인자를 초기화하여 사용하는 방법을 이해합니다.
- **힌트 내용 :** 함수를 호출할 때 인자를 모두 채우지 않아도 됩니다.

```cpp
1  #include <iostream>
2
3  using namespace std;
4
5  int GetOne() { return 1; }
6
7  int Plus(int x, int y = GetOne(), int z = 1)
8  {
9      return x + y + z;
10 }
11
12 int main()
13 {
14     int number1 = Plus(1);
15     int number2 = Plus(1, 2);
16     int number3 = Plus(1, 2, 3);
17
18     cout << "결과값 : " << number1 << ", " << number2 << ", " << number3
19         << endl;
20
21     return 0;
22 }
```

변수를 함수 내부에서 선언할 때 초기값을 주어 초기화할 수 있습니다. *C++*을 비롯한 많은 언어에서는 함수의 인자도 초기화할 수 있도록 지원하고 있는데, 이렇게 초기화된 인자를 디폴트 매개변수라고 합니다.

초기화된 매개변수는 인자가 생략될 경우 초기화된 값을 그대로 사용하며 만약 인자가 넘어온다면 초기값은 무시합니다. 그리고 디폴트 매개변수는 초기화하지 않는 인자의 뒤에 위치하는 것이 규칙입니다.

정수 1을 리턴하는 함수를 선언합니다. ◆ 5

함수 *Plus*는 각기 다른 형태의 인자 3개를 전달 받습니다. 첫 번째는 초기화되지 않은 인자 *x*, ◆ 7~10
GetOne 함수 리턴값으로 초기화하는 디폴트 매개변수 *y*, 정수 1로 초기화하는 디폴트 매개변수 *z*입니다. 9번 라인에서는 이 3개의 인자를 모두 더해 반환합니다.

Plus 함수는 인자로 1, 1, 1을 갖게 되어 결과는 3입니다. ◆ 14

Plus 함수는 인자로 1, 2, 1을 갖게 되어 결과는 4입니다. ◆ 15

Plus 함수는 인자로 1, 2, 3을 갖게 되어 결과는 6입니다. ◆ 16

결과를 출력합니다. ◆ 18

결과

```
결과값 : 3, 4, 6
```

type_tratis 사용하기 ①
(정수, enum, signed)

- **학습 내용 :** 타입 특성을 알아내는 방법을 이해합니다.
- **힌트 내용 :** 타입 트레이츠란 타입의 특성과 변경 기능 등을 검사하는 것을 말합니다.

```cpp
1  #include <iostream>
2
3  using namespace std;
4
5  enum TmpEnum { };
6  enum class TmpEnumClass : int { };
7
8  int main()
9  {
10     cout << boolalpha;
11
12     cout << "== is_integral ==" << endl;
13     cout << is_integral<TmpEnum>::value << endl;
14     cout << is_integral<TmpEnumClass>::value << endl;
15     cout << is_integral<signed int>::value << endl;
16     cout << is_integral<unsigned int>::value << endl;
17     cout << is_integral<double>::value << endl;
18     cout << is_integral<bool>::value << endl;
19
20     cout << "== is_enum ==" << endl;
21     cout << is_enum<TmpEnum>::value << endl;
22     cout << is_enum<TmpEnumClass>::value << endl;
23     cout << is_enum<int>::value << endl;
24
25     cout << "== is_signed ==" << endl;
26     cout << is_signed<TmpEnum>::value << endl;
27     cout << is_signed<signed int>::value << endl;
28     cout << is_signed<unsigned int>::value << endl;
29
30     cout << "== is_unsigned ==" << endl;
31     cout << is_unsigned<TmpEnumClass>::value << endl;
```

```
32        cout << is_unsigned<int>::value << endl;
33        cout << is_unsigned<unsigned int>::value << endl;
34
35        return 0;
36 }
```

타입 트레이츠는 다음 장에서 배울 템플릿에서 유용하게 사용할 수 있습니다. 특별한 타입을 필요로 하거나 특정 타입을 꼭 상속받아야 하는 등 특정 상황이 발생하면 타입 트레이츠를 이용할 수 있습니다.

*enum*과 *enum class*를 하나씩 선언합니다. ◆ 5~6

콘솔에 출력될 결과를 *boolean*으로 설정합니다. ◆ 10

*is_integral*은 정수 계열의 형식인지 검사합니다. 순차적으로 *enum*, *enum class*, *signed int*, *unsigned*, *double*, *bool*을 검사합니다. 결과는 *false*, *false*, *ture*, *ture*, *false*, *true*입니다. *enum*과 *enum class*, *double*은 정수 계열이 아니기 때문에 결과가 *false*이며 *bool*은 정수 1 또는 0으로도 표현하기 때문에 *true*입니다. ◆ 12~18

*is_enum*은 enum 계열의 형식인지 검사합니다. 결과는 *true*, *true*, *false*입니다. ◆ 20~23

*is_signed*는 *signed* 정수 계열의 형식인지 검사합니다. 결과는 *false*, *true*, *false*입니다. ◆ 25~28

*is_unsigned*는 *unsigned* 정수 계열의 형식인지 검사합니다. 결과는 *false*, *false*, *true*입니다. *int*는 묵시적으로 *signed int* 형식이기 때문에 결과는 *false*가 됩니다. ◆ 30~33

결과

```
== is_integral ==
false, false, true, true, false, true

== is_enum ==
true, true, false

== is_signed ==
false, true, false

== is_unsigned ==
false, false, true
```

type_tratis 사용하기 ②
(empty, array, same)

- **학습 내용 :** 타입 특성을 알아내는 방법을 이해합니다.
- **힌트 내용 :** 타입 트레이츠란 타입의 특성과 변경 기능 등을 검사하는 것을 말합니다.

```cpp
1  #include <iostream>
2  #include <map>
3
4  using namespace std;
5
6  struct TmpStruct {
7      int x = 0;
8  };
9
10 class TmpClass
11 {
12
13 };
14
15 int main()
16 {
17     cout << boolalpha;
18
19     cout << "== is_empty ==" << endl;
20     cout << is_empty<TmpStruct>::value << endl;
21     cout << is_empty<TmpClass>::value << endl;
22
23     cout << "== is_array ==" << endl;
24     cout << is_array<TmpStruct>::value << endl;
25     cout << is_array<map<int, double>>::value << endl;
26     cout << is_array<int[3]>::value << endl;
27
28     cout << "== is_same ==" << endl;
```

```
29      cout << is_same<TmpStruct, TmpClass>::value << endl;
30      cout << is_same<int, signed int>::value << endl;
31      cout << is_same<int, bool>::value << endl;
32      cout << is_same<char, unsigned char>::value << endl;
33
34      return 0;
35  }
```

정수형 변수를 한 개 보유하는 구조체를 선언합니다. ◆ 6~8

선언만 했을 뿐, 내부는 비어 있는 클래스를 선언합니다. ◆ 10~13

*is_empty*는 내부 요소가 비어 있는지 확인합니다. 결과는 *false*, *true*입니다. ◆ 19~21

*is_array*는 배열 형식인지 확인합니다. *map*, *vector* 등의 컨테이너는 템플릿 클래스의 일종이 ◆ 23~26
기 때문에 배열이 아닙니다. 그래서 결과는 *false*, *false*, *true*입니다.

*is_same*은 두 형식을 비교해 같다면 *true*, 다르다면 *false*를 반환합니다. 결과는 *false*, ◆ 28~32
true, *false*, *false*입니다.

결과

```
== is_empty ==
false, true

== is_array ==
false, false, true

== is_same ==
false, true, false, false
```

type_tratis 사용하기 ③
(conditional)

- **학습 내용 :** 타입 트레이츠의 조건부 삼항 연산자 사용 방법을 이해합니다.
- **힌트 내용 :** 일반적인 삼항 연산자와 사용 방법은 똑같습니다.

```cpp
1 #include <iostream>
2 #include <string>
3
4 using namespace std;
5
6 template <typename T1, typename T2>
7 string TmpFunc(T1 x, T2 y)
8 {
9     conditional<is_same<T1, T2>::value, int, double >::type type1;
10
11     return typeid(type1).name();
12 }
13
14 int main()
15 {
16     string type = TmpFunc(1, 22.3);
17
18     if (type == "double")
19         cout << "double 자료형입니다." << endl;
20     else
21         cout << "double 자료형이 아닙니다." << endl;
22
23     return 0;
24 }
```

6 ◆ 다음 장에서 배울 함수 *template*를 선언합니다. 16번 라인에서 *int*, *double*로 인자를 넘기기 때문에 여기서 *T1*은 *int*, *T2*는 *double*이 됩니다.

9번 라인에서 *conditional*을 사용하는데, 첫 번째 인자에 *true*가 할당되면 *int*, *false*가 할당되면 *double*이 *type1*의 자료형이 됩니다. 여기서는 *T1*과 *T2*가 같은 자료형이라면 *true*, 그렇지 않다면 *false*입니다. ◆ **7~12**

*TmpFunc*에 정수 1과 실수 22.3을 인자로 넘긴 후 리턴값으로 자료형을 받습니다. 9번 라인 *is_same*은 *int*와 *double*을 비교하기 때문에 *conditional*의 첫 번째 인자는 *false*입니다. *false*이기 때문에 *double*을 리턴값으로 받습니다. ◆ **16**

리턴값 *type*이 문자열 "*double*"이라면 19번 라인이 수행되고 그렇지 않다면 21번 라인이 수행됩니다. ◆ **18~21**

이처럼 개발 과정에서 자료형을 특정지을 수 없을 때, 타입 트레이츠의 *conditional*이나 다음 장에서 배울 템플릿을 적절히 응용하는 것이 좋습니다.

결과

```
double 자료형입니다.
```

함수 템플릿 사용하기(template)

- **학습 내용 :** 자료형을 정하지 않고 자유롭게 사용하는 방법을 이해합니다.
- **힌트 내용 :** 컴파일러는 프로그래머가 자료형을 알려주지 않아도 추론하여 자료형을 인식합니다.

```cpp
1 #include <iostream>
2
3 using namespace std;
4
5 template <typename T>
6 T Plus(T x, T y, T z = 1)
7 {
8     return x + y + z;
9 }
10
11 int main()
12 {
13     int number1 = Plus(1, 2);
14     int number2 = Plus(1, 2, 3);
15     double number3 = Plus(1.1, 2.2);
16     double number4 = Plus(1.1, 2.2, 3.3);
17
18     cout << "결과값 : " << number1 << ", " << number2 << ", " << number3
19 << ", " << number4 << endl;
20
21     return 0;
22 }
```

*template*이란 키워드가 있으면 컴파일러는 소스 빌드 단계에서 자료형을 유추합니다. 프로그래머는 *template*을 이용해 하나의 함수에 다양한 자료형을 넘길 수 있습니다.

*template*을 선언하면 <*typename ?*> 사이의 물음표를 채워야 합니다. 일종의 이름 짓기인데 ◆ 5
*T*는 변수처럼 원하는 이름으로 설정할 수 있습니다. 컴파일러는 *T* 라는 자료형이 무엇인지 유
추하게 됩니다. 또한, 함수 템플릿에서도 디폴트 매개변수를 사용할 수 있습니다

template *T*가 *Plus* 함수의 리턴값과 인자 자료형이 됩니다. ◆ 6~9

int 변수에 *Plus* 함수의 리턴값을 저장합니다. 컴파일러가 유추할 자료형은 *int*이며 인자는 ◆ 13~14
1, 2, 1과 1, 2, 3으로 결과는 4와 6입니다.

double 변수에 *Plus* 함수의 리턴값을 저장합니다. 컴파일러가 유추할 자료형은 *double*이며 ◆ 15~16
인자는 1.1, 2.2, 1.0과 1.1, 2.2, 3.3으로 결과는 4.3과 6.6입니다.

결과

결과값 : 4, 6, 4.3, 6.6

클래스 템플릿 사용하기
(template 〈class T〉)

- **학습 내용 :** 템플릿을 클래스에 적용하여 사용하는 방법을 이해합니다.
- **힌트 내용 :** 클래스 전체에 컴파일러가 추론한 자료형을 적용할 수 있습니다.

```cpp
1  #include <iostream>
2  #include <vector>
3  #include <string>
4
5  using namespace std;
6
7  template <class T>
8  class TemplateData
9  {
10 public:
11     void Add(T arg) { data_.push_back(arg); }
12     int Size() { data_.size(); }
13     void Print()
14     {
15         for (int i = 0, size = data_.size(); i < size; i++)
16             cout << "data_ : " << data_.at(i) << endl;
17     }
18
19 private:
20     vector<T> data_;
21 };
22
23 int main()
24 {
25     TemplateData<int> data_int;
26     data_int.Add(1);
27     data_int.Add(2);
28     data_int.Print();
```

```
29
30     TemplateData<string> data_string;
31     data_string.Add("Hello");
32     data_string.Add("World");
33     data_string.Add("!!");
34     data_string.Print();
35
36     return 0;
37 }
```

*template*을 선언하면서 〈 〉 안에 *class T*를 기입했습니다. *class*나 *typename*이나 같은 의미 ◆ 7
지만 클래스 템플릿이라면 가독성을 위해 *typename* 대신 *class*가 어울립니다.

Add 함수의 인자 *arg*의 자료형이 정해지지 않았으며, 컴파일러가 추론한 결과는 20번 라인 벡 ◆ 11
터의 자료형이 됩니다.

벡터 *data_*의 크기를 리턴하기 위해 함수 size를 호출합니다. ◆ 12

벡터 *data_*에 있는 내용을 모두 출력합니다. ◆ 13~17

자료형이 정해지지 않은 벡터 *data_*를 선언합니다. ◆ 20

클래스 자료형을 *int*와 *string*으로 설정하고 데이터를 추가한 뒤 결과를 출력합니다. 한 번 정 ◆ 25~34
해진 자료형은 변경할 수 없으며 객체를 생성할 때 반드시 〈 〉 안에 자료형을 기입해야 합니다.

결과

```
data_ : 1
data_ : 2
data_ : Hello
data_ : world
data_ : !!
```

가변인자 템플릿 사용하기 (typename... T)

- **학습 내용 :** 인자의 개수를 정해놓지 않아도 호출 가능한 함수의 사용 방법을 이해합니다.
- **힌트 내용 :** 인자 개수가 정해지지 않았기 때문에 가변 인자라고 합니다.

```cpp
1 #include <iostream>
2 #include <string>
3
4 using namespace std;
5
6 void Type1(string msg, int no, double value)
7 {
8     cout << msg << ", 에러 번호 " << no << ", 오류값 " << value << endl;
9 }
10
11 void Type2(int no, double value)
12 {
13     cout << no << ", 오류값 " << value << endl;
14 }
15
16 template<typename... T>
17 void PrintLog(T... arg0)
18 {
19     // 추가 작업
20     Type1(arg0...);
21     //Type2(arg0...);
22 }
23
24 int main()
25 {
26     PrintLog<string, int, double>("Warning", 100, 22.5);
27     //PrintLog<int, double>(101, 55.6);
28
```

```
29    return 0;
30 }
```

인자 3개를 받아 차례로 출력하는 함수입니다.　　　　　　　　　　　　　　　　◆ 6~9

인자 2개를 받아 차례로 출력하는 함수입니다.　　　　　　　　　　　　　　　　◆ 11~14

template 키워드를 사용해 〈 〉 안에 *typename T*를 기입합니다. *typename* 뒤에 붙은 … 은 인　◆ 16
자의 개수가 정해지지 않았다는 것을 의미합니다.

PrintLog 함수에도 … 을 붙여 역시 인자 개수가 정해지지 않았음을 선언합니다. 20번 라인에　◆ 17~22
도 …이 사용되는데 들어오는 인자 모두를 *Type1* 함수로 전달한다는 의미입니다.

가변인자 템플릿을 사용할 땐 26번 라인처럼 〈 〉 괄호 안에 자료형 타입을 정의해야 합니다.　◆ 26
그리고 자료형에 맞춰 인자를 전달해야 오류없이 함수 호출을 할 수 있습니다.

기존에는 인자 개수가 변하면 호출하는 함수의 인자 개수도 똑같이 맞춰 수정을 해야 했습니
다. 하지만 가변인자 템플릿을 사용하면 *PrintLog*와 같은 함수는 원형을 유지해도 됩니다. 오
히려 다른 함수의 인자를 수정하여 사용할 수 있어 코드가 더 유연해 질 수 있습니다.

결과

```
Warning, 에러 번호 100, 오류값 22.5
```

가변인자 함수 사용하기 (C언어 스타일)

- **학습 내용 :** C언어 스타일의 가변인자 함수 사용 방법을 이해합니다.
- **힌트 내용 :** 개발 환경에 따라 C++ 스타일의 가변인자 함수가 적용되지 않는 경우가 있으니 C언어 스타일도 알아두는 것이 좋습니다.

```cpp
1 #include <iostream>
2 #include <stdarg.h>
3
4 using namespace std;
5
6 int Sum(int arg, ...)
7 {
8     va_list ap;
9     va_start(ap, arg);
10
11     int sum = 0;
12
13     for (int i = 0; i < arg; i++)
14         sum += va_arg(ap, int);
15
16     va_end(ap);
17
18     return sum;
19 }
20
21 int main()
22 {
23     int number = Sum(5, 1, 2, 3, 4, 5);
24
25     cout << "1에서 5까지 합 : " << number << endl;
26
27     return 0;
28 }
```

C언어 스타일의 가변인자 함수를 사용하기 전에 세 가지를 먼저 이해해야 합니다.

- va_start(va_list, lastfix) : 첫 번째 가변인수 위치를 찾아 시작 번지를 알아냅니다. 포인터 형태입니다.
- va_arg(va_list, type) : va_list가 가리키는 위치의 값을 읽어내 리턴합니다.
- va_end(va_list) : va_list를 초기화하여 가변인자 사용이 끝났음을 알립니다.

가변인자에서 사용할 함수들은 *stdarg.h*에 정의되어 있습니다.　　　　　　◆ 2

일반적으로 전달하는 인자가 첫 번째이고, 가변인자가 두 번째입니다. 첫 번째 인자는 가변인자와 관련이 없으며 …으로 표기된 부분이 실제로 가변인자를 나타냅니다.　◆ 6

*va_list*는 가변인자의 주소를 가리킵니다. *ap* 포인터 형태이며 *va_start*에 인자로 전달되어야 실제 주소값을 보유하게 됩니다. 첫 번째 인자로 받은 *arg*는 23번 라인에서 보내는 5의 값으로 가변 인자가 총 5개라는 것을 명시적으로 알려주는 용도입니다. 즉, *ap*에 5개 인자의 주소를 할당한다는 의미가 됩니다.　◆ 8~9

*for*문은 모든 인자를 비교할 때까지 반복합니다. *va_arg* 함수를 이용해 순차적으로 *int*형 데이터를 불러오는데 위치 값은 *ap*의 주소를 참조합니다. 즉, 첫 인자의 주소에서 마지막 인자의 주소까지 순회하는 것입니다.　◆ 13~14

가변 인자 사용이 끝났음을 알리고 결과값을 리턴합니다.　◆ 16~18

sum 함수에 6개의 인자를 넘기는데, 첫 번째 인자 5는 *for*문이 몇 번 반복될지 결정합니다. 뒤의 1, 2, 3, 4, 5가 for 문 안에서 더해지는 값입니다.　◆ 23

결과

1에서 5까지 합 : 15

N O T E

필자가 Qt 5.3.2를 사용할 당시 C++ 스타일의 가변인자 함수를 사용할 수 없었습니다. 당시엔 C 스타일의 가변인자 함수를 사용했었습니다.

인라인 함수 사용하기(inline)

- **학습 내용 :** 프로그램 성능을 올리기 위해 도입된 C++의 inline 함수 사용 방법을 이해합니다.
- **힌트 내용 :** 자주 호출되는 함수는 inline으로 선언하는 것이 좋습니다.

```cpp
1  #include <iostream>
2
3  using namespace std;
4
5  inline int Max(int x, int y)
6  {
7      return x > y ? x : y;
8  }
9
10 int main()
11 {
12     for (int i = 0; i < 5; i++)
13         cout << Max(i, i + 10) << endl;
14
15     return 0;
16 }
```

함수 호출이 빈번하다면 *inline* 키워드를 이용하는 것이 좋습니다. 일반적으로 함수 호출은 비용(cost)이 많이 발생한다고 표현하는데 즉, 프로그램 성능 저하를 의미합니다. 그래서 자주 사용되며 코드가 짧은 함수라면 인라이닝하는 것이 좋습니다. *inline*으로 선언된 함수는 컴파일 단계에서 소스가 그대로 복사되어 호출 지점에 삽입됩니다. 그래서 전체 프로그램 크기는 커질 수 있습니다.

5~8 ◆ 인라이닝은 매우 쉬워서 함수 이름 앞에 *inline*이란 키워드만 추가하면 됩니다. 이 함수는 정수 2개를 받아 더 큰 값을 리턴합니다.

인라인 함수를 주로 사용하는 경우입니다. 특정 함수를 반복해서 호출하는 것보다 해당 위치에 함수의 소스가 존재하는 것이 효율적입니다. 하지만, 여러 위치에서 해당 함수를 사용한다면 중복 소스를 만들어 삽입해야 하기 때문에 예제처럼 인라인 함수로 분리하는 것이 좋은 방안입니다. *inline* 함수는 컴파일 단계에서 함수 호출 대신 코드 복사를 합니다.

결과

```
10, 11, 12, 13, 14
```

N O T E

함수를 호출한다는 의미는 함수가 있는 곳으로 "이동"한다는 의미와도 같습니다. 이동하는 데 걸리는 시간은 이동하지 않고 코드를 처리하는 시간보다 깁니다. 또한 인자가 존재하면 그만큼 함수로 이동하여 처리하는 데 걸리는 시간이 길어집니다.

인라이닝을 사용하면, 함수 위치로 이동, 함수 인자를 복사하는데 걸리는 시간을 무시하기에 작업 효율이 좋아집니다.

하지만, 인라이닝은 코드를 복사하는 개념이기에 프로그램 크기가 늘어날 수 있습니다. 프로그램 크기가 늘어나면 컴파일러는 일부 인라이닝 코드를 무시하는 경우도 있습니다. 또한, 인라이닝된 코드는 함수가 아니라 함수 주소도 없어 참조가 필요한 경우엔 오히려 성능 저하의 요소가 되기도 합니다.

inline 키워드를 사용하기 전에 코드를 살펴보고 인라이닝에 적합한지를 먼저 살펴보는 프로그래밍 습관이 필요합니다.

예외 처리 이해하기 (try catch exception)

- **학습 내용 :** 예외 상황을 강제로 에러 처리하는 방법을 이해합니다.
- **힌트 내용 :** 프로그래머가 예상치 못했던 오류나 에러 코드의 비일관성으로 유지보수에 어려움이 발생할 수 있습니다. 이럴 땐 해당 부분을 try catch로 묶어 처리합니다.

```cpp
1  #include <iostream>
2  #include <vector>
3
4  using namespace std;
5
6  int main()
7  {
8      vector<int> data;
9      int number = 0;
10
11     try
12     {
13         number = data.at(10);
14     }
15     catch (exception e)
16     {
17         cout << e.what() << endl;
18     }
19
20     return 0;
21 }
```

프로그래머에게 예외처리 능력은 중요합니다. 사용자가 의도하지 않은 형태로 프로그램을 사용하거나 개발 과정에서 미쳐 처리하지 못한 예외적인 구분은 언제든 존재할 수 있습니다. 이런 부분을 소스 코드로 풀어 고객사에서 프로그램이 잘 구동되도록 만들어 주는 것이 중요합니다.

예외 처리는 앞서 언급했듯 프로그래머가 의도하지 않거나, 예상치 못했던 에러를 해결하는데 도움을 줍니다. 또한 개발 과정에서 내부적으로 사용할 많은 에러 코드가 작성됩니다. 모든 에러 코드를 하나로 정리하는 것 또한 어려울 수 있습니다. 이럴 때 원하는 부분을 *try catch*로 묶어 일괄적으로 처리하는 것이 좋습니다.

정수를 저장할 벡터와 변수를 선언합니다. ◆ 8~9

*try catch*의 기본 형태입니다. *catch*에는 여러 인자가 올 수 있는데 기본적으로는 *exception* ◆ 11~18
을 사용합니다. 13번 라인에서 벡터 *data*의 10번째 인자에 접근하는데, *data* 벡터에는 아무 자료가 없어서 오류가 발생합니다. 이렇게 인덱스 오류가 발생하면 *catch* 문이 동작하며 17번 라인이 출력됩니다. *what* 함수는 에러 메시지를 의미합니다.

결과

```
Irvalid vector<T> subscript
```

유효하지 않은 벡터 인덱스에 접근했기 때문에 당연히 위와 같이 에러 메시지가 출력됩니다.

예외 처리 응용하기(char, int)

- **학습 내용 :** 예외 상황을 분리하여 처리하는 방법을 이해합니다.
- **힌트 내용 :** try 영역은 한 곳이지만 catch 영역은 여러 곳으로 분리할 수 있습니다.

```cpp
1 #include <iostream>
2 #include <vector>
3
4 using namespace std;
5
6 int main()
7 {
8     vector<int> data;
9     data.push_back(1);
10
11     try
12     {
13         if (data.empty() == true)
14             throw "백터가 비어 있습니다.";
15
16         if (data.size() < 2)
17             throw 99;
18     }
19     catch (char* e)
20     {
21         cout << "catch (char* e)" << e << endl;
22     }
23     catch (int e)
24     {
25         cout << "catch (int e) " << e << endl;
26     }
27
```

```
28      return 0;
29  }
```

정수를 저장할 백터를 선언하고 데이터를 하나 추가합니다.　　　　　　　　　◆ 8~9

필자가 자주 사용하는 형태입니다. 유형에 맞춰 원하는 에러 메시지를 출력할 수 있습니다. 로그 파　◆ 13~14
일을 만들 때 위와 같이 작성하면 에러 발생 지점을 정확히 잡아낼 수 있어서 자주 사용하는 편입니
다.

위 예제의 경우 23번 catch으로 분기되어 25번 라인이 수행됩니다. *throw*는 C++에서 유일하게 예외
상황과 에러 조건을 다른 코드에 알려주는 키워드입니다.

예외 결과로 정수 99를 23번 라인으로 넘겨 25번 라인이 수행됩니다.　　　　　　◆ 16~17

throw 인자가 *char*일 경우 수행되는 코드입니다.　　　　　　　　　　　　　　◆ 19~22

throw 인자가 *int*일 경우 수행되는 코드입니다.　　　　　　　　　　　　　　◆ 23~26

결과

```
Catch (int e) 99
```

만약 9번 라인을 주석처리하여 벡터에 아무 데이터가 없도록 설정한다면, 21번 라인이 수행됩
니다.

예외 처리 응용하기
(사용자 정의, runtime_error)

- **학습 내용 :** 예외 처리 용도의 클래스를 정의하여 사용하는 방법을 이해합니다.
- **힌트 내용 :** runtime_error를 상속 받아 사용자 정의 예외 처리 클래스를 만들 수 있습니다.

```cpp
1  #include <iostream>
2  #include <vector>
3  #include <string>
4
5  using namespace std;
6
7  class InputError : public runtime_error
8  {
9  public:
10     InputError(int idx, string msg)
11         : runtime_error("")
12     {
13         cout << idx << "번 인덱스에 잘못된 입력값 : " << msg << endl;
14     }
15  };
16
17  int main()
18  {
19     vector<int> data;
20     data.push_back(1);
21
22     int idx = 10;
23     int value = 20;
24
25     try
26     {
27         if (idx >= data.size())
28             throw InputError(idx, to_string(value));
```

```
29
30          data.at(idx) = 99;
31      }
32      catch (InputError e)
33      {
34          cout << e.what();
35      }
36
37      return 0;
38  }
```

사용자 정의, 예외 처리 클래스를 선언합니다. *runtime_error*를 상속받아야 *try catch*에서 사용 ◆ 7
할 수 있으며, *runtime_error*는 메시지를 출력하는 요소로만 이해해도 됩니다.

10번 라인처럼 이 클래스는 두 개의 인자를 받으며, 11번 라인에서 *runtime_error*를 *string* 형태 ◆ 8~15
로 초기화합니다. *C++*에서는 11번 라인처럼 변수를 초기화하는 것이 가독성 측면에서 유리합니다.
전달받은 두 개의 인자는 13번 라인에서 출력하는 요소로 사용됩니다.

*int*를 저장하는 벡터를 선언하고 데이터를 한 개 추가합니다. ◆ 19~20

data 벡터에 접근할 인덱스 값이 벡터 사이즈보다 크거나 같다면 28번 라인이 수행됩니다. 28번 라 ◆ 27~28
인으로 분기되면 32번으로 다시 분기되고 이어 34번 라인이 수행됩니다.

*C++*에서 기본적으로 제공하는 키워드가 아닌 사용자 정의 클래스를 인자로 받습니다. 34번 라인에 ◆ 32~35
서 *what* 함수를 사용할 수 있는 건 *InputError* 클래스가 *runtime_error*를 상속 받았기 때문입니
다.

결과

```
10번 인덱스에 잘못된 입력값 : 20
```

Thread 사용하기(join, sleep)

- **학습 내용 :** 스레드는 프로세스 내에서 실행되는 단위를 의미합니다. 스레드를 이용하는 방법을 이해합니다.
- **힌트 내용 :** join은 스레드가 종료될 때까지 대기합니다. sleep은 일정 시간 멈춥니다.

```cpp
1  #include <iostream>
2  #include <thread>
3  #include <chrono>
4
5  using namespace std;
6
7  void Pause(int sec)
8  {
9      this_thread::sleep_for(chrono::seconds(sec));
10 };
11
12 int main()
13 {
14     thread sleep1(Pause, 3);
15     thread sleep2(Pause, 4);
16     thread sleep3(Pause, 5);
17
18     sleep1.join();
19     cout << "3초 대기" << endl;
20
21     sleep2.join();
22     cout << "4초 대기" << endl;
23
24     sleep3.join();
25     cout << "5초 대기" << endl;
26
27     return 0;
28 }
```

스레드는 한 프로세스에서 실행되는 단위를 의미합니다. 프로세스 내부적으로 여러 스레드들은 한정된 시스템 자원을 공유 또는 독점합니다. 스레드를 제어하는 주체는 OS 스케줄러로 동작 방식은 CPU 사양에 따라 다릅니다. 스레드는 프로세스가 더 많고 복잡한 작업을 위해 탄생한 실행 단위이기도 합니다.

*chrono*는 C++ 개발을 돕는 라이브러리로 *boost*에 속해있던 것입니다. C++ 표준을 새로 제정하면서 크로노를 포함했으며, 비주얼 스튜디오는 2012부터 해당 문법을 제공하고 있습니다. *chrono* 라이브러리에는 유용한 기능이 많으므로 생산성 향상에 도움이 됩니다. 크로노 제공 함수를 별도로 공부하는 것도 추천합니다.   ◆ 3

정수형 변수를 인자로 받는 함수를 선언합니다. 그리고 현재 스레드를 몇 초간 멈추도록 *this_thread::sleep_for* 함수를 이용합니다. 인자는 *chrono* 라이브러리를 이용합니다. *chrono::second(sec)*는 *2s*로도 변경하여 사용할 수 있습니다.   ◆ 7~10

스레드 3개를 선언하며 동작할 함수로 *Pause*를 지정합니다. *Pause*의 인자로 각각 3, 4, 5를 전달합니다. 이때 사용하는 함수 인자는 가변이라 호출할 함수의 인자 개수에 맞춰 넘길 수 있습니다.   ◆ 14~16

스레드를 시작하기 위해 *join* 함수를 호출합니다.

◆ 18~25

결과

3초 대기
4초 대기
5초 대기

Thread 사용하기(detach)

- **학습 내용 :** 메인스레드에서 분리된 제어할 수 없는 스레드의 사용 방법을 이해합니다.
- **힌트 내용 :** detach는 메인 스레드에서 분리하여 join 등 제어를 막습니다.

```cpp
1  #include <iostream>
2  #include <thread>
3  #include <chrono>
4
5  using namespace std;
6
7  void Pause(int sec)
8  {
9      this_thread::sleep_for(chrono::seconds(sec));
10     cout << sec << "초 대기" << endl;
11 };
12
13 int main()
14 {
15     thread sleep1(Pause, 3);
16     thread sleep2(Pause, 5);
17     thread sleep3(Pause, 4);
18
19     sleep1.detach();
20     sleep2.detach();
21     sleep3.detach();
22
23     getchar();
24
25     return 0;
26 }
```

*detach*는 메인 스레드에서 해당 스레드를 분리합니다. 해당 스레드는 시작 후 종료되는 시점에 점유한 자원의 반환이 보증됩니다. 다만, *detach*로 분리된 스레드는 제어할 수 없기 때문에 이 스레드가 언제 어떻게 종료될지 예상하기 어렵습니다.

앞선 예제와 똑같은 함수입니다. ◆ 7~11

스레드 3개를 선언하며 동작할 함수로 *Pause*를 지정합니다. ◆ 15~17

모든 스레드를 메인 스레드에서 분리하기 위해 *detach*를 호출합니다. ◆ 19~21

*getchar*는 콘솔에서 사용자 키보드 입력을 대기하는 함수입니다. 이 예제에서는 스레드가 모 ◆ 23
두 분리되었기 때문에 언제 종료될지 몰라 일부러 종료 메시지를 보기 위해 삽입했습니다.

결과

```
3초 대기
4초 대기
5초 대기
```

---

sleep1, sleep3, slee2 순서로 종료됩니다.

PART 4 활용

C++ 프로그래밍 응용 다지기

atomic 사용하기 (init, store, load)


```cpp
1 #include <iostream>
2 #include <atomic>
3
4 using namespace std;
5
6 int main()
7 {
8     atomic<int> data1 = 10;
9     atomic<int> data2 = ATOMIC_VAR_INIT(20);
10     atomic_int data3 = ATOMIC_VAR_INIT(30);
11
12     cout << data1 << ", " << data2 << ", " << data3 << endl;
13
14     data1.store(11);
15     data2.store(data3.load());
16
17     atomic_store(&data3, 50);
18
19     cout << data1 << ", " << data2 << ", " << data3 << endl;
20
21     return 0;
22 }
```

여러분의 경험이 늘어 네트워크, 멀티 스레딩 환경에서 프로그래밍을 할 때, *세마포어, 뮤텍스, violate* 등 공유 자원을 사용하기 위한 여러 기법을 활용할 것입니다. 이 책에선 해당 항목을 다루지 않지만, 그때 필요한 클래스인 *atomic* 활용 방법은 소개하겠습니다.

*atomic*으로 인터락 등을 활용해 동기화 객체를 사용하기 위한 기법들을 생략하면 더 쉽게 프로그래밍할 수 있습니다. 이 장에서는 *atomic*으로 *int* 산술연산하는 방법을 소개합니다.

*atomic*을 사용하기 위해 인클루드합니다.　◆ 2

*atomic*을 사용하는 방법으로 일반 정수형 변수처럼 = 연산자를 이용해 값을 할당할 수 있습니다.　◆ 8

8번 라인보다 직관성을 높이고 보다 명확하게 선언하려면 *ATOMIC* 관련 지시문을 사용할 수도 있습니다.　◆ 9

atomic<*int*>와 *atomic_int*는 똑같은 의미입니다. 초기화 방법은 총 세 가지인데 편한 방식을 선택해 사용하면 됩니다.　◆ 10

결과를 출력합니다. 결과는 10, 20, 30입니다.　◆ 12

*store*는 = 연산자와 똑같은 의미입니다. *data1*의 값은 11로 변경됩니다.　◆ 14

*data2*의 *store*를 호출하며 인자로 *data3*의 값을 전달합니다. *load*는 해당 값을 불러온다는 의미입니다.　◆ 15

*store*와 *atomic_store*는 똑같은 의미입니다. 다만, *atomic_store*는 첫 번째 인자로 값을 저장할 변수 이름, 두 번째 인자로 값을 받습니다.　◆ 17

결과를 출력합니다. 결과는 11, 30, 50입니다.　◆ 19

결과

```
10, 20, 30
11, 30, 50
```

atomic 사용하기(exchange)

- **학습 내용 :** atomic 값을 교체하는 exchange 함수 사용 방법을 이해합니다.
- **힌트 내용 :** 값을 교체하면 이전 값이 리턴값입니다.

```cpp
1  #include <iostream>
2  #include <atomic>
3
4  using namespace std;
5
6  int main()
7  {
8      atomic<int> data1(10);
9      atomic<int> data2 = ATOMIC_VAR_INIT(20);
10     atomic<int> data3 = data1.exchange(data2.load());
11
12     cout << data1 << ", " << data2 << ", " << data3 << endl;
13
14     atomic_exchange(&data1, data3);
15     atomic_exchange(&data2, data1.load());
16     atomic_exchange(&data3, 55);
17
18     cout << data1 << ", " << data2 << ", " << data3 << endl;
19
20     return 0;
21 }
```

8~9 ◆ *atomic* 변수 2개를 선언합니다.

10 ◆ *atomic* 변수를 선언합니다. *data1*의 *exchange* 함수를 호출하며 인자로 *data2*의 값을 전달합니다. *data1*은 *data2*의 값으로 교체되고 *data3*에는 리턴값(*data1*의 원래 값) 10이 할당됩니다. *exchange* 함수의 리턴값은 변경되기 이전값입니다.

결과를 출력합니다. 결과는 20, 20, 10입니다.　　　　　　　　　　　　◆ 12

atomic_exchange 함수는 10번 라인의 *data1.exchange* 함수와 기능이 똑같습니다. 첫 번째　◆ 14~16
인자는 변경할 *atomic* 변수고 두 번째 인자는 변경할 값입니다.

결과를 출력합니다. 결과는 10, 10, 55입니다.　　　　　　　　　　　　　◆ 18

결과

```
20, 20, 10
10, 10, 55
```

atomic 사용하기 (compare_exchange_weak)


```cpp
1 #include <iostream>
2 #include <atomic>
3
4 using namespace std;
5
6 int main()
7 {
8     atomic<int> data1(10);
9
10     int number = 20;
11
12     bool is_exchange = data1.compare_exchange_weak(number, 30);
13
14     cout << boolalpha;
15     cout << "data1 : " << data1 << ", number : " << number << ",
16 " << is_exchange << endl;
17
18     atomic<int> data2 = ATOMIC_VAR_INIT(10);
19
20     is_exchange = atomic_compare_exchange_weak(&data2, &number, 40);
21
22     cout << "data2 : " << data2 << ", number : " << number << ",
23 " << is_exchange << endl;
24
25     return 0;
26 }
```

8~10 ◆ *atomic* 변수와 정수형 변수를 선언합니다.

*compare_exchange_weak*는 값 교체가 이루어지면 *true*, 그렇지 않다면 *false*를 리턴합니다. ◆ **12**
함수의 첫 번째 인자 *number*와 *data1*의 값이 같지 않다면 *data1*은 변경되지 않습니다. 그리고
*number*는 *data1*의 값을 갖게 됩니다. 즉, *data1* 10이 *number* 20과 같지 않다면 *data1*은 10을
유지하고, *number*는 *data1*의 값 10을 갖게 됩니다.

10과 20은 같지 않기 때문에 *number*에는 *data1*의 값인 10이 할당됩니다. 결과는 10, 10, ◆ **14~16**
*fasle*입니다.

새로운 *atomic* 변수를 선언합니다. *number*가 갖고 있는 10과 같은 값입니다. ◆ **18**

*atomic_compare_exchange_weak*는 12번 라인 함수와 의미가 똑같습니다. 첫 번째 인자와 두 ◆ **20**
번째 인자를 비교하여 값이 똑같다면 *data2*에는 40이 할당되고 *number*는 값이 변경되지 않습
니다.

연산 결과를 출력합니다. 40, 10, *true*입니다. ◆ **22~23**

결과

```
data1 : 10, number : 10, false
data2 : 40, number : 10, true
```

atomic 사용하기(add, sub)


```cpp
1  #include <iostream>
2  #include <atomic>
3
4  using namespace std;
5
6  int main()
7  {
8      atomic<int> data1 = 1;
9      data1++;
10     data1 += 1;
11     data1.fetch_add(1);
12     atomic_fetch_add(&data1, 1);
13
14     atomic<int> data2 = 100;
15     data2--;
16     data2 -= 1;
17     data2.fetch_sub(1);
18     atomic_fetch_sub(&data2, 1);
19
20     cout << "data1 : " << data1 << " , data2 : " << data2 << endl;
21
22     return 0;
23 }
```

8~10 ◆ *atomic* 변수를 선언합니다. ++ 연산자와 += 연산자를 통해 값이 증가합니다.

11~12 ◆ *fetch_add*와 *atomic_fetch_add* 함수의 인자만큼 값이 증가합니다.

14~16 ◆ *atomic* 변수를 선언합니다. -- 연산자와 -= 연산자를 통해 값이 증가합니다.

*fetch_sub*와 *atomic_fetch_sub* 함수의 인자만큼 값이 감소합니다. ◆ 17~18

연산 결과를 출력합니다. ◆ 20

결과

```
data1 : 5 , data2 : 96
```

> **N O T E**
>
> C++ 11 표준 라이브러리에는 promise, future, async 클래스가 추가되었습니다. 병목 현상을 방지하고 프로그램의 응답성을 향상할 수 있는 것으로 비동기 프로그래밍 함수입니다. C#의 Async, Await와 비슷한 클래스입니다.
>
> 그동안 멀티스레드 환경에서 동기화를 위해 여러 기법이 도입되었으나, 코드 구현량이 많고 에러가 발생할 경우 원인을 파악하는데 시간이 오래 걸리는 문제가 있었습니다.
>
> 또한, 통신 프로그램은 데이터 송수신 과정에서 발생하는 응답시간 지연 문제 등도 있었죠. 하지만, 비동기로 코드를 구현하면 이런 문제에서 보다 자유로워질 수 있습니다.
>
> promise는 자바스크립트의 promise와 유사한 것으로 함수 호출 후 응답을 바로 기다리지 않고, 언젠지 모를 응답 시점이 되면 알아서 결과를 반환합니다.
>
> 이 책에선 비동기 응용 예제를 다루지 않지만, 배워두면 쓸모있는 지식입니다. 또한 비동기의 전체 개념은 업종, 분야, 언어를 가리지 않고 똑같기에 적용 범위도 넓습니다. 그러니, 통신, 멀티스레드 환경 등을 구현할땐 비동기 코드도 알아보시고 적용 방법을 고민하는 것을 추천합니다.

typedef 사용하기

- **학습 내용 :** 사용자가 원하는 형태로 정의하여 사용할 수 있는 typedef 사용 방법을 이해합니다.
- **힌트 내용 :** 원하는 형태로 별명을 지어 편리하게 사용하는 것이 목적입니다.

```cpp
1  #include <iostream>
2
3  using namespace std;
4
5  enum State
6  {
7      kOpen,
8      kClose,
9      kDisconnect
10 };
11
12 typedef State state_;
13
14 struct Status
15 {
16     state_ machine1;
17     state_ machine2;
18 } status_;
19
20 int main()
21 {
22     status_.machine1 = kOpen;
23     status_.machine2 = kDisconnect;
24
25     cout << "상태 : " << status_.machine1 << endl;
26     cout << "상태 : " << status_.machine2 << endl;
27
28     return 0;
29 }
```

*typedef*는 원하는 형태로 별명을 주어 사용할 수 있습니다. 이미 정의된 자료형에 다른 이름을 부여할 수 있으며, 기존 자료형과 새로 정의된 이름은 똑같이 취급됩니다.

*enum*을 선언하고 상수 값을 3개 추가합니다. 별도로 상수에 값을 주지 않으면 0부터 순차적으로 값이 할당됩니다.　　　◆ 5~10

*typeaef*를 이용해 *num State*의 별명 *state_*를 선언합니다.　　　◆ 12

*state_* 두 개를 담는 구조체 *Status*를 선언하며 이 구조체의 별명을 *status_*로 설정합니다.　　　◆ 14~18

*status_*의 상태를 각각 설정하고 25, 26번 라인에서 결과를 출력합니다. *typedef*는 이외에도 함수나 긴 소스를 대체할 수 있어 C언어의 *#define*과 비교됩니다. 내가 원하는 형태로 자료형을 새로 정의할 수 있다는 측면에서 소스의 가독성을 높이는데 도움을 주는 키워드입니다.　　　◆ 22~26

결과

```
상태 : 0
상태 : 2
```

활용 141

using 사용하기

- **학습 내용 :** 특정 네임스페이스 사용 선언이나 typedef를 대체할 수 있는 using 사용 방법을 이해합니다.
- **힌트 내용 :** using 키워드는 크게 두 가지 측면에서 이용할 수 있습니다.

```
#include <iostream>
#include <vector>

namespace MyArea
{
    int Plus(int x, int y)
    {
        return x + y;
    }
}

using namespace std;
using namespace MyArea;
using MyVector = vector<int>;

int main()
{
    MyVector data;
    data.push_back(1);
    data.push_back(2);

    cout << "Data : " << data.at(0) << ", " << data.at(1) << endl;
    cout << "Plus : " << Plus(2, 4) << endl;

    return 0;
}
```

앞장에서 *typedef*를 알아봤는데, 사실 *using* 키워드를 이용하는 것이 더 효율적입니다. *typedef*는 C++ 코드가 익숙하지 않은 사람들에겐 낯설지만 *using*은 직관적이라 코드 가독성이 높습니다.

typedef 나 *using*이나 사용 방법이 비슷하고 의미하는 바도 비슷하지만 가독성과 확장성 문제 때문에 *typedef*를 아예 사용하지 말라는 이야기도 있습니다. 물론, 회사마다 사용 방법과 코드 컨벤젼이 다르므로 무엇이 더 효과적이라고 단언할 순 없습니다. 하지만, 최소한 두 키워드 모두 사용하지 않다가 이제 도입한다면, *using*을 사용하는 것이 옳습니다.

네임스페이스 영역을 선언합니다. 이 영역 안에는 정수를 리턴하는 함수 *Plus*가 있습니다. ◆ 4~10

13라인 *MyArea*를 사용하기 위해 *using namespace* 키워드를 이용합니다. *using*을 사용하는 ◆ 13 방법 중 하나로 이 선언으로 *MyArea* 안에 있는 모든 기능을 이 코드 안에서 사용할 수 있습니다. 12번 라인 *std*도 마찬가지입니다.

*using*의 또 다른 사용 방법으로 *vector<int>*를 지칭하는 별명을 지어줍니다. *MyVector*는 이 ◆ 14 제 *vector<int>*와 의미가 똑같습니다.

*vector<int>*의 별명으로 *MyVector*를 지정했기 때문에 18번 라인은 *vector<int> data*와 ◆ 18~20 똑같습니다. 19, 20번 라인에서 벡터에 데이터를 추가하고 결과를 출력합니다.

Plus 함수를 단독으로 호출할 수 있는 이유는 *using namespace*로 *MyArea*를 선언했기 때문입 ◆ 23 니다. 이 코드 안에서 *MyArea* 영역의 모든 요소를 사용할 수 있습니다.

결과

```
Data : 1, 2
Plus : 6
```

auto 사용하기


```cpp
 1 #include <iostream>
 2 #include <string>
 3
 4 using namespace std;
 5
 6 int GetInt() { return 1; }
 7 double GetDouble() { return 1.11; }
 8 string GetString() { return "3"; }
 9
10 auto add(int x, int y) -> int
11 {
12     return x + y;
13 }
14
15 int main()
16 {
17     auto data1 = GetInt();
18     auto data2 = GetDouble();
19     auto data3 = GetString();
20     auto data4 = add(5.1, 10.2);
21
22     cout << "Data1 : " << data1 << ", " << typeid(data1).name() << endl;
23     cout << "Data2 : " << data2 << ", " << typeid(data2).name() << endl;
24     cout << "Data3 : " << data3 << ", " << typeid(data3).name() << endl;
25     cout << "Data4 : " << data4 << ", " << typeid(data4).name() << endl;
26
27     return 0;
28 }
```

비주얼 스튜디오 2012부터 적용된 *C++11*의 표준 중 하나로 컴파일러가 자동으로 타입을 유추하는 키워드 *auto*입니다.

예를 들어, A고객사는 통신 과정에서 *string*을 반환하고, B고객사는 *int*로 반환한다면 *string*과 *int* 처리 함수를 따로 구현해야 합니다. 또는 같은 소스인데 자료형만 바뀐 중복 소스가 탄생할 수도 있습니다. 하지만 *auto* 키워드를 사용하면 같은 소스, 같은 기능의 함수를, A고객사와 B고객사 제품에 모두 적용할 수 있어 코드 재사용성이 증가하는 장점이 있습니다.

하지만, 너무 남발하면 가독성을 떨어뜨려 해당 자료형이 무엇인지 프로그래머 본인 조차 유추하기 힘들어지는 경우도 있습니다. 그래서 최대한 "적당히" 사용하는 미덕도 필요합니다.

함수 각각은 *int*, *double*, *string*을 반환합니다.　　　　　　　　　　　　　　　◆ 6~8

*C++11*에서 적용된 새로운 함수 문법으로 *auto*를 반환할 때 리턴값의 타입을 지정할 수 있습니다. 정수형 인자를 2개 받아 그 합을 정수형으로 반환하는 함수입니다.　　　　◆ 10~13

auto 키워드를 이용한 변수에 각기 다른 값들을 저장합니다. 이 변수들은 모두 *auto* 형으로 컴파일 단계에서 자료형이 결정됩니다.　　　　　　　　　　　　　　　　　　◆ 17~20

auto 키워드로 유추된 자료형을 확인해 봅니다. *typeid*의 *name* 함수는 자료형 이름을 반환합니다.　　　　　　　　　　　　　　　　　　　　　　　　　　　　　　　　◆ 22~25

결과

```
Data1 : 1, int
Data2 : 1.11, double
Data3 : 3, class std::basic_string<char,struct std::char_traits<char>,class
std::allocator<char> >
Data4 : 15, int
```

decltype 사용하기

- **학습 내용 :** 컴파일러가 자동으로 타입을 추론하는 decltype 사용 방법을 이해합니다.
- **힌트 내용 :** decltype 키워드를 사용하면 자료형을 선택하지 않아도 됩니다.

```cpp
1 #include <iostream>
2
3 using namespace std;
4
5 int main()
6 {
7     auto data1 = 1;
8     decltype(data1) data2 = 2;
9
10     auto data3 = 3.4;
11     decltype(data2 + data3) data4 = 3;
12
13     cout << "Data1 : " << data1 << ", " << typeid(data1).name() << endl;
14     cout << "Data2 : " << data2 << ", " << typeid(data2).name() << endl;
15     cout << "Data3 : " << data3 << ", " << typeid(data3).name() << endl;
16     cout << "Data4 : " << data4 << ", " << typeid(data4).name() << endl;
17
18     return 0;
19 }
```

C++에서 타입 유추하는 방법에는 두 지가 있습니다. 하나는 앞서 배운 *auto*이고 다른 하나는 *decltype*입니다. *decltype*은 인자로 받은 자료형에 맞춰 다른 변수의 자료형을 지정합니다.

7 ◆ *auto* 변수 *data1*에는 1이 대입되기 때문에 자료형은 *int*입니다.

8 ◆ *auto* 변수 *data1*의 자료형은 *decltype*이 *int*로 유추하여 *data2*의 자료형을 설정합니다.

10 ◆ *auto* 변수 *data3*에는 3.4가 대입되기 때문에 자료형은 *double*입니다.

auto 변수 *data2*의 자료형은 *decltype*이 *int*로 유추하고 *data3*의 자료형은 *double*로 유추합니다. *int*보다 *double* 자료형의 범위가 더 크므로 *data4*는 *double* 자료형이 됩니다.

결과

```
Data1 : 1, int
Data2 : 2, int
Data3 : 3.4, double
Data4 : 3, double
```

> **N O T E**
>
> auto, decltype같은 타입추론과 일일이 자료형을 정해주는 것에는 속도와 코드 안전성 차이가 있습니다. C++ 14에서는 타입추론의 적용 범위가 넓어져 전역 변수, 클래스 멤버 변수에도 auto, decltype를 사용할 수 있게 되었습니다.
>
> 주로 리눅스에서 사용하는 GCC 컴파일러에는 decltype와 비슷한 typeof가 존재했지만, typeof는 변수 선언에만 사용할 수 있는 등 사용 방법엔 조금 차이가 있습니다.
>
> 어쨌든 decltype는 decltype(auto), decltype(func(int x, double y)) 등 다양하게 응용하여 사용할 수 있는 방법이 있으니, 여러 예제를 참고하기 바랍니다.

constexpr 사용하기

- **학습 내용 :** 상수를 더 유연하게 사용할 수 있는 constexpr 키워드 사용 방법을 이해합니다.
- **힌트 내용 :** 컴파일 타임에 값이 결정되기 때문에 기존의 const보다 유연하게 사용할 수 있습니다.

```cpp
1  #include <iostream>
2
3  using namespace std;
4
5  constexpr int GetNumber1()
6  {
7      return 2;
8  }
9
10 constexpr int GetNumber2(int x, int y)
11 {
12     return x + y;
13 }
14
15 int main()
16 {
17     int array1[GetNumber1()];
18     int array2[GetNumber2(1, 2)];
19
20     cout << sizeof(array1) << ", " << sizeof(array2) << endl;
21
22     return 0;
23 }
```

const를 이용해 상수를 만들어 사용할 수 있지만, 선언과 함께 값을 결정해야 하는 장점이자 단점이 존재합니다. 하지만 constexpr은 컴파일 시점에 값을 결정하기 때문에 const보단 유연하게 값을 결정하여 사용할 수 있습니다. 배열 또한 선언과 함께 크기를 지정해야 하는데 크기가 고정적이지 않을 수도 있습니다. 이런 경우에도 constexpr은 아주 좋은 해결책이 됩니다.

constexpr 형태로 정수를 리턴하는 함수입니다. 이 함수의 기능은 오로지 2라는 숫자를 리턴 하지만 *constexpr* 키워드를 사용했기 때문에 17번 라인처럼 고정 크기가 필요한 곳에 사용할 수 있습니다.

◆ 5~8

역시 상수값이 필요한 곳에서 사용할 수 있도록 *constexpr* 키워드가 사용되었습니다. 두 개의 정수를 받아 합을 리턴하는 함수입니다.

◆ 10~13

C++11 미만에서는 오류가 발생하는 코드입니다. 배열의 크기는 미리 결정되어야 하기 때문에 기존엔 함수의 반환값으로 배열 크기를 지정할 수 없었습니다. 하지만 컴파일 타임에 값이 결 정되는 *constexpr* 함수의 반환값은 배열의 크기로 사용할 수 있습니다.

◆ 17~18

*array1*에는 4바이트 *int* 정수 2개를 저장할 수 있어서 결과는 8입니다. *array2*에는 4바이트 정수 3개를 저장할 수 있어서 결과는 12입니다.

◆ 20

결과

```
실행 결과
8, 12
```

pair 사용하기

- **학습 내용 :** 두 개의 자료형을 저장할 수 있는 pair 사용 방법을 이해합니다.
- **힌트 내용 :** 복수의 자료형을 한 곳에서 처리할 수 있다는 장점이 있습니다.

```cpp
1 #include <iostream>
2 #include <string>
3
4 using namespace std;
5
6 int main()
7 {
8     pair<string, int> data("백제 근초고왕", 13);
9
10     cout << data.first << " " << data.second << "대왕" << endl;
11
12     return 0;
13 }
```

두 개의 자료형을 하나의 컨테이너에서 처리할 수 있도록 돕는 것이 *pair*입니다. *pair*는 *std* 에 정의되어 있어 별도의 인클루드가 필요하지 않습니다. 2차원 배열, X Y 좌표 등 한 쌍으로 이루어진 데이터를 저장하는 용도로 사용할 수 있습니다.

8 ◆ *pair*에서 저장할 자료형 두 개를 설정하고 초기값을 대입합니다. *pair*는 딱 두 개의 자료형만 담을 수 있습니다.

10 ◆ *pair*의 첫 번째 데이터는 *first*로 가져오고 두 번째 데이터는 *second*로 가져옵니다. 8번 라인 에서 *string*, *int*로 설정했기 때문에 첫 번째 데이터는 *string*, 두 번째 데이터는 *int*가 됩니 다.

결과

백제 근초고왕 13대왕

tuple 사용하기
(make tuple, get)

- **학습 내용 :** 여러 자료형 데이터를 저장할 수 있는 tuple 사용 방법을 이해합니다.
- **힌트 내용 :** 다수의 자료형을 한 곳에서 처리할 수 있다는 장점이 있습니다.

```cpp
1 #include <iostream>
2 #include <tuple>
3 #include <string>
4
5 using namespace std;
6
7 int main()
8 {
9     typedef tuple<string, int, double> Data;
10
11     Data data1("문자열", 10, 1.2);
12     auto data2 = make_tuple("문자열", 10, 1.2);
13
14     cout << get<0>(data1) << ", " << get<1>(data1) << " ,
15 " << get<2>(data1) << endl;
16
17     return 0;
18 }
```

*tuple*은 필자가 파이썬 교육 당시 처음 접했던 컨테이너입니다. 기존에는 하나의 컨테이너, 하나의 변수는 하나의 자료형만 담을 수 있었기 때문에 사용 중 제약 사항이 존재했습니다. 하지만 튜플을 이용하면 많은 자료형을 한 번에 다룰 수 있어 필자의 경우 전체 소스 코드의 양이 줄어드는 효과를 보았습니다.

단순히 자료를 저장하거나 자료 구조를 이용할 때, 다양한 자료형과 객체들을 한꺼번에 다룰 수 있어 유용하게 활용할 수 있습니다.

9 ◆ *typedef*을 이용해 *tuple*을 정의합니다. *Data* 튜플은 *string*, *int*, *double*까지 3개의 자료형을 저장할 수 있습니다.

11~12 ◆ 튜플 Data의 객체를 만들며 값을 초기화합니다. 11번과 12번은 같은 의미입니다.

14 ◆ 튜플에 담겨있는 데이터는 *get* 을 이용해 가져올 수 있습니다. *get* 뒤에는 〈 〉를 이용해 인덱스 번호를 넣고, () 안에는 실제 튜플 객체 이름을 기입합니다.

결과

문자열, 10, 1.2

tuple 사용하기(tie)

- **학습 내용 :** 튜플에 담긴 자료를 다른 변수에 복사하는 방법을 이해합니다.
- **힌트 내용 :** tie 함수를 사용합니다.

```cpp
1  #include <iostream>
2  #include <tuple>
3  #include <string>
4
5  using namespace std;
6
7  int main()
8  {
9      typedef tuple<string, int, double> Data;
10
11     Data data1("문자열", 10, 1.2);
12
13     string my_str = "";
14     int my_int = 0;
15
16     tie(my_str, my_int, ignore) = data1;
17
18     cout << my_str << ", " << my_int << endl;
19
20     return 0;
21 }
```

*typedef*을 이용해 *tuple*을 정의합니다. *Data* 튜플은 *string*, *int*, *double*까지 3개의 자료형을 저장합니다 ◆ 9

튜플 *Data*의 객체를 만들며 값을 초기화합니다. ◆ 11

tie 함수를 선언하며 *my_str*, *my_int*, *ignore*를 인자로 전달합니다. *my_str*엔 튜플의 첫 번째 데이터인 *string* "문자열"이 저장되고, *my_int*에는 두 번째 인자인 *int* 10이 저장됩니다. *ignore*는 값을 가져오지 않을 때 입력합니다. 결과는 문자열, 10입니다. ◆ 16

tuple 사용하기(cat)

- **학습 내용 :** 두 개의 튜플을 합쳐 새로운 튜플을 만드는 방법을 이해합니다.
- **힌트 내용 :** tuple_cat 함수를 이용하면 두 개의 튜플을 합칠 수 있습니다.

```cpp
1  #include <iostream>
2  #include <tuple>
3  #include <string>
4
5  using namespace std;
6
7  int main()
8  {
9      tuple<int, double> data1(1, 2.1);
10     tuple<double, string> data2(3.4, "문자열1");
11
12     auto data3 = tuple_cat(data1, data2);
13
14     cout << get<0>(data3) << ", " << get<1>(data3) << ",
15  " << get<2>(data3) << ", " << get<3>(data3) << endl;
16
17     return 0;
18  }
```

9~10 ◆ *tuple* 두 개를 선언하는데 *int*, *double*형과 *double*, **string**형입니다.

12 ◆ *auto* 키워드를 이용해 타입을 유추하며, **tuple_cat** 함수를 이용해 새로운 튜플을 생성합니다. *tuple_cat* 함수에 *data1*과 *data2*를 인자로 전달합니다. 새로 생성된 튜플은 *< int, double, double, string >* 형태가 됩니다. *auto*는 컴파일 타임에 *tuple<int, double, double, string>*이 됩니다.

14~15 ◆ *get*을 이용해 출력합니다. 결과는 1, 2.1, 3.4, 문자열 1입니다.

tuple 사용하기(sizeof)

- **학습 내용 :** 튜플의 크기를 계산하는 방법을 이해합니다.
- **힌트 내용 :** sizeof를 이용할 수 있는데, 다른 자료형과 크기 계산 방법이 다릅니다.

```cpp
1 #include <iostream>
2 #include <tuple>
3 #include <string>
4
5 using namespace std;
6
7 int main()
8 {
9     tuple<int> data1(1);
10     tuple<int, double> data2(1, 2.3);
11     tuple<int, double, char> data3(1, 2.3, 'a');
12
13     cout << sizeof(data1) << ", " << sizeof(data2) << ",
14 " << sizeof(data3) << endl;
15
16     return 0;
17 }
```

N O T E

튜플 크기 계산 방법

가장 큰 자료형 * 인자 개수 = 튜플 크기

각기 다른 형태의 튜플 3개를 선언합니다. 각 튜플의 크기를 출력하는데 결과는 4, 16, 24입니다. ◆ 9~11
다.

결과

```
Tuple<int> data1 : 가장 큰 자료형 int 4바이트
- 4 * 1 = 4

Tuple<int, double> data2 : 가장 큰 자료형 double 8바이트
- 8 * 2 = 16

Tuple<int, double, char> data3 : 가장 큰 자료형 double 8바이트
- 8 * 3 = 24
```

튜플의 크기를 계산할 땐, 가장 큰 자료형의 최소 바이트를 따릅니다.

tuple 사용하기(비교연산)

```cpp
1  #include "stdafx.h"
2  #include <iostream>
3  #include <tuple>
4  #include <string>
5
6  using namespace std;
7
8  int main()
9  {
10     tuple<int, string> data1(1, "def");
11     tuple<int, string> data2(1, "abc");
12
13     if (data1 > data2)
14         cout << "data1 > data2" << endl;
15     else
16         cout << "data1 < data2" << endl;
17
18     tuple<double, string> data3(1.0, "def");
19     tuple<double, string, int> data4(2.0, "abc", 3);
20
21     //if (data3 == data4)
22     // cout << "data1 > data2" << endl;
23     //else
24     // cout << "data1 < data2" << endl;
25
26     return 0;
27 }
```

튜플을 비교할 때 기본 연산자를 이용할 수 있습니다.

10~11 ◆ 같은 형태의 튜플 2개를 선언합니다.

13 ◆ 두 튜플 크기를 비교하는데 첫 번째 요소는 정수 1로 똑같습니다. 하지만 두 번째 요소는 알파벳 순서 상 *def*가 더 크기 때문에 *data1*이 더 크다고 할 수 있습니다.

결과

```
data1 > data2
```

튜플은 같은 형태끼리 비교할 수 있으며, 만약 형태가 다른 튜플을 비교하려 하면 다음과 같은 에러가 발생합니다.

오류 `C2338 comparing tuple to object with different size`

튜플 크기가 다르기 때문에 비교할 수 없다는 에러 메시지입니다.

*data3*과 *data4*는 크기가 다르기에 주석을 제거하면 위의 에러 메시지가 출력됩니다.

tuple 사용하기 (piecewise_construct)

• **학습 내용 :** 튜플의 요소를 개별로 분할하여 이용하는 방법을 이해합니다.
• **힌트 내용 :** 튜플의 개별 요소를 따로 인자로 받아 pair로 변환합니다.

```cpp
1  #include <iostream>
2  #include <tuple>
3
4  using namespace std;
5
6  struct TupleExam {
7      TupleExam(tuple<int, string>) {
8          cout << "Tuple로 인자 전달" << endl;
9      }
10
11     TupleExam(int n, string s) {
12         cout << "piecewis_construct로 인자 전달" << endl;
13     }
14 };
15
16 int main()
17 {
18     tuple<int, string> data(1, "str");
19
20     pair<TupleExam, TupleExam> data1(data, data);
21     pair<TupleExam, TupleExam> data2(piecewise_construct, data, data);
22     pair<TupleExam, TupleExam> data3(make_tuple(2, "str"),
23 make_tuple(2, "str"));
24     pair<TupleExam, TupleExam> data4(piecewise_construct,
25 make_tuple(2, "str"), make_tuple(2, "str"));
26
27     return 0;
28 }
```

*pair*를 생성할 때, 튜플을 인자로 사용하지 않고 튜플 내부 요소들을 인자로 사용할 수 있습니다. 인자로 전달되는 것은 튜플이 아니라 튜플 내부의 개별 요소들입니다. 이때 사용하는 키워드가 *piecewise_construct*입니다.

6~14 ◆ *piecewise_construct*를 확인하기 위해 구조체를 생성하고 각기 다른 생성자를 선언합니다. 하나는 튜플을 인자로 받으며, 다른 하나는 튜플을 구성하는 자료형을 분리하여 받습니다.

18 ◆ 정수와 문자열을 보유한 튜플을 선언합니다.

20 ◆ *pair*를 생성하는데 인자로 *data* 튜플을 전달합니다. 7번 라인의 생성자가 호출됩니다.

21 ◆ *pair*를 생성하는데 인자로 *data* 튜플을 전달합니다. 다만, 앞에 *piecewise_construct* 키워드를 주어 튜플이 아닌 튜플을 구성하는 요소들을 분할하여 인자로 전달합니다.

22~23 ◆ *pair*를 생성하는데 인자로 새로운 튜플 2개를 전달합니다. 20번 라인처럼 7번 라인이 수행됩니다.

24~25 ◆ 22~23번 라인과 똑같지만 첫 번째 인자로 *piecewise_construct* 키워드를 전달합니다. 11번 라인이 수행됩니다.

결과

```
Tuple로 인자 전달
Tuple로 인자 전달
piecewis_construct로 인자 전달
piecewis_construct로 인자 전달
Tuple로 인자 전달
Tuple로 인자 전달
piecewis_construct로 인자 전달
piecewis_construct로 인자 전달
```

vector 사용하기(assign, at, front, back, empty, size)

- **학습 내용:** 벡터가 보유한 5개 함수의 사용 방법을 이해합니다.
- **힌트 내용:** 벡터는 리스트와 함께 가장 많이 사용하는 컨테이너이며, 이 예제의 함수 5개는 사용 빈도가 잦습니다.

```cpp
1  #include <iostream>
2  #include <vector>
3
4  using namespace std;
5
6  int main()
7  {
8      vector<int> data;
9
10     data.assign(5, 100);
11
12     for (int i = 0; i < data.size(); i++)
13         cout << "data " << i << " : " << data.at(i) << endl;
14
15     data.front() = 1;
16     data.back() = 2;
17
18     if (data.empty() == true)
19     {
20         cout << "벡터가 비어 있습니다" << endl;
21     }
22     else
23     {
24         for (int i = 0; i < data.size(); i++)
25             cout << "data " << i << " : " << data.at(i) << endl;
26     }
27
28     return 0;
29 }
```

앞선 예제에서 벡터를 사용했었는데, 앞으론 이 컨테이너들의 다양한 사용 방법을 알아보도록 하겠습니다.

8◆ *int* 형 벡터를 생성합니다.

10◆ 0~5번째까지 정수 100을 저장합니다. *assign*은 일괄적으로 특정 영역에 데이터를 설정할 때 사용하며 기존 데이터는 삭제됩니다.

12◆ *for*문의 인자로 *data*의 *size* 함수를 이용합니다. *size* 함수는 벡터에 저장된 데이터 개수를 반환합니다. 이 경우 반환된 값은 5입니다.

13◆ *at*에 인자로 넘어온 정수는 벡터 내부 인덱스를 의미합니다. *at(2)*라고 사용한다면 벡터의 3번째(0, 1, 2) 데이터를 리턴합니다.

15◆ 벡터의 첫 번째 데이터를 설정하거나 가져올 때 사용하는 함수가 *front*입니다.

16◆ 벡터의 마지막 데이터를 설정하거나 가져올 때 사용하는 함수가 *back*입니다.

18◆ 벡터가 비어 있는지 알려주는 함수는 *empty*입니다. 이 경우 벡터에 데이터가 있으니 반환값은 *false*입니다. 벡터가 비어 있다면 *true*가 반환됩니다. 종종 *size*를 이용해 벡터가 비어 있는 이지 확인하는 경우가 있는데, 프로그램 성능 상 *empty* 함수를 이용하는 것이 좋습니다. 벡터에 데이터가 100개 있다면 100번을 카운팅한 다음에 결과를 리턴합니다. 이 경우 프로그램 카운터는 100이지만, *empty*는 1입니다. 당연히 *empty* 함수가 더 효율적입니다.

18~26◆ 벡터가 비어 있다면 20번 라인이 실행되고 그렇지 않다면 24, 25번 라인이 수행됩니다.

결과

```
data 0 : 100
data 1 : 100
data 2 : 100
data 3 : 100
data 4 : 100
data 0 : 1
data 1 : 100
data 2 : 100
data 3 : 100
data 4 : 2
```

vector 사용하기(벡터 수정)

- **학습 내용 :** 벡터가 보유한 정보를 자유롭게 수정하는 방법을 이해합니다.
- **힌트 내용 :** swap, insert, erase, pop_back, push_back를 이용하여 수정할 수 있습니다.

```cpp
1  #include <iostream>
2  #include <vector>
3
4  using namespace std;
5
6  int main()
7  {
8      vector<int> data1({ 1, 2, 3 });
9      vector<int> data2 = { 10, 20, 40 };
10
11     data1.swap(data2);
12     data1.insert(data1.begin() + 1, 20);
13
14     cout << "== data1 ==" << endl;
15
16     for (int i = 0; i < data1.size(); i++)
17         cout << "data1 (" << i << ") : " << data1.at(i) << endl;
18
19     cout << endl << "== data2 ==" << endl;
20
21     for (int i = 0; i < data2.size(); i++)
22         cout << "data2 (" << i << ") : " << data2.at(i) << endl;
23
24     data2.erase(data2.begin(), data2.begin() + 2);
25
26     data2.push_back(100);
27     data2.push_back(200);
28     data2.push_back(300);
```

```
29        data2.pop_back();
30
31        data2.insert(data2.end(), data1.begin(), data1.end());
32
33        cout << endl << "== data2 ==" << endl;
34
35        for (int i = 0; i < data2.size(); i++)
36            cout << "data2 (" << i << ") : " << data2.at(i) << endl;
37
38        return 0;
39 }
```

8~9 ◆ *int* 형 벡터 2개를 생성합니다. *C++11*부터 초기화 리스트를 사용할 수 있으므로 8번, 9번 라인처럼 간편하게 초기화할 수 있습니다.

11 ◆ 벡터 *swap* 함수는 벡터 데이터를 서로 바꿉니다. *data1*은 *data2*의 값으로 변경되고, *data2*는 *data1*로 변경됩니다.

12 ◆ 벡터 *insert* 함수는 원하는 위치에 값을 삽입할 때 사용합니다. 첫 번째 인자는 벡터 내부 위치(인덱스)이고, 두 번째 인자는 삽입할 내용입니다. 첫 번째 인자로 사용하는 *begin*은 첫 번째 위치에 접근하는 반복자를 리턴합니다.

반복자는 다음 예제에서 다루겠지만, 컨테이너를 순회하고 접근하는 방법을 제공합니다. *begin() + 1*은 첫 번째 위치의 다음 위치란 뜻으로 즉, 2번째 인자를 의미합니다. 12번 라인은 첫 번째 인자와 두 번째 인자 사이(인덱스 0과 1사이)에 새로운 데이터를 삽입한다는 의미입니다.

16~22 ◆ 두 벡터의 데이터를 모두 출력합니다. *data2*는 *data1*과 *swap*한 뒤 변경이 없었기 때문에, 1, 2, 3이 출력되고 *data1*은 2번째 위치에 20을 삽입했기 때문에 결과는 10, 20, 20, 40입니다.

24 ◆ 벡터 *erase* 함수는 지정한 범위의 데이터를 삭제합니다. *begin*에서 *begin + 2*의 범위이기 때문에 첫 번째 두 번째 데이터가 삭제됩니다.

26~29 ◆ 벡터 맨 뒤에 데이터를 삽입할 땐 *push_back* 함수를 사용합니다. 백터 맨 뒤 데이터를 삭제할 땐 *pop_back* 함수를 사용합니다. 29번 라인까지 실행되면 *data2*가 보유한 데이터는 3, 100, 200입니다.

12번 라인에서 사용한 *insert* 사용 방법과는 또 다른 방법입니다. 벡터는 다른 벡터의 데이터를 복사해 일괄적으로 추가할 수 있습니다. 첫 번째 인자는 벡터에 삽입될 위치이며, 두 번째 인자는 복사할 벡터의 시작 위치이고, 세 번째 인자는 복사할 벡터의 종료 위치입니다. 31번 라인은 기존의 *data2* 뒤에 *data1*의 데이터를 모두 삽입한다는 의미입니다.

*data2*의 최종 결과를 출력합니다.

결과

```
== data1 ==
data1 (0) : 10
data1 (1) : 20
data1 (2) : 20
data1 (3) : 40

== data2 ==
data2 (0) : 1
data2 (1) : 2
data2 (2) : 3

== data2 ==
data2 (0) : 3
data2 (1) : 100
data2 (2) : 200
data2 (3) : 10
data2 (4) : 20
data2 (5) : 20
data2 (6) : 40
```

컨테이너와 배열 복사하기(copy)

- **학습 내용:** 컨테이너와 배열의 데이터를 복사하는 방법을 이해합니다.
- **힌트 내용:** copy를 이용하면 쉽게 데이터를 복사할 수 있습니다.

```cpp
1  #include <iostream>
2  #include <vector>
3
4  using namespace std;
5
6  int main()
7  {
8      vector<int> number1({ 1, 2, 3, 4, 5});
9      vector<int> number2;
10
11     copy(number1.begin(), number1.end(), back_inserter(number2));
12
13     for (auto i : number2)
14         cout << i << endl;
15
16     double number3[5] = { 1.2, 3.4, 4.5, 5.6, 6.77 };
17     double number4[5];
18
19     copy(begin(number3), end(number3), begin(number4));
20
21     for (auto i : number4)
22         cout << i << endl;
23
24     return 0;
25 }
```

컨테이너나 배열을 복사할 때 *copy* 함수를 이용하면 손쉽게 해결할 수 있습니다.

int 형 벡터를 선언합니다. *number1*은 초기값을 5개 갖고 있지만, *number2*는 아무 데이터도 ◆ 8~9
갖고 있지 않습니다.

copy 함수의 인자로 컨테이너 *number1*의 처음 위치와 마지막 위치를 전달합니다. 그리고 세번 ◆ 11
째 인자로 *number2*의 마지막을 의미하는 *back_inserter* 함수도 호출합니다. 여기의 *copy* 함
수를 통해 *number1*의 모든 데이터가 *number2* 끝 위치부터 복사됩니다.

복사가 끝난 *number2*를 출력합니다. 결과는 1, 2, 3, 4, 5입니다. ◆ 13~14

실수형 배열 2개를 선언합니다. *number3*은 초기 값을 보유하지만 *number4*는 초기값을 갖지 않 ◆ 16~17
는 빈 배열입니다.

11번 라인처럼 컨테이너를 복사하는 방법으로 배열 복사를 시도합니다. 19번 라인에서는 ◆ 19
*number4*의 맨 앞 부분부터 복사가 이루어지도록 *begin*을 호출하여 *number4*를 인자로 넘깁니
다. 이를 통해 *number4*의 맨 앞부분에 *number3*의 데이터 모두가 추가(복사)됩니다.

복사가 끝난 *number4*를 출력합니다. 결과는 1.2, 3.4, 4.5, 5.6, 6.77입니다. ◆ 21~22

결과

```
1
2
3
4
5
1.2
3.4
4.5
5.6
6.77
```

반복자 iterator 사용하기

- **학습 내용 :** 반복자라 부르는 컨테이너 iterator 사용 방법을 이해합니다.
- **힌트 내용 :** 반복자는 컨테이너의 특정 위치를 가리키는 포인터입니다.

```cpp
1 #include <iostream>
2 #include <vector>
3
4 using namespace std;
5
6 int main()
7 {
8     vector<int> data({ 1, 2, 3 });
9
10    for (vector<int>::iterator iter = data.begin();
11        iter != data.end();
12        ++iter)
13    {
14        cout << *iter << ", ";
15    }
16
17    for (auto iter = data.cbegin();
18        iter != data.cend();
19        ++iter)
20    {
21        cout << *iter << ", ";
22    }
23
24    for (auto iter = data.rbegin();
25        iter != data.rend();
26        ++iter)
27    {
28        cout << *iter << ", ";
```

```
29    }
30
31    data.clear();
32
33    return 0;
34 }
```

반복자는 컨테이너의 위치를 가리키는 것으로 포인터와 비슷합니다.

- ＊ : 현재 위치
- ++ : 다음 위치
- -- : 이전 위치
- ==, != : 같은 위치인지 비교
- = : 반복자 설정

*vector.begin*은 벡터의 첫 번째 위치, *vector.end*는 마지막 위치를 가리키며 반복문에서 반복자를 사용할 땐 전위보다 후위를 사용합니다. 후위 처리 속도가 더 빠르기 때문인데 전위 증가를 사용하면 새로운 객체를 반환하지만, 후위 증가를 사용하면 이전 객체를 참조해 사용할 수 있기 때문입니다.

8라인에서 생성한 벡터의 반복자를 생성합니다. *::iterator*를 사용하며, *data*의 첫 번째 위치를 가리킵니다. ◆ **10**

반복자 *iter*가 가리키는 곳이 마지막 위치가 아니라면 *for*문은 계속 수행됩니다. ◆ **11**

후위 증가를 사용해 *iter*가 순차적으로 벡터 내부 위치를 가리킵니다. ◆ **12**

반복자가 가리키는 현재 위치의 값을 출력합니다. 결과는 1, 2, 3입니다. ◆ **14**

*iter*의 자료형을 *auto*로 하면 조금 더 간편하게 다룰 수 있습니다. 그리고 *begin*, *end* 대신 *cbegin*, *cend*를 사용했는데, *c*는 *const*의 의미로 반복자를 통해 값을 수정할 수 없도록 설정할 수도 있습니다. 결과는 1, 2, 3입니다. ◆ **17~22**

컨테이너 순회를 끝에서 시작할 수 있습니다. 이때는 *rbegin*과 *rend*를 사용합니다. 결과는 3, 2, 1입니다. ◆ **24~29**

clear 함수로 벡터 내부 데이터를 모두 삭제합니다. ◆ **31**

list 삽입, 정렬, 중복 값 제거하기, 합치기(sort, unique, merge)

- **학습 내용 :** 컨테이너의 종류 중 하나인 list 사용 방법을 이해합니다.
- **힌트 내용 :** insert, sort, unique 함수를 사용합니다.

```cpp
1 #include <iostream>
2 #include <list>
3
4 using namespace std;
5
6 void Print(const list<int> &data)
7 {
8     cout << "== Print == " << endl;
9
10     for (auto iter = data.begin();
11         iter != data.end();
12         ++iter)
13         cout << *iter << ", ";
14
15     cout << endl;
16 }
17
18 int main()
19 {
20     list<int> data1({ 1, 2, 3, 2 });
21     data1.push_back(3);
22     data1.sort();
23
24     Print(data1);
25
26     data1.unique();
27
28     Print(data1);
29
30     list<int> data2 = { 4, 5, 6};
31     data2.merge(data1);
```

```
32
33      Print(data2);
34
35      return 0;
36 }
```

*list*는 *vector*와 기본 구조가 다르기 때문에 *at(i)*, *operator[ ]*와 같은 랜덤 액세스를 지원하지 않습니다. *list*는 이중 링크드 리스트로 구현되었으며 삽입, 삭제가 빠르다는 장점이 있습니다. 반면, 특정 원소에 접근하지 못하고, 컨테이너 요소에 접근하려면 반드시 반복자를 이용해야 합니다. 그래서 랜덤하게 접근하지 않는 데이터는 *list*로 구현하는 것이 좋습니다.

*list*를 사용하기 위해 인클루드합니다.   ◆ 2

*list*를 인자로 받아 내부 요소를 모두 출력하는 함수입니다.   ◆ 6~16

*list*를 생성한 뒤 맨 마지막에 3을 다시 추가합니다. *data1*은 1, 2, 3, 2, 3을 보유합니다.   ◆ 20~21

*list*는 손쉽게 정렬할 수 있는데, 이를 돕는 함수가 *sort*입니다.   ◆ 22

*data1*을 출력합니다. 결과는 1, 2, 2, 3, 3입니다.   ◆ 24

*data1*의 중복 데이터를 삭제합니다. *unique* 함수를 사용하면 맨 처음 데이터만 남기고 모두   ◆ 26
삭제됩니다.

*data1*을 출력합니다. 결과는 1, 2, 3입니다.   ◆ 28

새로운 *list*를 생성합니다.   ◆ 30

*data2*와 *data1*을 합치는데 사용되는 함수는 *merge*입니다.   ◆ 31

*data2*를 출력합니다. 결과는 1, 2, 3, 4, 5, 6입니다.   ◆ 33

결과

```
== Print ==
1, 2, 2, 3, 3,
== Print ==
1, 2, 3,
== Print ==
1, 2, 3, 4, 5, 6,
```

list 특정 요소 삭제, 역순 재배치 (remove, reverse)

- **학습 내용 :** list 컨테이너 요소 삭제 방법 두 가지와 역순 재배치 방법을 이해합니다.
- **힌트 내용 :** remove, remove_if, reverse 함수를 사용합니다.

```cpp
1  #include <iostream>
2  #include <list>
3
4  using namespace std;
5
6  void Print(const list<int> &data)
7  {
8      cout << "== Print == " << endl;
9
10     for (auto iter = data.begin();
11         iter != data.end();
12         ++iter)
13         cout << *iter << ", ";
14
15     cout << endl;
16 }
17
18 bool IsOdd(int arg)
19 {
20     return arg % 2 == 0 ? 0 : 1;
21 }
22
23 int main()
24 {
25     list<int> data1({ 1, 2, 4, 2, 7, 10, 13, 14 });
26
27     data1.remove(2);
28     data1.remove_if(IsOdd);
```

```
29
30     Print(data1);
31
32     data1.reverse();
33
34     Print(data1);
35
36     return 0;
37 }
```

*list*를 인자로 받아 내부 요소를 모두 출력하는 함수입니다.　　　　　　　　　◆ 6~16

정수를 인자로 받아 홀수면 *true* 1, 짝수면 *false* 0을 리턴하는 함수입니다.　　　◆ 18~21

*list*를 생성합니다.　　　　　　　　　　　　　　　　　　　　　　　　　　◆ 25

remove 함수에 2를 삽입하면 *data1*의 요소 중 2는 모두 삭제됩니다.　　　　◆ 27

list 요소를 삭제할 때 조건을 줄 수 있습니다. *remove_if* 함수에 홀수, 짝수에 따라 *true*,　◆ 28
*false*를 리턴하는 함수를 인자로 사용합니다. 이 함수로 인해 *data1*의 홀수는 모두 삭제됩니다.

*data1*을 출력합니다. 결과는 4, 10, 14입니다.

*data1*을 역순으로 재배치하고 결과를 출력합니다. 결과는 14, 10, 4입니다.　　　◆ 30

　　　　　　　　　　　　　　　　　　　　　　　　　　　　　　　　　　　◆ 32~34

결과

```
== Print ==
4, 10, 14,
== Print ==
14, 10, 4,
```

list 합치기, 이어 붙이기 (merge, splice)

- **학습 내용 :** 두 개의 리스트를 합쳐 하나의 컨테이너로 만드는 방법을 이해합니다.
- **힌트 내용 :** merge와 splice는 실행 결과와 사용 방법이 다릅니다.

```cpp
1  #include <iostream>
2  #include <list>
3
4  using namespace std;
5
6  int main()
7  {
8      list<int> data1;
9      list<int> data2{ 3, 4, 5};
10
11     data1.push_back(2);
12     data1.push_back(7);
13
14     data1.merge(data2);
15
16     cout << "== List Merge ==" << endl;
17     for (list<int>::iterator it = data1.begin(); it != data1.end(); ++it)
18         cout << ' ' << *it;
19     cout << endl;
20
21     data2 = { 3, 4, 5 };
22     data1.splice(data1.begin(), data2);
23
24     cout << "== List Splice ==" << endl;
25     for (auto it = data1.begin(); it != data1.end(); ++it)
26         cout << ' ' << *it;
27
28     return 0;
29 }
```

정수형 *list* 2개를 선언하고 초기값은 각각 { 2, 7 }과 { 3, 4, 5 }로 설정합니다. ◆ 8~12

merge 함수를 이용하여 *data1*과 *data2*를 합칩니다. *merge* 특징은 크게 2가지가 있는데 하나 ◆ 14
는 합칠 때 오름차순으로 자동 정렬 된다는 것이고, 다른 하나는 인자로 사용되는 컨테이너가
merge 이후 데이터가 삭제된다는 것입니다. 14번 라인을 거치면 *data1*에는 2, 3, 4, 5, 7이 오
름차순으로 저장되고 *data2*는 빈 컨테이너가 됩니다.

*data1*을 출력합니다. 결과는 2, 3, 4, 5, 7입니다. ◆ 16~19

*data2*에 3, 4, 5를 저장합니다. ◆ 21

splice 함수는 이어 붙인다는 의미입니다. *data1*의 맨 앞에 *data2*를 삽입하기 때문에 22번 라 ◆ 22
인을 지나면 *data1*에는 3, 4, 5, 2, 3, 4, 5, 7이 저장됩니다.

*data1*을 출력합니다. 결과는 3, 4, 5, 2, 3, 4, 5, 7입니다. ◆ 24~26

결과

```
== List Merge ==
 2 3 4 5 7

== List Splice ==
 3 4 5 2 3 4 5 7
```

159

array 삽입, 수정, 복사하기 (fill, at, copy)

- **학습 내용 :** array 컨테이너에 데이터를 삽입하고 수정하는 방법을 이해합니다.
- **힌트 내용 :** 벡터와 비슷한 컨테이너지만, 크기가 고정되어 있습니다.

```cpp
1  #include <iostream>
2  #include <array>
3
4  using namespace std;
5
6  void Print(const array<int, 3> &data)
7  {
8      cout << "== Print == " << endl;
9
10     for (auto iter = data.begin();
11         iter != data.end();
12         ++iter)
13         cout << *iter << ", ";
14
15     cout << endl;
16 }
17
18 int main()
19 {
20     array<int, 3> data1 { 10, 2, 5 };
21     array<int, 3> data2;
22     data2.fill(0);
23     data2.at(1) = 200;
24
25     Print(data2);
26
27     copy(data1.begin(), data1.end(), data2.begin());
28
```

```
29      Print(data1);
30      Print(data2);
31
32      return 0;
33 }
```

*array*를 사용하기 위해 인클루드합니다.   ◆ **2**

*array*를 인자로 받아 내부 요소를 모두 출력하는 함수입니다.   ◆ **6~16**

*array*를 생성합니다. *array*는 *vector*와 사용 방법이 비슷하지만, 크기가 고정되어 있다는 차   ◆ **20~21**
이점이 있습니다. *array*를 선언하고 〈 〉 사이에 자료형과 *array*의 크기를 입력합니다.

*data2*에 *fill* 함수를 호출하고 인자로 0을 전달합니다. *fill*은 *array* 전체를 특정 값으로 설정   ◆ **22**
할 때 사용합니다.

*array*는 랜덤 엑세스를 허용하기 때문에 *at* 함수를 호출하여 두 번째 인자 값을 200으로 설정   ◆ **23**
할 수 있습니다.

*data2*를 출력합니다. 결과는 0, 200, 0입니다.   ◆ **25**

copy 함수를 이용해 *array*를 복사합니다. *data1*의 첫 번째 요소부터 마지막 요소를 *data2*의   ◆ **27**
첫 번째 위치부터 복사 후 삽입합니다. 즉, *data2*의 요소는 *data1*의 요소로 변경됩니다.

*data1*을 출력합니다. 결과는 10, 2, 5입니다.   ◆ **29**

*data2*를 출력합니다. 결과는 10, 2, 5입니다.   ◆ **30**

결과

```
== Print ==
0, 200, 0
== Print ==
10, 2, 5
== Print ==
10, 2, 5
```

map 삽입, 수정하기(insert, at)

• **학습 내용 :** map 컨테이너에 데이터를 삽입하고 수정하는 방법을 이해합니다.
• **힌트 내용 :** 자주 사용하는 컨테이너로 key, value 쌍으로 구성됩니다.

```cpp
1  #include <iostream>
2  #include <map>
3  #include <string>
4
5  using namespace std;
6
7  void Print(const map<int, string> &data)
8  {
9      cout << "== Print == " << endl;
10
11     for (auto iter = data.begin();
12          iter != data.end();
13          ++iter)
14          cout << iter->first << " : " << iter->second << ", ";
15
16     cout << endl;
17 }
18
19 int main()
20 {
21     map<int, string> data;
22     data.insert({ 0, "첫 번째" });
23     data.insert({ 1, "두 번째" });
24
25     Print(data);
26
27     auto ret = data.insert({ 1, "세번째" });
28
```

```
29        if (ret.second == true)
30            cout << "== 데이터 추가 성공 ==" << endl;
31        else
32            cout << "== 데이터 추가 실패 ==" << endl;
33
34        data.at(0) = "수정1";
35
36        Print(data);
37
38        return 0;
39    }
```

*map*은 키와 값을 한 쌍으로 이용합니다. 데이터 삽입, 수정, 삭제는 모두 키를 이용해 이루어지며 값은 중복될 수 있지만 키는 중복될 수 없습니다. *map*은 중복되지 않는 절대값을 이용해 데이터를 다룰 때 유용하게 사용할 수 있습니다.

*map*을 사용하기 위해 인클루드합니다.　　　　　　　　　　　　　　　　　　　　　　◆ 2

*map*을 인자로 받아 내부 요소를 모두 출력하는 함수입니다. 14번 라인에서 *iter*의 *first*와　◆ 7~17
second 요소를 가져오는데, *map*은 *key*와 *value*로 이뤄집니다. 즉, *first*는 *key*, *second*는
*value*를 가리킵니다.

*map*을 생성합니다. *key*는 *int*, *value*는 *string*입니다. 22, 23라인에서는 *map* 형태에 맞춰 키　◆ 21~23
와 값을 { } 안에 알맞게 설정하여 데이터를 삽입합니다.

*data*의 요소를 출력합니다. 결과는 0 : 첫 번째, 1 : 두 번째입니다.　　　　　　　　　　　◆ 25

*map*에서 키는 중복될 수 없습니다. *insert*는 *pair*를 리턴하는데 *pair*는 서로 다른 두 타입의　◆ 27~32
값을 관리하는 클래스입니다. *insert*가 정상적으로 수행되면 리턴된 *pair*가 마지막 요소를 가
리키지만, 실패하면 이미 존재하는 *key*값의 위치를 반환합니다. 키 1은 이미 존재하기 때문에
이 경우에 *insert*는 실패하여 32번 라인이 수행됩니다.

*map*은 랜덤 엑세스를 허용하기 때문에 *at* 함수를 호출하여 *value*를 수정할 수 있습니다. *key*　◆ 34
는 수정할 수 없습니다.

*datc*의 요소를 출력합니다. 결과는 0 : 수정1, 1 : 두 번째입니다.　　　　　　　　　　　　◆ 36

```cpp
1  #include <iostream>
2  #include <map>
3  #include <string>
4
5  using namespace std;
6
7  void Print(const map<int, string> &data)
8  {
9      cout << "== Print == " << endl;
10
11     for (auto iter = data.begin();
12         iter != data.end();
13         ++iter)
14     cout << iter->first << " : " << iter->second << ", ";
15
16     cout << endl;
17 }
18
19 int main()
20 {
21     map<int, string> data;
22     data.insert({ 5, "test1" });
23     data.insert({ 3, "test2" });
24     data.insert({ 11, "test3" });
25
26     data[3] = "test 수정";
27
28     auto result = data.find(11);
```

```
29
30     if (result != data.end())
31         cout << "== 검색 성공 : " << result->first << ", " << result-
32 >second << endl;
33     else
34         cout << "== 검색 실패!! ==" << endl;
35
36     data.erase(5);
37
38     Print(data);
39
40     return 0;
41 }
```

*map*을 인자로 받아 내부 요소를 모두 출력하는 함수입니다.　　　　　◆ 7~17

*map*을 생성하고 데이터 3쌍을 삽입합니다.　　　　　◆ 21~24

연산자 =을 사용해 *value*를 수정할 수 있습니다. 이때 사용한 3이란 정수는 인덱스 3번이 아니　◆ 26
라 키 값 3을 의미합니다.

find 함수의 인자로 키 값을 입력합니다. 여기서도 정수 11은 인덱스 11이 아니라 키 값 11을 의　◆ 28
미합니다. *find*의 반환형은 반복자 *iterator*로 *auto*는 *map<int, string>::iterator*와 똑
같습니다.

28번 라인의 반복자는 컨테이너 *map*의 처음 위치에서 마지막 위치까지 순회합니다. 만약 검색　◆ 30~34
에 성공하면 해당 위치를 반환하고 찾지 못한다면 순회의 마지막 위치를 반환합니다. 그래서
반환자를 이용할 땐 이와 같이 *!= map.end*를 사용합니다. 마지막 위치까지 이동했는데 검색하
지 못했다면 데이터가 없다는 뜻입니다.

erase 함수에 키 값 5를 삭제합니다. 마찬가지로 인덱스 5번이 아닌 키 값 5를 의미합니다.　◆ 36

컨테이너 *data*의 모든 요소를 출력합니다.　　　　　◆ 38

결과

```
== 검색 성공 : 11, test3
== Print ==
3 : test 수정, 11 : test3,
```

bitset 초기화 방법, 비트 상태 조회하기

- **학습 내용 :** 고정된 크기의 비트열을 쉽게 다룰 수 있는 bitset 사용 방법을 이해합니다.
- **힌트 내용 :** bitset은 0과 1로 이뤄진 비트의 모음입니다.

```cpp
1  #include <iostream>
2  #include <bitset>
3  #include <string>
4
5  using namespace std;
6
7  int main()
8  {
9      bitset<8> data1(100);
10     bitset<8> data2(0x78);
11     bitset<8> data3(string("11110000"));
12
13     cout << "data1 : " << data1 << endl;
14     cout << "data2 : " << data2 << endl;
15     cout << "data3 : " << data3 << endl;
16
17     data1.set();
18
19     cout << endl << "== data1 ==" << endl;
20     cout << "data1 all: " << data1.all() << '\n';
21     cout << "data1 any: " << data1.any() << '\n';
22     cout << "data1 none: " << data1.none() << '\n';
23
24     data2.reset();
25
26     cout << endl << "== data2 ==" << endl;
27     cout << "data2 all: " << data2.all() << '\n';
28     cout << "data2 any: " << data2.any() << '\n';
29     cout << "data2 none: " << data2.none() << '\n';
30
```

```
31      return 0;
32 }
```

*bitset*을 사용하기 위해 인클루드합니다. ◆ 2

*bitset*을 선언하며 세 가지 방법으로 초기화합니다. 정수를 직접 입력하거나 16진수를 입력할 ◆ 9~11
수 있습니다. 또한 직관적으로 문자열을 이용해 입력할 수 있습니다.

초기화된 *bitset*을 출력합니다. 결과는 각각 01100100, 01111000, 11110000입니다. ◆ 13~15

set 함수는 모든 비트를 1로 설정합니다. ◆ 17

data1 비트열의 상태를 조회합니다. ◆ 19~22

- all : 모든 비트가 1이면 true를 리턴
- any : 하나의 비트만 1이어도 true를 리턴
- none : 모든 비트가 0이어야 true를 리턴

*data1*은 *set* 함수로 인하여 모든 비트가 1로 설정된 상태라 결과 값은 1, 1, 0입니다.

reset 함수는 모든 비트를 0으로 설정합니다. ◆ 24

data2 비트열의 상태를 조회합니다. 결과는 0, 0, 1입니다. ◆ 26~29

결과

```
data1 : 01100100
data2 : 01111000
data3 : 11110000

== data1 ==
data1 all: 1
data1 any: 1
data1 none: 0

== data2 ==
data2 all: 0
data2 any: 0
data2 none: 1
```

bitset 수정하기, 문자열 변환, 숫자 변환

- **학습 내용 :** 이미 설정된 bitset의 내용을 수정하고 문자열 및 숫자로 변환하는 방법을 이해합니다.
- **힌트 내용 :** set, flipt, to_string, to_ulong을 사용합니다.

```cpp
1 #include <iostream>
2 #include <bitset>
3 #include <string>
4
5 using namespace std;
6
7 int main()
8 {
9     bitset<8> data1(1);
10    bitset<8> data2(0x01);
11
12    cout << "data1 : " << data1 << endl;
13    cout << "data2 : " << data2 << endl;
14
15    data1.set(0, false);
16    data1.set(2, 1);
17
18    cout << endl << "== data1 ==" << endl;
19    cout << "data1 : " << data1 << endl;
20
21    data2[4] = false;
22    data2.flip(5);
23
24    cout << endl << "== data2 ==" << endl;
25    cout << "data2 : " << data2 << endl;
26
27    string data1_str = data1.to_string();
28    int data2_int = data2.to_ulong();
```

```
29
30      cout << endl << "== 변환 ==" << endl;
31      cout << "data1 : " << data1_str << endl;
32      cout << "data2 : " << data2_int << endl;
33
34      return 0;
35 }
```

*bitset*을 1과 16진수 0x01로 초기화합니다. 초기 값은 00000001입니다.   ◆ 9~10

두 *bitset*을 출력합니다. 결과 값은 00000001로 똑같습니다.   ◆ 12~13

set 함수를 이용해 하나의 비트만 수정할 수 있습니다. 첫 번째 인자는 수정할 비트의 인덱스,   ◆ 15~16
두 번째 인자는 설정할 값입니다. 두 번째 인자가 1이면 *true*, 0이면 *false*입니다.

*bitset data1*을 출력합니다. 결과 값은 00000100입니다.   ◆ 18~19

[]를 이용해 하나의 비트를 수정할 수 있습니다. 그리고 *flip*은 해당 위치 비트를 반전합니다.   ◆ 21~22
0이라면 1로 변경하고 1이라면 0으로 변경합니다.

*bitset data2*를 출력합니다. 결과 값은 00100001입니다.   ◆ 24~25

bitset 을 문자열과 정수로 변환하는데, *to_string*과 *to_ulong* 함수를 사용합니다.   ◆ 27~28

결과

```
data1 : 00000001
data2 : 00000001

== data1 ==
data1 : 00000100

== data2 ==
data2 : 00100001

== 변환 ==
data1 : 00000100
data2 : 33
```

bitset 비트 연산하기
(|, &, ^, 《《, 》》)


```cpp
1  #include <iostream>
2  #include <bitset>
3
4  using namespace std;
5
6  int main()
7  {
8      bitset<4> data1(6);    // 0110
9      bitset<4> data2(0x09); // 1001
10
11     auto result = data1 | data2;
12     cout << "data1 | data2 = " << result << endl;
13
14     result = data1 & data2;
15     cout << "data1 & data2 = " << result << endl;
16
17     result = data1 ^ data2;
18     cout << "data1 ^ data2 = " << result << endl;
19
20     result = data1 << 1;
21     cout << "data1 << 1 = " << result << endl;
22
23     result = data1 >> 1;
24     cout << "data1 >> 1 = " << result << endl;
25
26     result = ~data1;
27     cout << "~data1 = " << result << endl;
28
```

```
29     return 0;
30 }
```

4비트 크기의 *bitset*을 선언하며 초기값을 0110, 1001로 설정합니다.　　　　　　　◆ 8~9

OR 연산자는 한 비트만 1이어도 결과가 1이 됩니다. 결과는 1111입니다.　　　　　　◆ 11~12

AND 연산자는 양쪽 비트가 1이어야 결과가 1이 됩니다. 결과는 0000입니다.　　　　◆ 14~15

XOR 연산자는 양쪽 비트가 각각 0과 1이어야 결과가 1이 됩니다. 결과는 1111입니다.　◆ 17~18

전체 비트를 왼쪽으로 1만큼 이동합니다. 결과는 1100입니다.　　　　　　　　　　◆ 20~21

전체 비트를 오른쪽으로 1만큼 이동합니다. 결과는 0011입니다.　　　　　　　　　◆ 23~24

data1 비트 전체를 반전합니다. 결과는 1001입니다.　　　　　　　　　　　　　◆ 26~27

결과

```
data1 | data2 = 1111
data1 & data2 = 0000
data1 ^ data2 = 1111
data1 << 1 = 1100
data1 >> 1 = 0011
~data1 = 1001
```

람다 기본 사용 방법 익히기([]())

- **학습 내용:** 인라이닝 효과를 볼 수 있는 익명 함수 람다를 이해합니다.
- **힌트 내용:** 람다를 사용하는 기본 사용 방법 4가지를 익혀봅니다.

```cpp
1  #include <iostream>
2
3  using namespace std;
4
5  auto func1 = []() { cout << "Lambda Function" << endl; };
6  auto func2 = [](int x, int y)->bool { return x < y; };
7
8  int main()
9  {
10     int x = 2;
11
12     auto func3 = [=](int y) {
13         func1();
14         cout << "x < y = " << func2(x, y) << endl;
15     };
16
17     func3(4);
18
19     auto func4 = [=](int y) { return x * x + y * y; };
20
21     cout << "x * x + y * y = " << func4(5) << endl;
22
23     return 0;
24 }
```

C#, Qt, C++에 공통으로 적용된 익명 함수 람다는 그 쓰임새가 매우 다양합니다. 람다 소스를 작성하면 그 자리에 인라이닝 효과가 생기며, 함수를 별도로 작성하지 않아도 되기 때문에 코드양이 줄어드는 장점도 있습니다.

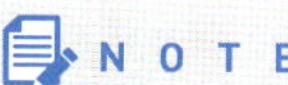

N O T E

람다 문법

[캡처 블록](파라미터) {구성 소스}

- 캡처 블록 : 람다 함수에서 참조할 변수 목록
- 파라미터 : 람다 함수에서 사용할 인자 목록
- 구성 소스 : 일반 함수 처럼 구성할 수 있음

람다 기본 문법에 맞춰 문장 출력하는 함수를 구성합니다. 캡처 블록과 파라미터는 비어 놓을 수 있지만 *[]*와 *()*은 생략할 수 없습니다. ◆ 5

파라미터 2개를 받는 람다 함수입니다. 파라미터 뒤에 붙은 *"-> bool"*은 리턴 타입을 의미하는데 생략해도 무방합니다. 이 함수는 *x*가 *y*보다 작다면 *true*, 그렇지 않다면 *false*를 리턴합니다. ◆ 6

5, 6라인의 람다 함수를 수행하는 세 번째 람다 함수입니다. 이 함수는 캡처 블록에 =이 삽입되어 있습니다. =은 유효 영역의 모든 변수에 접근하여 사용할 수 있다는 의미입니다. 그렇기 때문에 10번 라인의 정수형 변수 x를 람다 함수 내부에서 이용할 수 있습니다. ◆ 12~15

람다 함수 *func3*을 수행합니다. *func1*을 수행하고 인자로 받은 *y*와 10번 라인 *x*를 *func2* 람다 함수로 전달합니다. ◆ 17

12~15라인과 비슷한 람다 함수입니다. 캡처된 변수 *x*와 인자로 전달받은 5를 이용해 연산합니다. ◆ 19~21

결과

```
Lambda Function
x < y = 1
x * x + y * y = 29
```

람다에서 특정 조건 검색하기 (find_if, count_if)

- **학습 내용 :** 특정 조건에 만족하는 값과 개수를 람다로 알아내는 방법을 이해합니다.
- **힌트 내용 :** 만족하는 값은 find_if, 만족하는 개수는 count_if를 사용합니다.

```cpp
1  #include <iostream>
2  #include <vector>
3  #include <algorithm>
4
5  using namespace std;
6
7  int main()
8  {
9      int number = 4;
10
11     vector<int> data{ 4, 1, 3, 5, 2, 3, 1, 7 };
12
13     vector<int>::iterator result1 = find_if(data.begin(), data.end(),
14 [number](int i)
15 {
16         return i > number;
17     });
18
19     cout << "4보다 큰 첫 번째 정수 : " << *result1 << endl;
20
21     auto result2 = count_if(data.begin(), data.end(), [number](int i)
22     {
23         return i > number;
24     });
25
26     cout << "4보다 큰 정수 개수 : " << result2 << endl;
27
28     return 0;
29 }
```

람다는 기본 *C++* 함수에도 적용해 사용할 수 있습니다. 이 장에서는 자주 사용하는 함수 2개와 람다의 복합 응용 방법을 소개합니다.

정수형 벡터를 선언합니다. ◆ **11**

벡터를 순회해야 하기 때문에 *iterator*를 사용합니다. *find_if*는 특정 조건에 만족하는 값을 ◆ **13~17** 반환하는 함수입니다. 첫 번째, 두 번째 인자로 벡터의 범위를 전달합니다. 세 번째 인자로 람다 함수가 전달되는데, 캡쳐하는 값은 9번 라인의 정수형 변수 *number*입니다.

그리고 인자로 받는 *int i* 값은 *iterator*가 순회하는 벡터 *data*의 값입니다. 즉, 첫 번째와 두 번째 인자로 인해 시작 위치에서 마지막 위치까지의 벡터 데이터가 *find_if*의 세 번째 인자로 전달됩니다.

13번 라인에서 *iterator*가 가리키는 값이 4보다 크다면 해당 위치를 리턴하고 람다 함수는 종료됩니다. 이때, *find_if* 함수도 결과값을 찾았기 때문에 이어서 종료됩니다.

4보다 큰 첫 번째 정수는 5이기 때문에 결과 값은 5입니다. ◆ **19**

13번 라인에서는 벡터 자료형과 *iterator*를 모두 적었지만 *auto* 키워드를 사용하면 간소화할 ◆ **21~24** 수 있습니다. *count_if* 함수는 특정 조건에 만족하는 개수를 리턴하는 함수로 람다 함수가 받는 인자와 캡쳐하는 데이터는 13번 라인과 똑같습니다. 23번 라인에서 정수 4보다 큰 벡터 데이터를 카운팅하여 리턴합니다.

벡터 *data*에서 4보다 큰 정수는 5와 7로 결과값은 2입니다. ◆ **26**

결과

```
4보다 큰 첫 번째 정수 : 5
4보다 큰 정수 개수 : 2
```

for each 반복문 사용하기 (C++/CLI)

- **학습 내용 :** for 반복문을 사용하는 또 다른 방법을 이해합니다.
- **힌트 내용 :** for each는 비주얼 스튜디오에서만 사용할 수 있습니다.

```cpp
1  #include <iostream>
2
3  using namespace std;
4
5  int main()
6  {
7      int data[] = { 10, 20, 30, 40 };
8
9      for each (int &i in data)
10         i += 10;
11
12     cout << "== for each ==" << endl;
13
14     for each (const int i in data1)
15         cout << i << ", ";
16
17     cout << endl;
18
19     return 0;
20 }
```

for 문은 순회할 범위의 시작과 끝을 직접 지정합니다. 때로는 배열의 크기를 잘못 알고 범위를 잘못 지정해 에러가 발생하기도 합니다. 그래서 *for* 문을 조금 더 쉽고 정확하게 사용하기 위하여 *for each*문이 도입되었습니다. 다만, 이 장에서 소개하는 *for each*는 마이크로소프트 *Visual C++*에서만 사용할 수 있으며, 컨테이너를 사용할 수 없다는 단점이 있습니다.

실제로 MSDN 홈페이지에 접속하면 비표준 키워드라 사용하지 않는 것이 좋다고 설명하고 있습니다. 그래서 다른 컴파일러에서도 적용되는 범용적인 *std::for_each*를 사용하는 것이 좋습니다. 다음 장에서 소개하는 *std::for_each*와 다음 다음 장에서 소개하는 범위 기반 *for*문 사용을 권장합니다.

이 장을 통해선 *std::for_each*와는 다른 비주얼 스튜디오 전용 *for each*가 있고, 간단한 사용 방법은 무엇인지 이해하시면 됩니다.

정수 4개를 저장하는 배열을 선언합니다. ◆ 7

함수의 첫 번째 인자는 자료형, 두 번째 인자는 반복문 안에서 사용할 변수, 네 번째 인자는 배열입니다. 9번 라인을 통해 순회하며 *data1*의 주소를 *i*에 할당합니다. 그리고 10번 라인처럼 주소 참조를 통해 배열의 실제 값을 수정할 수도 있습니다. ◆ 9~10

9번 라인 코드에서 *const*가 추가되고 *&*가 제거되었습니다. *const*를 이용하여 상수화할 수 있으며 이 경우 11번 라인처럼 값을 수정할 수 없습니다. 10번 라인에서 배열의 모든 값에 10을 더했으므로, 결과는 20, 30, 40, 50입니다. ◆ 14~15

결과

```
== for each ==
20, 30, 40, 50
```

- **학습 내용 :** C++ 표준에 포함된 for_each 반복문 사용 방법을 이해합니다.
- **힌트 내용 :** for와 each 사이에 _가 있으며, 컨테이너를 사용할 수 있습니다.

```cpp
1  #include <iostream>
2  #include <vector>
3  #include <algorithm>
4
5  using namespace std;
6
7  int main()
8  {
9      vector<int> data({ 10, 20, 30, 40 });
10
11     cout << "== for_each 람다 ==" << endl;
12
13     for_each(data.begin(), data.end(), [](int i)
14     {
15         cout << i << ", ";
16     });
17
18     cout << endl << "== for_each 람다 함수1 ==" << endl;
19
20     auto Print = [](int x) { cout << x + x << ", "; };
21
22     for_each(data.begin(), data.end(), Print);
23
24     cout << endl << "== for_each 람다 함수2 ==" << endl;
25
26     int y = 11;
27
```

```
28      for_each(data.begin(), data.end(), [y](int x) { cout << x + y <<
29 " ,"; });
30
31      cout << endl;
32
33      return 0;
34 }
```

*for each*와는 다르게 *for_each*는 C++ 표준에 포함되어 있습니다. *for each*는 컨테이너를 사용할 수 없는 등 비표준이라 거의 사용되지 않지만 *std::for_each*는 표준인데다가 사용 방법도 다양해 유용하게 사용할 수 있습니다.

*for_each*를 사용하기 위해 *algorithm*을 인클루드합니다.   ◆ **3**

정수형 벡터를 선언하고 10, 20, 30, 40으로 초기화합니다.   ◆ **9**

*for_each*는 앞선 비표준 *for each*처럼 배열 범위를 인자로 사용하며, 추가로 컨테이너와 람   ◆ **13~16**
다 문법을 응용할 수 있습니다. 첫 번째 두 번째 인자는 순회할 컨테이너의 시작과 끝이고 세
번째 인자를 람다로 구성합니다. () 사이의 *int i*는 순회하는 *data* 벡터의 데이터를 인자로 받
습니다.

정수형 인자를 반환하는 람다 함수를 선언합니다.   ◆ **20**

13번 라인과는 다르게 이미 선언된 람다 함수를 이용합니다. 동작 원리는 13번 라인과 똑같습   ◆ **22**
니다. 인자로 사용할 람다 함수는 함수 내부에 선언해도 되고, 외부에 선언해도 됩니다.

22번 라인의 축약형입니다. *for_each*에 세 번째 인자인 람다 함수를 직접 구성해도 됩니다. 일   ◆ **28**
반적으로 람다로 구현할 코드 양이 적다면 28번 라인처럼 선언과 함께 구현 코드를 함께 적는
것이 가독성 측면에서 유리합니다.

결과

```
== for_each ==
10, 20, 30, 40,
== for_each 람다 함수1 ==
20, 40, 60, 80,
== for_each 람다 함수2 ==
21, 31, 41, 51,
```

구간 지정 for문 사용하기


```cpp
1  #include <iostream>
2  #include <vector>
3
4  using namespace std;
5
6  int main()
7  {
8      vector<int> data({ 10, 20, 30, 40 });
9
10     cout << "== for, iterator ==" << endl;
11
12     for (auto i = data.begin(); i != data.end(); ++i)
13         cout << *i << ", ";
14
15     cout << endl << "== range based for loop ==" << endl;
16
17     for (const auto i : data)
18         cout << i << ", ";
19
20     cout << endl << "== range based for loop ==" << endl;
21
22     for (auto &i : data)
23         cout << i + 2 << ", ";
24
25     cout << endl;
26
27     return 0;
28 }
```

구간 지정 *for*문은 컨테이너를 조금 더 편리하게 사용할 수 있습니다. 반복자 *iterator*를 리턴하는 *begin*, *end* 함수를 보유한 데이터 타입이라면 구간 지정 *for* 문에서 사용할 수 있습니다.

정수형 벡터를 선언하고 10, 20, 30, 40으로 초기화 합니다.　　　　　　　　　　　　◆ **8**

일반적인 *for* 문에서 컨테이너를 사용하는 예입니다. 앞선 예제에서도 이미 다뤘던 코드입니다.　　　　　　　　　◆ **12~13**

12번 라인에 비해 코드양이 줄었습니다. 구간 지정 *for* 문은 *begin*, *end* 함수를 보유한 데이터 타입의 시작과 끝을 모두 순회하며, 해당 값을 *auto i*에 할당합니다. 자료형과 컨테이너는 :를 이용해 구분합니다.　　　　　　　◆ **17~18**

17번 라인과 비슷하지만 주소를 참조해 값을 수정합니다. *data* 컨테이너의 모든 값에 2를 더합니다.　　　　　　　◆ **22~23**

결과

```
== for, iterator ==
10, 20, 30, 40,
== range based for loop ==
10, 20, 30, 40,
== range based for loop ==
12, 22, 32, 42,
```

조건에 모든 요소가 맞는지 검사하기(all_of)

- **학습 내용 :** 컨테이너의 모든 데이터를 조회해 특정 조건에 모두 부합한지 알아내는 방법을 이해합니다.
- **힌트 내용 :** all_of 함수와 람다, 컨테이너를 함께 사용합니다.

```cpp
1 #include <iostream>
2 #include <algorithm>
3 #include <vector>
4 #include <string>
5
6 using namespace std;
7
8 int main()
9 {
10     vector<int> data1 = { 1, 3, 5, 7 };
11     vector<string> data2 = { "ab", "cd", "ef" };
12
13     if (all_of(data1.begin(), data1.end(), [](int i) { return i % 2; }))
14         cout << "data1 : 모두 홀수입니다." << endl;
15
16     if (all_of(data1.begin(), data1.end(), [](int i) { return i < 10; }))
17         cout << "data1 : 모두 10보다 작습니다." << endl;
18
19     if (all_of(data2.begin(), data2.end(), [](string i) { return
20 i.length() < 4 ? true : false; }))
21         cout << "data2 : 모두 길이가 4 이하입니다." << endl;
22
23     if (all_of(data2.begin(), data2.end(), [](string i) { return
24 i.find('A'); }))
25         cout << "data2 : 모두 문자 A를 포함하지 않습니다." << endl;
26
27     return 0;
28 }
```

all_cf 함수는 컨테이너를 순회하며 모든 데이터가 특정 조건에 맞는지 확인하는 함수입니다. 인자는 3개가 필요한데, 첫 번째는 컨테이너의 순회 시작 위치, 두 번째는 컨테이너의 순회 마지막 위치, 세 번째는 사용자 정의 조건입니다.

정수형 벡터와 문자열형 벡터를 선언합니다. ◆ 10~11

*data1*의 시작과 끝 위치를 *all_of* 함수의 첫 번째, 두 번째 인자로 사용합니다. 세 번째 인자 ◆ 13~14
는 람다를 이용해 특정 조건을 정의합니다. *data1*의 모든 데이터를 정수를 2로 나눴을 때 모두 0을 리턴하면 짝수입니다. 모든 데이터가 홀수이며 단 하나의 데이터도 짝수가 아니라면 14번 라인이 수행됩니다.

*data1*의 모든 데이터가 10보다 작다면 17번 라인이 수행됩니다. ◆ 16~17

*data2*의 모든 문자열 데이터 길이가 4보다 작다면 21번 라인이 수행됩니다. 문자열의 길이는 ◆ 19~21
Length 함수를 이용하여 알아낼 수 있습니다.

*data2*의 모든 문자열에 대문자 A가 포함되어 있지 않다면 25번 라인이 수행됩니다. 문자열에서 ◆ 23~25
문자를 찾을 땐 *find* 함수를 사용합니다.

결과

```
data1 : 모두 홀수입니다.
data1 : 모두 10보다 작습니다.
data2 : 모두 길이가 4 이하입니다.
data2 : 모두 문자 A를 포함하지 않습니다.
```

조건에 맞는 요소가 있는지 검사하기(any_of)

- **학습 내용 :** 컨테이너 요소 중 특정 조건에 맞는 요소가 하나라도 있는지 알아내는 방법을 이해합니다.
- **힌트 내용 :** any_of 함수와 람다, 컨테이너를 함께 사용합니다.

```cpp
1  #include <iostream>
2  #include <algorithm>
3  #include <vector>
4  #include <string>
5
6  using namespace std;
7
8  bool EvenOdd(int arg)
9  {
10     return arg % 2 == 0 ? true : false;
11 }
12
13 int main()
14 {
15     vector<int> data = { 8, 27, 35, 49 };
16
17     if (any_of(data.begin(), data.end(), EvenOdd))
18         cout << "data : 짝수가 존재합니다." << endl;
19
20     if (any_of(data.begin(), data.end(), [](int i) { return i < 10; }))
21         cout << "data : 10보다 작은 수가 있습니다." << endl;
22
23     return 0;
24 }
```

any_of 함수는 *all_of* 함수와 사용 방법은 비슷하지만 의미는 다릅니다. *any_of* 함수는 컨테이너 요소 중 하나라도 조건에 맞다면 *true*를 리턴합니다.

인자로 받은 정수가 짝수라면 *true*를 리턴하는 함수입니다. ◆ 8~11

정수형 벡터를 선언하며 8, 27, 35, 49로 초기화합니다. ◆ 15

data 벡터를 인자로 사용하며 조건은 함수 *EvenOdd*로 대체합니다. 만약, *data*에 짝수가 하나라도 존재한다면 18번 라인이 수행됩니다. ◆ 17~18

data 벡터와 람다를 사용합니다. *data*에 10보다 작은 수가 하나라도 있다면 21번 라인이 수행됩니다. ◆ 20~21

결과

```
data : 짝수가 존재합니다.
data : 10보다 작은 수가 있습니다.
```

조건에 맞는 요소가 없는지 검사하기(none_of)

- **학습 내용 :** 컨테이너 요소 중 특정 조건에 맞는 요소가 하나도 없는지 알아내는 방법을 이해합니다.
- **힌트 내용 :** none_of 함수와 람다, 컨테이너를 함께 사용합니다.

```cpp
 1 #include <iostream>
 2 #include <algorithm>
 3 #include <vector>
 4
 5 using namespace std;
 6
 7 int main()
 8 {
 9     vector<int> data = { 8, 27, 35, 49 };
10
11     bool is_small = any_of(data.begin(), data.end(), [](int i) { return
12 i < 100; });
13     bool is_zero = any_of(data.begin(), data.end(), [](int i) { return i
14 != 0; });
15
16     if (is_small == true && is_zero)
17         cout << "data 자료는 모두 100보다 작고 0이 아닙니다." << endl;
18
19     return 0;
20 }
```

none_of 함수는 컨테이너 요소 모두가 조건에 맞지 않아야 *true*를 리턴합니다.

9 ◆ 정수형 벡터를 선언하며 8, 27, 35, 49로 초기화합니다.

11 ◆ *data* 벡터와 람다를 사용합니다. *data*에 있는 모든 요소가 100보다 작아야 *true*가 리턴됩니다. 요소 중 하나라도 100보다 크다면 *false*가 리턴됩니다.

13 ◆ *data*에 있는 모든 요소가 0이 아니어야 *true*, 하나라도 0이라면 *false*가 리턴됩니다.

16~17 ◆ *data* 요소가 모두 100보다 작거나 0이 아니라면 17번 라인이 수행됩니다.

정렬되어 있는지 확인하기 (is_sorted)

- **학습 내용 :** 컨테이너의 요소가 정렬되어 있는지 확인하는 방법을 이해합니다.
- **힌트 내용 :** is_sorted 함수를 사용하여 확인할 수 있습니다.

```cpp
1  #include <iostream>
2  #include <algorithm>
3  #include <list>
4  #include <string>
5
6  using namespace std;
7
8  int main()
9  {
10     list<int> data1 = { 5, 3, 1, 7, 9 };
11     list<string> data2 = { "ef", "ab", "cd", "ij", "gh"};
12
13     cout << boolalpha;
14     cout << "data1 sort : " << is_sorted(data1.begin(), data1.end()) <<
15 endl;
16     cout << "data2 sort : " << is_sorted(data2.begin(), data2.end()) <<
17 endl;
18
19     data1.sort();
20     data2.sort();
21
22     cout << "data1 sort : " << is_sorted(data1.begin(), data1.end()) <<
23 endl;
24     cout << "data2 sort : " << is_sorted(data2.begin(), data2.end()) <<
25 endl;
26
27     cout << "== data1 == " << endl;
28     for (auto i : data1)
```

```
29          cout << i << ", ";
30
31      cout << endl << "== data2 == " << endl;
32      for (auto i : data2)
33          cout << i << ", ";
34
35      return 0;
36 }
```

컨테이너가 오름차순으로 정렬되어 있다면 *is_sorted* 함수는 *true*를 리턴합니다. 컨테이너의 *sort* 함수는 오름차순으로 정렬하기 때문에, *sort* 함수가 정상적으로 동작한다면 이후 해당 컨테이너의 *is_sorted* 함수는 *true*를 리턴하게 됩니다.

10~11 ◆ 정수형 벡터와 문자열형 벡터를 선언합니다.

13 ◆ 함수 실행 결과를 *true*, *false*로 표현하도록 설정합니다.

14 ◆ 함수 *is_sorted*를 호출하며 인자로는 *data1*의 시작 위치와 마지막 위치를 사용합니다. 만약 *data1*이 오름차순으로 정렬된 상태라면 *true*, 아니라면 *false*가 리턴됩니다. 결과는 *false*입니다.

16 ◆ 함수 *is_sorted*를 호출하며 인자로는 *data2*의 시작 위치와 마지막 위치를 사용합니다. 컨테이너 전체가 아니라 일부 영역을 이용할 수도 있습니다. 결과는 *false*입니다.

19~20 ◆ *list data1*과 *data2*의 *sort* 함수를 호출하여 오름차순으로 정렬합니다.

22~25 ◆ 리스트를 정렬한 뒤 *is_sorted* 함수를 다시 사용해 봅니다. 결과는 모두 *true*입니다.

27~33 ◆ 정렬된 리스트를 출력합니다.

결과

```
data1 sort : false
data2 sort : false
data1 sort : true
data2 sort : true
== data1 ==
1, 3, 5, 7, 9,
== data2 ==
ab, cd, ef, gh, ij,
```

요소의 범위 비교하기 (is_permutation)

- **학습 내용 :** 정렬되지 않은 두 컨테이너의 요소를 비교하는 방법을 이해합니다.
- **힌트 내용 :** is_permutation 함수를 사용하여 확인할 수 있습니다.

```cpp
1  #include <iostream>
2  #include <algorithm>
3  #include <array>
4
5  using namespace std;
6
7  int main()
8  {
9      array<int, 5> data1 = { 5, 3, 1, 7, 9 };
10     array<int, 5> data2 = { 1, 3, 5, 7, 9 };
11     array<int, 7> data3 = { 2, 2, 1, 3, 5, 7, 9 };
12
13     cout << boolalpha;
14     cout << "data1 == data2 : " <<
15         is_permutation(data1.begin(), data1.end(), data2.begin()) << endl;
16
17     cout << "data1 == data3 : " <<
18         is_permutation(data1.begin(), data1.end(), data3.begin()) << endl;
19
20     cout << "data1 == data2 (+2) : " <<
21         is_permutation(data1.begin(), data1.end(), data3.begin() + 2) <<
22 endl;
23
24     return 0;
25 }
```

is_permutation 함수는 정렬되지 않은 두 컨테이너의 요소(또는 일부 영역)를 비교합니다. 지정한 요소의 범위가 모두 똑같다면 *true*, 그렇지 않다면 *false*가 리턴됩니다.

정수형 *array*를 3개 선언합니다. *data1*과 *data2*는 정렬되지 않았지만 내부 요소는 각기 1, 3, 5, 7, 9로 똑같습니다. *data3*은 1, 3, 5, 7, 9를 포함하며, 추가로 정수 2를 두 개 더 보유합니다. *data3*의 크기는 7로서 *data1*, *data2*보다 더 큽니다.

is_permutation 함수에 *data1*의 시작과 끝 위치, 그리고 *data2*의 시작 위치를 인자로 넘깁니다. *data1*의 모든 요소를 *data2*의 시작 위치부터 비교합니다. 비록 인덱스마다 값은 다르지만 개별 데이터는 모두 똑같기 때문에 결과는 *true*입니다.

is_permutation 함수에 *data1*의 시작과 끝 위치, 그리고 *data3*의 시작 위치를 인자로 넘깁니다. *data1*의 모든 요소를 *data3*의 시작 위치부터 비교합니다. *data1*에는 정수 2가 없으므로 결과는 *false*입니다.

is_permutation 함수에 *data1*의 시작과 끝 위치, 그리고 *data3*의 3번째 위치를 인자로 넘깁니다. *begin*은 인덱스 0, *begin* + 1은 인덱스 1, *begin* + 2는 인덱스 2입니다. *begin* + 2는 즉, 세 번째 데이터를 가리킵니다. *data1*의 모든 요소를 data3의 3번째 위치부터 비교합니다. *data1*이 보유한 데이터 1, 3, 5, 7, 9가 *data3*의 세 번째 위치인 1부터 마지막 9까지와 똑같습니다. 결과는 *true*입니다.

결과

```
data1 == data2 : true
data1 == data3 : false
data1 == data2 (+2) : true
```

영역의 최소, 최대값 확인하기 (minmax_element)

- **학습 내용 :** 정렬되지 않은 컨테이너의 요소 중 최소, 최대값을 확인하는 방법을 이해합니다.
- **힌트 내용 :** minmax_element 함수를 사용하여 확인할 수 있습니다.

```cpp
1 #include <iostream>
2 #include <algorithm>
3 #include <array>
4
5 using namespace std;
6
7 int main()
8 {
9     std::array<int, 5> data{ 5, 9, 4, 1, 7 };
10
11     auto result1 = minmax_element(data.begin(), data.end());
12
13     std::cout << "최소값 : " << *result1.first;
14     std::cout << ", 위치 : " << (result1.first - data.begin()) << '\n';
15     std::cout << "최대값 " << *result1.second;
16     std::cout << ", 위치 : " << (result1.second - data.begin()) << '\n';
17
18     auto result2 = minmax_element(data.begin(), data.end(), [](int arg1,
19 int arg2) {
20         return arg1 < arg2;
21     });
22
23     std::cout << "최소값 : " << *result2.first;
24     std::cout << ", 위치 : " << (result2.first - data.begin()) << '\n';
25     std::cout << "최대값 " << *result2.second;
26     std::cout << ", 위치 : " << (result2.second - data.begin()) << '\n';
27
28     return 0;
29 }
```

정렬되지 않은 컨테이너의 일부 영역에서 최소값과 최대값을 확인할 때는 *minmax_element* 함수를 사용합니다.

9 ◆ 정수형 *array*를 선언하며 5, 9, 4, 1, 7로 초기화합니다.

11 ◆ *minmax_element* 함수에 data의 시작과 끝 위치를 인자로 전달합니다. 결과는 *result1*에 담깁니다.

13~16 ◆ *minmax_element* 함수의 리턴값에는 컨테이너의 위치 2개가 담겨있습니다. 첫 번째는 컨테이너의 최소값 위치, 두 번째는 컨테이너의 최대값 위치입니다. 실제 값을 출력할 때는 위치를 담고 있기 때문에 포인터 연산자를 이용합니다. 그리고 14, 16번 라인처럼 시작 위치에서 해당 위치를 빼면 인덱스 위치가 나타납니다. 결과는 각각 1, 3, 9, 1입니다.

18~20 ◆ *mainmax_element*에 세 번째 인자로 람다 함수를 정의합니다. 11번과 결과가 똑같으니 되도록 11번 라인처럼 축약해 사용하는 것이 좋습니다.

23~26 ◆ 13~16번 라인과 똑같습니다.

결과

```
최소값 : 1, 위치 : 3
최대값 9, 위치 : 1
최소값 : 1, 위치 : 3
최대값 9, 위치 : 1
```

반복자 iterator 거리 구하기 (distance)

- **학습 내용 :** 컨테이너 요소의 거리 차이를 알아내는 방법을 이해합니다.
- **힌트 내용 :** distance 함수를 사용하여 확인할 수 있습니다. 비교하는 요소에 따라 결과에는 1차이가 발생합니다.

```cpp
1  #include <iostream>
2  #include <vector>
3  #include <algorithm >
4
5  using namespace std;
6
7  int main()
8  {
9      vector<int> data{5, 9, 7, 4, 3, 8, 6};
10     cout << "distance1 : " << distance(data.begin(), data.end()) << endl;
11
12     vector<int>::iterator end_it = data.end() - 1;
13     cout << "distance2 : " << distance(data.begin(), end_it) << endl;
14
15     vector<int>::iterator max_it = max_element(data.begin(), data.end());
16     cout << "distance3 : " << distance(data.begin(), max_it) << endl;
17
18     vector<int>::iterator min_it = min_element(data.begin(), data.end());
19     cout << "distance4 : " << distance(data.begin(), min_it) << endl;
20
21     cout << "distance5 : " << distance(max_it, min_it) << endl;
22
23     return 0;
24 }
```

정수형 백터를 선언하고 5, 9, 7, 4, 3, 8, 6으로 초기화합니다. ◆ 9

10 ◆ 벡터의 시작과 끝 위치를 인자로 전달하면 둘 사이의 거리를 알 수 있습니다. 벡터 *data*를 기준으로 시작 위치는 0이고 마지막 위치는 6입니다. 0을 첫 번째 이동 위치라 설정하고 6번 이동하면 총 7번의 이동 횟수가 구해집니다.

12~13 ◆ *iterator end_if* 위치를 마지막 9가 아닌 바로 앞의 8로 설정하여 비교합니다.

15~19 ◆ *max_element*, *min_element*로 최대, 최소 값을 구한 뒤 시작 위치에서 거리를 알아냅니다. 최대값은 9이며, 시작 위치에서 한 번 이동해 도달하는 위치입니다. 최소값은 3이며, 시작 위치에서 4번 이동해 도달하는 위치입니다.

21 ◆ 최대값 9에서 최소값 3까지의 거리는 3입니다. 9의 인덱스는 1이고 3의 인덱스는 4로 인덱스 1과 4의 차이는 3이라 결과 값도 3입니다.

뭔가 이상하지 않은가요? 연산 결과 첫 번째, 두 번째와 나머지 사이에 1차이가 존재합니다. 단순히 *begin*, *end*를 인자로 이용할 땐, 함수 내부에서 전위 연산자를 사용해 결과를 반환합니다. 하지만, 어떤 연산의 결과로 얻어진 *iterator*를 인자로 사용할 땐 둘 사이의 차이만 반환합니다. 인자 종류에 따라 거리를 구하는 방식이 달라서 1 차이가 발생하는 것입니다.

결과

```
distance1 : 7
distance2 : 6
distance3 : 1
distance4 : 4
distance5 : 3
```

조건에 맞춰 영역을 분할하기 (partition, partition_point)

- **학습 내용 :** 데이터를 분할하고 분할된 영역의 위치를 확인하는 방법을 이해합니다.
- **힌트 내용 :** partition으로 나누고 partition_point로 분할된 위치를 얻어올 수 있습니다.

```cpp
1  #include <iostream>
2  #include <algorithm>
3  #include <vector>
4
5  using namespace std;
6
7  bool IsOdd(int i) { return (i % 2) == 1; }
8
9  int main()
10 {
11     vector<int> data1{ 1, 2, 3, 4, 5, 6, 7, 8, 9, 10, 11, 12, 13, 14, 15 };
12     vector<int> data2;
13
14     partition(data1.begin(), data1.end(), IsOdd);
15
16     auto result = partition_point(data1.begin(), data1.end(), IsOdd);
17
18     data2.assign(data1.begin(), result);
19
20     for (int x : data2)
21         cout << x << ", ";
22
23     return 0;
24 }
```

특정 컨테이너 요소를 원하는 조건으로 분리할 수 있습니다. 가령, 정수를 홀수와 짝수로 분리하고 싶다면, 새로운 컨테이너나 새로운 함수를 따로 구현하지 않고 *partition* 함수를 이용합니다.

partition 함수는 분리할 컨테이너 영역의 시작, 끝 위치를 인자로 받습니다. 그리고 분리할 조건까지 세 가지를 받는데, 해당 조건에 합당한 위치를 찾으면 순회 방향이 거꾸로 바뀝니다. 즉, 처음부터 순회하다 맞는 조건이 나오면 맨 뒤에서 순회합니다. 그리고 맞는 조건이 나오면 다시 앞으로 돌아가 순회합니다. 이렇게 순회가 끝나면 *true* 영역은 컨테이너의 앞쪽, *false* 영역은 뒤쪽으로 분리됩니다.

그리고 *partition_point*는 *partition*이 이뤄진 컨테이너의 위치만 참조합니다. 그렇기 때문에 *partition*이 이루어지지 않은 컨테이너에 사용할 순 없습니다.

7 ◆ 홀수와 짝수를 구분하는 함수를 선언합니다.

11~12 ◆ 정수형 벡터를 2개 선언합니다.

14 ◆ *partition* 함수에 인자로 *data1*의 시작과 끝 위치를 넘기고 분리 조건으로 *IsOdd* 함수를 설정합니다. 이 과정이 이루어지면 컨테이너 내부의 요소들은 *true*, *false* 영역을 기준으로 주소가 변경됩니다.

16 ◆ *partition*으로 분리된 컨테이너의 위치값을 얻어옵니다. *partition*의 분리 조건에 합당하는 결과를 얻어오려면 *partition_point*도 *partition* 함수와 같은 조건을 인자로 사용해야 합니다. 만약 *partition_point*가 다른 조건을 이용한다면 리턴값은 없습니다. 반드시 같은 조건을 사용해야 합니다.

18 ◆ *partition* 결과를 빈 컨테이너 *data2*에 삽입합니다.

20~21 ◆ *data2*의 결과를 출력합니다.

결과

```
1, 15, 3, 13, 5, 11, 7, 9,
```

분할한 영역 저장하기 (partition_copy)

- **학습 내용 :** 데이터를 분할하고 다른 컨테이너에 바로 저장하는 방법을 이해합니다.
- **힌트 내용 :** partition_copy 함수를 사용하여 분할된 영역을 다른 컨테이너로 바로 저장할 수 있습니다.

```cpp
1 #include <iostream>
2 #include <algorithm>
3 #include <vector>
4
5 using namespace std;
6
7 bool IsOdd(int i) { return (i % 2) == 1; }
8
9 int main()
10 {
11     vector<int> data1{ 1, 2, 3, 4, 5, 6, 7, 8, 9, 10, 11, 12, 13, 14, 15 };
12     vector<int> odd;
13     vector<int> even;
14
15     partition_copy(data1.begin(), data1.end(), back_inserter(odd),
16 back_inserter(even), IsOdd);
17
18     cout << "== 홀수 ==" << endl;
19     for (int x : odd)
20         cout << x << ", ";
21
22     cout << endl << "== 짝수 ==" << endl;
23     for (int x : even)
24         cout << x << ", ";
25
26     return 0;
27 }
```

partition 기능을 더 편리하게 사용할 수 있는 함수 *partition_copy*입니다.

이 함수를 사용하면 결과를 컨테이너에 바로 저장할 수 있습니다. 따라서, *partition* 함수를 단독으로 사용하는 것 보단, 되도록 *partition_copy*를 사용하는 것이 좋습니다.

7 ◆ 홀수와 짝수를 구분하는 함수를 선언합니다.

11~13 ◆ 정수형 벡터를 3개 선언합니다. *odd*와 *even* 벡터는 비어 있습니다.

15~16 ◆ *partition_copy*에 분리할 컨테이너 *data1*의 시작과 끝 위치를 인자로 사용합니다. 5번째 함수는 분리 조건인데, 이 조건에 부합한다면 세 번째 컨테이너에 요소가 추가되고, 부합하지 않는다면 네 번째 컨테이너에 요소가 추가됩니다.

back_inserter 함수는 크기를 지정할 수 없는 상황에서 컨테이너의 맨 뒤에 요소를 추가할 때 유용하게 사용할 수 있습니다.

18~24 ◆ *partition_copy* 결과를 출력합니다.

결과

```
== 홀수 ==
1, 3, 5, 7, 9, 11, 13, 15,
== 짝수 ==
2, 4, 6, 8, 10, 12, 14,
```

조건에 맞는 데이터 복사하기 (copy_if)

- **학습 내용 :** 컨테이너를 순회하며 조건에 맞는 데이터만 다른 컨테이너로 복사하는 방법을 이해합니다.
- **힌트 내용 :** copy_if 함수를 사용하여 원하는 데이터만 복사할 수 있습니다.

```cpp
1  #include <iostream>
2  #include <algorithm>
3  #include <vector>
4
5  using namespace std;
6
7  bool IsOdd(int i) { return (i % 2) == 1; }
8
9  int main()
10 {
11     vector<int> data1{ 1, 2, 3 };
12     vector<int> data2{ 4, 5, 6 };
13     vector<int> data3{ 7, 8, 9 };
14     vector<int> result;
15
16     copy_if(data1.begin(), data1.end(), back_inserter(result), IsOdd);
17     copy_if(data2.begin(), data2.end(), back_inserter(result), [](int arg)
18         { return arg < 5; });
19     copy_if(data3.begin(), data3.end(), back_inserter(result), [](int arg)
20         { return arg > 8; });
21
22     cout << "== result ==" << endl;
23     for (auto i : result)
24         cout << i << ", ";
25
26     return 0;
27 }
```

copy_if 함수에는 인자가 4개 필요합니다. 복사 대상 컨테이너의 시작과 끝 위치, 요소를 추가할 컨테이너, 복사할 조건입니다.

7 ◆ 홀수와 짝수를 구분하는 함수를 선언합니다.

11~14 ◆ 정수형 벡터를 4개 선언합니다. *result*는 빈 벡터입니다.

16 ◆ *data1*의 시작과 끝 위치를 인자로 사용하며, 조건에 맞는 데이터가 추가될 컨테이너는 *result*입니다. 이 라인을 통해 홀수 1, 3이 *result*에 복사됩니다.

17~18 ◆ *data2*의 시작과 끝 위치를 인자로 사용하며, 조건에 맞는 데이터가 추가될 컨테이너는 *result*입니다. 5보다 작은 정수는 4입니다. 이 라인을 통해 4가 복사됩니다.

19~20 ◆ *data3*의 시작과 끝 위치를 인자로 사용하며, 조건에 맞는 데이터가 추가될 컨테이너는 *result*입니다. 8보다 큰 정수는 9입니다. 이 라인을 통해 9가 복사됩니다.

22~24 ◆ *copy_if* 결과를 출력합니다.

결과

```
== result ==
1, 3, 4, 9,
```

원하는 개수만큼 복사하기 (copy_n)

- **학습 내용:** 배열의 영역에서 원하는 개수만큼 복사하는 방법을 이해합니다.
- **힌트 내용:** copy_n 함수를 사용하여 원하는 데이터만큼 복사할 수 있습니다.

```cpp
1  #include <iostream>
2  #include <algorithm>
3  #include <vector>
4
5  using namespace std;
6
7  int main()
8  {
9      int data[] = { 1, 2, 3, 4, 5, 6, 7, 8, 9, 10 };
10     vector<int> result;
11
12     copy_n(data, 5, back_inserter(result));
13
14     cout << "== result ==" << endl;
15     for (auto i : result)
16         cout << i << ", ";
17
18     return 0;
19 }
```

전체가 아닌 일부 배열만 복사할 때, copy_n 함수를 사용합니다. copy_n 함수는 3개의 인자를 사용하는데, 첫 번째는 복사할 대상, 두 번째는 원하는 개수, 세 번째는 복사될 배열입니다.

정수형 배열과 벡터를 선언합니다. ◆ 9~10

copy_n 함수의 첫 번째 인자 *data*가 복사할 대상이며, 두 번째 인자 5는 *data* 데이터 중 5개를 뜻합니다. 세 번째 인자는 *result* 벡터로 이것이 복사될 대상입니다. ◆ 12

copy_n 결과를 출력합니다. 결과는 1, 2, 3, 4, 5입니다. ◆ 14~16

두 영역의 차집합 구하기 (set_difference)

- **학습 내용:** 두 개의 컨테이너를 비교하여 차집합을 구하는 방법을 이해합니다.
- **힌트 내용:** set_difference를 사용하여 차집합을 구할 수 있습니다.

```cpp
1  #include <iostream>
2  #include <algorithm>
3  #include <vector>
4  #include <iterator>
5
6  using namespace std;
7
8  int main()
9  {
10     vector<int> data1 = { 1, 3, 5, 7, 9 };
11     vector<int> data2 = { 2, 4, 6, 7, 9 };
12     vector<int> diff1;
13     vector<int> diff2;
14
15     set_difference(data1.begin(), data1.end(),
16         data2.begin(), data2.end(),
17         inserter(diff1, diff1.begin()));
18
19     set_difference(data1.begin() + 2, data1.end(),
20         data2.begin() + 2, data2.end(),
21         inserter(diff2, diff2.end()));
22
23     cout << "== diff1 ==" << endl;
24     for (auto i : diff1)
25         cout << i << ", ";
26
27     cout << endl << "== diff2 ==" << endl;
28     for (auto i : diff2)
```

```
29          cout << i << ", ";
30
31      return 0;
32  }
```

정수형 벡터 2개와 차집합을 저장할 벡터 2개를 선언합니다. ◆ 10~13

첫 번째에서 네 번째 인자는 비교할 컨테이너의 시작과 종료 위치입니다. 5번째 인자는 차집합 ◆ 15~17
을 저장할 새로운 컨테이너입니다. *diff1.begin*이란 *diff1* 컨테이너의 맨 앞부터 차집합을
추가한다는 의미입니다.

15~17라인과 거의 비슷하지만, 비교 시작 위치를 인덱스 2번부터 시작합니다. 인덱스 2번은 ◆ 19~21
*data1*의 5, *data2*의 6을 가리킵니다. 그리고 차집합을 *diff2*의 끝 위치에 추가합니다. 컨테이
너의 절반만 비교하고 결과를 *diff2*의 끝에 추가한다는 차이점이 존재합니다.

차집합 수행 결과를 출력합니다. ◆ 23~29

결과

```
== diff1 ==
1, 3, 5,
== diff2 ==
5,
```

실수가 0이 아닌지 확인하기 (isnormal)

- **학습 내용 :** 실수가 0이라면 false, 0이 아니라면 true를 반환하는 isnormal 사용 방법을 이해합니다.
- **힌트 내용 :** 실수가 0이라면 연산 중 에러가 발생할 수 있습니다.

```cpp
1  #include <iostream>
2
3  using namespace std;
4
5  int main()
6  {
7      double number1 = 1;
8      double number2 = 0.4;
9      double number3 = 0.0;
10     double number4 = 11.2;
11
12     cout << boolalpha;
13     cout << isnormal(number1) << endl;
14     cout << isnormal(number2) << endl;
15     cout << isnormal(number3) << endl;
16     cout << isnormal(number4) << endl;
17
18     return 0;
19 }
```

프로그래밍을 하다보면 실수를 인수로 삼아 계산하는 경우가 많습니다. 이럴 때, 0으로 연산하면 프로그램 오류가 발생합니다. 이를 방지하기 위해 사용할 수 있는 함수가 *isnormal* 입니다.

7~10 ◆ 실수 4개를 선언하는데 *number3*만 0으로 초기화되었습니다.

13~16 ◆ *isnormal* 함수를 이용해 변수 4개의 유효성을 검사합니다. 만약, 유효하지 않은 값 0이라면 *false*를 리턴하고 그렇지 않다면 1, *true*를 리턴합니다. 결과는 *true*, *true*, *false*, *true*입니다.

Not a Number(NAN) 확인하기(isnan)

- **학습 내용 :** 잘못된 숫자 연산을 확인하는 isnan 함수 사용 방법을 이해합니다.
- **힌트 내용 :** 0 나누기 0은 정상적인 연산이 아닙니다.

```cpp
1  #include <iostream>
2
3  using namespace std;
4
5  int main()
6  {
7      double number1 = 1;
8      double number2 = 0.4;
9      double number3 = 0.0;
10     double number4 = 11.2;
11
12     cout << boolalpha;
13     cout << isnan(number1 / number4) << endl;
14     cout << isnan(number2 / number3) << endl;
15     cout << isnan(number3 / number3) << endl;
16     cout << isnan(number4 / number1) << endl;
17
18     return 0;
19  }
```

NaN은 Not A Number의 약자로 자바스크립트 웹프로그래밍에서도 자주 사용합니다. C++에서는 isnan 함수를 이용해 연산 과정이 정상인지 판단할 수 있습니다.

실수 4개를 선언하는데 number3만 0으로 초기화되었습니다.   ◆ 7~10

isnan 함수를 이용해 4가지 연산의 유효성을 검사합니다. 0 나누기 0은 정상적인 연산이 아니기 때문에 true가 리턴됩니다. 결과는 false, false, true, false입니다.   ◆ 13~16

좌변이 우변보다 큰지 확인하기 (isgreater)

- **학습 내용 :** 두 수를 비교하여 어느 수가 더 큰지 알아내는 방법을 이해합니다.
- **힌트 내용 :** isgreater 함수는 좌변을 기준으로 결과를 반환합니다.

```cpp
1 #include <iostream>
2
3 using namespace std;
4
5 int main()
6 {
7     int x = 10;
8     int y = 20;
9     double a = 12.2;
10    double b = 5.6;
11
12    cout << boolalpha;
13    cout << isgreater(20, 11) << endl;
14    cout << isgreater(x, y) << endl;
15    cout << isgreater(a, b) << endl;
16    cout << isgreater(x, b) << endl;
17
18    return 0;
19 }
```

7~10 ◆ 정수형 변수 2개와 실수형 변수 2개를 선언합니다.

12~16 ◆ *isgreater* 함수를 이용합니다. 두 인수 중 앞의 값이 더 크면 *true*, 두 번째 값이 더 크면 *false*가 리턴됩니다. 좌변 20은 우변 11보다 크기 때문에 *true*가 리턴되고, 좌변 *x* 10은 *y* 20보다 작기 때문에 *false*가 리턴됩니다.

실수와 정수의 비교시엔 별도의 형변환이 필요하지 않습니다.

좌변이 우변보다 작은지 확인하기 (isless)

- **학습 내용 :** 두 수를 비교하여 어느 수가 더 작은지 알아내는 방법을 이해합니다.
- **힌트 내용 :** isless 함수는 다른 자료형의 데이터도 비교할 수 있습니다.

```cpp
1  #include <iostream>
2
3  using namespace std;
4
5  int main()
6  {
7      int x = 10;
8      int y = 20;
9      double a = 12.2;
10     double b = 5.6;
11
12     cout << boolalpha;
13     cout << isless(20, 11) << endl;
14     cout << isless(x, y) << endl;
15     cout << isless(a, b) << endl;
16     cout << isless(x, b) << endl;
17
18     return 0;
19 }
```

정수형 변수 2개와 실수형 변수 2개를 선언합니다. ◆ 7~8

isless 함수를 이용합니다. 두 인수 중 앞의 값이 더 크면 false, 두 번째 값이 더 크면 true가 ◆ 13~16
리턴됩니다. 좌변 20은 우변 11보다 크기 때문에 false가 리턴되고, 좌변 x 10은 우변 y 20보
다 작기 때문에 true가 리턴됩니다.

실수와 정수의 비교시엔 별도의 형변환이 필요하지 않습니다. 앞선 isgreater와 사용 방법이
똑같지만, 좌변이 더 작은 수라는 것을 판정한다는 차이점이 존재합니다.

두 숫자의 차이를 확인하기(fdim)

- **학습 내용 :** 오버플로우를 방지할 수 있는 숫자 차이 방법을 이해합니다.
- **힌트 내용 :** x 〉 y라면 x − y가 반환되지만, x 〈 y라면 0이 반환됩니다.

```cpp
1 #include <iostream>
2
3 using namespace std;
4
5 int main()
6 {
7     cout << fdim(-1.0, 0.0) << endl;
8     cout << fdim(1.0, 0.0) << endl;
9     cout << fdim(0.0, 0.0) << endl;
10    cout << fdim(5, 1) << endl;
11    cout << fdim(6, 15) << endl;
12    cout << fdim(4.9, 1.1) << endl;
13    cout << fdim(5.9, 20.1) << endl;
14
15    return 0;
16 }
```

*fdim*은 두 숫자를 인자로 받아 그 차이를 반환합니다. 하지만 프로그래밍 중 연산 과정이 잘못되어 엉뚱한 결과를 얻는 경우도 있습니다. 예를 들어 배열의 인덱스 2를 얻어야 하는데 연산 실패로 −2384라는 수가 얻어진다면 프로그램은 다운될 것입니다. 이런 예상치 못한 상황을 방지할 수 있도록 돕는 것이 *fdim* 함수입니다. 이 함수는 두 숫자를 인자로 받아 그 차이를 반환합니다. 인자를 2개 받는데 첫 번째 인자가 더 커야 차이를 반환하지만, 더 작다면 0을 반환합니다.

7~9 ◆ 두 번째 인수 0.0과 첫 번째 인수 −1.0, 1.0, 0.0을 차례로 비교합니다. 결과는 0, 1, 0입니다.

10~13 ◆ x 〉 y라면 x − y 반환, x 〈 y라면 0이 반환됩니다. 결과는 4, 0, 3.8, 0입니다.

메모하세요

5 PART 실무

C++ 실무 응용 –
정규표현식, JSON

일치하는지 확인하기, 숫자 찾기 (regex_match, regex_search)

- **학습 내용 :** 정규표현식을 사용해 문자열이 조건과 일치하는지 확인합니다. 그리고 문자열의 숫자를 추출하는 방법을 이해합니다.
- **힌트 내용 :** regex_match, regex_search 함수를 사용합니다.

```cpp
1  #include <iostream>
2  #include <regex>
3  #include <string>
4
5  using namespace std;
6
7  int main()
8  {
9      regex re1(R"(\d+)");
10     string str1("1234");
11
12     bool is_match = regex_match(str1, re1);
13
14     cout << boolalpha;
15     cout << "is_match = " << is_match << endl;
16
17     regex re2(R"(\d+)");
18     string str2 = "ab 123456 cd ef";
19
20     smatch match_info;
21     regex_search(str2, match_info, re2);
22
23     cout << "number : " << match_info.str() << endl;
24
25     return 0;
26 }
```

정규표현식(*regex*)이란 어떤 규칙대로 문자열의 집합을 표시할 때 사용합니다. 복잡한 문자열에서 원하는 데이터만 추출하여 사용하기 위해 도입한 것으로 거의 모든 프로그래밍 언어에서 지원하고 있습니다.

이 예지에서 사용할 메타 문자

- ₩d : 검색 조건은 숫자로 합니다.
- + : 앞의 조건을 1번 또는 여러 번 반복합니다.

정규표현식을 사용하기 위해 *regex*를 인클루드합니다. ◆ 2

정규표현식으로 규칙을 선언합니다. *C++*에서 정규표현식은 *R"()"* 형태로 표현하며, 실제 규칙은 *()* 안에 적습니다. *\d+*란 숫자를 찾는데 한 자리가 아니라 여러 자리라는 뜻입니다. *\d*는 숫자가 여러 번 반복된다는 의미이며, 이는 한 자리 이상을 뜻합니다. ◆ 9

문자열 변수를 선언합니다. ◆ 10

문자열이 정규표현식과 일치하는지 검사합니다. *regex_match*는 문자열과 규칙을 인자로 받아 문자열이 규칙에 부합한다면 *true*를 반환합니다. ◆ 12

12번 라인의 결과를 출력합니다. 결과는 정수로만 이뤄진 문자열이라 *true*입니다. ◆ 14~15

새로운 문자열과 정규표현식을 선언합니다. ◆ 17~18

정규표현식과 일치하는 문자열을 찾으며, 찾아낸 문자열은 *match_info* 변수에 저장됩니다. 예제 실행 중에 +를 빼고 실행해보면 결과가 한 자리로 출력되는 것을 확인하실 수 있습니다 ◆ 20~21

결과를 출력합니다. *match_info*에 결과값이 존재한다면 *.str()* 함수를 이용해 문자열로 출력할 수 있습니다. ◆ 23

결과

```
is_match = true
number : 123456
```

문자열 일부 변경하기 (regex_replace)

- **학습 내용 :** 정규표현식을 사용해 문자열 일부를 변경하는 방법을 이해합니다.
- **힌트 내용 :** regex_replace 함수를 사용합니다.

```cpp
1  #include <iostream>
2  #include <regex>
3  #include <string>
4
5  using namespace std;
6
7  int main()
8  {
9      regex re1(R"(l|i|k|e)");
10     regex re2(R"(\D)");
11     regex re3(R"(\s)");
12     string str = "i like coding";
13
14     string result1 = regex_replace(str, re1, "[$&]");
15     string result2 = regex_replace(str, re1, "*");
16     string result3 = regex_replace(str, re2, "_$&_");
17     string result4 = regex_replace(str, re3, "(space)");
18
19     cout << "result1 : " << result1 << endl;
20     cout << "result2 : " << result2 << endl;
21     cout << "result3 : " << result3 << endl;
22     cout << "result4 : " << result4 << endl;
23
24     return 0;
25 }
```

이 예제에서 사용할 메타 문자

- | : or. 또는이란 의미로 여러 조건을 사용할 때 구분자로 사용합니다.
- \D : 숫자를 제외한 문자만을 대상으로 합니다.
- \s : 공백 문자만 대상으로 합니다.

문자 l, i, k, e를 찾는 정규표현식입니다. 중간에 |를 구분자로 사용해 *Like* 단어가 아닌, 알파 **◆ 9**
벳 l, i, k, e 4개를 나타냅니다.

숫자를 제외한 문자를 찾는 정규표현식과 공백문자를 찾는 정규표현식입니다. **◆ 10~11**

정규표현식으로 특정 조건을 찾아볼 문자열을 선언합니다. **◆ 12**

regex_replace 첫 번째 인자는 대상 문자열, 두 번째 인자는 정규표현식, 세 번째 인자는 변경 **◆ 14**
할 형식입니다. $&는 찾아낸 문자 또는 문자열을 불러온다는 뜻으로, 이 경우에는 알파벳 4개
와 일치하는 부분의 앞 뒤로 []를 붙입니다.

찾아낼 알파벳 l, i, k, e를 ∗로 변경합니다. **◆ 15**

숫자를 제외한 모든 문자 앞뒤에 _를 붙입니다. **◆ 16**

공백 문자를 찾아 (space)로 교체합니다. **◆ 17**

결과

```
result1 : [i] [l][i][k][e] cod[i]ng
result2 : * **** cod*ng
result3 : _i__ __l__i__k__e__ __c__o__d__i__n__g_
result4 : i(space)like(space)coding
```

첫 번째 결과만 변경하기
(regex_replace)

- **학습 내용 :** 검색한 결과 중 첫 번째 부분만 변경하는 방법을 이해합니다.
- **힌트 내용 :** regex_replace 함수에 옵션을 추가합니다.

```cpp
1  #include <iostream>
2  #include <regex>
3  #include <string>
4
5  using namespace std;
6
7  int main()
8  {
9      regex re1(R"(\S)");
10     regex re2(R"(\t)");
11     string str = "i like   coding";
12
13     string result1 = regex_replace(str, re1, "[$&]", regex_constants::
14 format_first_only);
15     string result2 = regex_replace(str, re2, "(Tab)", regex_
16 constants::format_first_only);
17
18     cout << "result1 : " << result1 << endl;
19     cout << "result2 : " << result2 << endl;
20
21     return 0;
22 }
```

이 예제에서 사용할 메타 문자

- ₩S : 공백 문자가 아닌 것. 숫자, 문자, 특수문자 모두 검색 대상에 해당합니다.
- ₩t : Tab 탭을 검색합니다.

공백 문자가 아닌 것과 탭을 찾는 정규표현식입니다.   ◆ 9~10

앞 예제와 사용 방법이 비슷하지만, *regex_constants::format_first_only* 옵션이 추가되었   ◆ 13~14
습니다. *format_first_only* 옵션을 추가하면 처음 찾아낸 결과만 수정하고 중단합니다. 처음
찾아낸 문자를 []로 감쌉니다.

\t을 찾아 문자열 *(Tab)*로 교체합니다.   ◆ 15~16

결과

```
result1 : [i]   like    coding
result2 : i(Tab)like    coding
```

모든 숫자 찾기(regex_search)

- **학습 내용 :** 정규표현식을 사용해 문자열에서 모든 숫자를 찾는 방법을 이해합니다.
- **힌트 내용 :** while문에서 regex_search 함수를 반복합니다.

```cpp
1  #include <iostream>
2  #include <vector>
3  #include <regex>
4  #include <string>
5
6  using namespace std;
7
8  int main()
9  {
10     regex re(R"(\d+)");
11     const string str = "12 34ab 56 cd78__ !9 10 ==11";
12
13     vector<string> result;
14     auto start = str.begin();
15     auto end = str.end();
16
17     smatch match_info;
18
19     while (regex_search(start, end, match_info, re))
20     {
21         result.push_back(match_info.str());
22         start = match_info[0].second;
23     }
24
25     for (auto i : result)
26         cout << i << ", ";
27
28     return 0;
29  }
```

이 예제에서 사용할 메타 문자

● ₩d : 숫자를 찾습니다.

모든 숫자를 찾는 정규표현식과 숫자를 찾아볼 문자열을 선언합니다. ◆ 10~11

찾아낸 숫자를 저장할 벡터를 선언합니다. ◆ 13

*while*문을 사용하는데 필요한 문자열의 시작과 끝 위치를 저장합니다. ◆ 14~15

찾은 결과를 저장할 *smatch* 변수를 선언합니다. ◆ 17

*regex_search*가 검색할 내용이 없을 때까지 *while*문이 반복됩니다. 첫 번째 인자는 검색할 문 ◆ 19
자열의 시작 위치, 두 번째 인자는 검색할 문자열의 종료 위치, 세 번째 인자는 결과를 저장할
smatch, 네 번째 인자는 정규표현식입니다.

정규표현식으로 찾아낸 결과는 문자열로 변환하여 벡터 *result*에 저장됩니다. ◆ 21

먼저 *smatch* 구조를 살펴보겠습니다. 다음과 같은 구조로 되어 있습니다. ◆ 22

```
[0] - 항상 이 위치에 결과 값을 저장
[0].matched - 값을 찾았으면 true, 못 찾으면 false
[0].first - 검색에 이용한 전체 문자열
[0].second - matched가 true라면 결과값에서 first 문자열을 제외한 나머지 문자열

예)
matched = true
first - "12 34ab 56 cd78__  !9 10 ==11"
second - "34ab 56 cd78__  !9 10 ==11"
```

이터레이터 *start*는 *second*를 계속 참조하므로, *start*가 참조할 문자열이 없어질 때까지
*while*문이 반복됩니다.

모든 숫자 검색 결과를 출력합니다. ◆ 25~26

결과

```
12, 34, 56, 78, 9, 10, 11
```

Go-로 시작하는 단어 찾기 (regex-search)

- **학습 내용 :** 정규표현식을 사용해 특정 문자로 시작하는 단어를 찾는 방법을 이해합니다.
- **힌트 내용 :** while문에서 regex_search 함수를 반복합니다.

```cpp
1 #include <iostream>
2 #include <regex>
3 #include <string>
4
5 using namespace std;
6
7 int main()
8 {
9     string str = "Wang Geon, a descendant of Go-gu-ryeo nobility,
10 deemed the nation as the successor of Go-guryeo";
11
12     smatch match_info;
13
14     regex re(" Go-([^ ]*)");
15
16     while (regex_search(str, match_info, re))
17     {
18         cout << match_info.str() << " " << endl;
19
20         str = match_info.suffix().str();
21     }
22
23     return 0;
24 }
```

이 예제에서 사용할 메타 문자

- [] : 괄호 사이의 문자를 찾습니다.
- ^공백 : 공백을 제외한 모든 문자를 찾습니다.

첫째, Go-로 시작하는 모든 단어(또는 문자열)를 찾으며, 둘째, Go-와 다음 공백 사이를 결과 값으로 얻습니다.

◆ **14**

regex_search 함수에 문자열, 결과를 저장할 변수, 정규표현식을 인자로 전달합니다.

◆ **16**

*suffix*는 앞선 예제에서 다뤘던 *.second*와 똑같습니다. 찾아낸 문자열을 제외한 나머지를 의미합니다. 이렇게 계속 단어를 줄여가며 *.suffix*에 값이 없을 때까지 *while*문이 반복됩니다.

◆ **16~22**

결과

```
Go-gu-ryeo
Go-guryeo
```

R 또는 r로 시작하는 문자열 찾기 (regex_match)

- **학습 내용:** 특정 문자로 시작하는 문자열을 찾는 방법을 이해합니다.
- **힌트 내용:** [Rr]은 R 또는 r의 의미입니다.

```cpp
1  #include <iostream>
2  #include <vector>
3  #include <regex>
4  #include <string>
5
6  using namespace std;
7
8  int main()
9  {
10     vector<string> Korea = {
11         "Republic of Korea",
12         "republic of Korea",
13         "Republic of korea",
14         "republic of korea",
15         "South Korea",
16         "south korea",
17         "South korea",
18         "south Korea",
19     };
20
21     regex re("([Rr]epublic)\\s.*");
22
23     smatch match_info;
24
25     for (auto i : Korea)
26     {
27     if (regex_match(i, match_info, re))
28         cout << match_info[0] << endl;
```

```
29      }
30
31      return 0;
32 }
```

이 예저 에서 사용할 메타 문자

- [xy] : 괄호 안의 모든 문자를 찾습니다.
- () : 괄호 안의 내용은 하나의 그룹이 됩니다.
- ₩ : 다음에 오는 메타 문자를 찾습니다.
- ₩s : 공백 문자를 찾습니다.
- . : 임의의 문자를 나타냅니다.
- * : 앞 문자가 0개 이상 일치하는 문자열입니다.

R, r, S, s로 시작하는 문자열 8개를 벡터의 초기값으로 설정합니다.　　　　　◆ **10~19**

정규표현식 의미는 문자열이 R 또는 r로 시작하며 다음 문자열은 epublic입니다. 이어서 공백　◆ **21**
이 있어야 합니다. 만약 이 조건에 부합한다면 이어지는 문자들은 모두 결과에 해당합니다.

검색 결과를 출력합니다. *regex_match*는 첫 번째 인자로 문자열, 두 번째 인자로 *smatch*, 세　◆ **25~29**
번째 인자로 정규표현식을 전달 받습니다.

결과

```
Republic of Korea
republic of Korea
Republic of korea
republic of korea
```

시작, 끝 문자로 문자열 찾기 (regex_match)

- **학습 내용 :** 특정 문자로 시작하고 끝나는 문자열을 찾는 방법을 이해합니다.
- **힌트 내용 :** 중간에 .*이 꼭 들어가야 하며, 시작과 끝에는 찾아낼 표현식이 필요합니다.

```cpp
1 #include <iostream>
2 #include <vector>
3 #include <regex>
4 #include <string>
5
6 using namespace std;
7
8 int main()
9 {
10     vector<string> Korea = {
11         "Republic of Korea",
12         "republic of Korea, since 1945",
13         "Republic of korea, since 1945",
14         "republic of korea",
15         "south Korea, since 1945",
16         "south korea",
17         "SOUTH KOREA, since 1945",
18         "south Korea",
19     };
20
21     regex re("(SOUTH|south).*(1945)");
22
23     smatch match_info;
24
25     for (auto i : Korea)
26     {
27         if (regex_match(i, match_info, re))
28             cout << match_info[0] << endl;
```

```
29    }
30
31    return 0;
32 }
```

첫째, 문자열은 SOUTH 또는 south로 시작해야 합니다. 둘째, 중간에 어떤 문자가 있든 상관   ◆ 21
없으며, 셋째, 문자열의 끝에는 1945가 있어야 합니다. 즉, SOUTH 또는 south로 시작하며
1945로 끝나는 문자열을 찾아내는 것입니다.

검색 결과를 출력합니다. *regex_match* 사용 방법은 앞선 예제와 똑같습니다.   ◆ 25~29

결과

```
south Korea, since 1945
SOUTH KOREA, since 1945
```

문자열의 모든 단어 찾기 (regex_iterator)

실무 194

- **학습 내용 :** 문자열의 모든 단어를 찾되 숫자로만 이뤄진 것은 단어로 인식하지 않는 방법을 이해합니다.
- **힌트 내용 :** A–Z와 a–z는 모든 알파벳을 의미합니다.

```cpp
1 #include <iostream>
2 #include <string>
3 #include <regex>
4
5 using namespace std;
6
7 int main()
8 {
9     string str = "Jolbon Buyeo was the predecessor to Goguryeo, and in
10 538, Baekje renamed itself Nambuyeo (South Buyeo)";
11
12     regex re("([A-Za-z]+)");
13
14     auto start = sregex_iterator(str.begin(), str.end(), re);
15     auto end = sregex_iterator();
16
17     cout << " == 단어 개수 : " << distance(start, end) << " ==" << endl;
18
19     for (sregex_iterator i = start; i != end; ++i)
20         cout << i->position() << ", " << i->str() << endl;
21
22     return 0;
23 }
```

이 예제에서 사용할 메타 문자

- A–Z : A부터 Z까지의 모든 문자(대문자)
- a–z : a부터 z까지의 모든 문자(소문자)

● + : 앞의 메타 문자가 1번 이상 반복합니다.

이 문자열에서 단어를 찾습니다. 숫자가 포함되지 않고 오직 문자로만 이뤄진 것을 단어라 판 ◆ 9~10
단하여 찾아냅니다.

대문자와 소문자를 모두 포함했기 때문에 모든 알파벳을 의미합니다. 특수문자, 숫자 등은 별 ◆ 12
도로 선언하지 않아 오로지 영문으로 이뤄진 문자열만 단어로 인식합니다. 만약 ab12cd라는 문
자열이 있다면, ab와 cd를 분리하여 단어 2개로 인식합니다.

*sregex_iterator*는 문자열의 처음과 끝을 분리하여 내부에 보유하는 반복자입니다. 내부적으 ◆ 14~15
로 정규표현식과 일치하는지, 일치하는 지점의 인덱스는 어디인지도 보유하고 있습니다. 만약
별도의 인자가 없다면 무조건 *end* 위치를 가리키게 됩니다.

distance 함수를 이용해 *start*와 *end* 반복자 값을 비교하여 단어 개수를 출력합니다. *start* ◆ 17
위치에서 *end* 위치까지의 거리가 곧, 개수가 됩니다.

*position*은 단어의 시작 위치, *str*은 문자열 값입니다. *sregex_iterator*도 일반적인 ◆ 19~20
*iterator*와 똑같은 방법으로 사용할 수 있습니다.

결과

```
== 단어 개수 : 15 ==
0, Jolbon
7, Buyeo
13, was
17, the
21, predecessor
33, to
36, Goguryeo
46, and
50, in
58, Baekje
65, renamed
73, itself
80, Nambuyeo
90, South
96, Buyeo
```

Json 사용하기 – 설치하기 (jsoncpp)

- **학습 내용:** 표준 데이터 포맷 Json을 설치하고 파일 만드는 방법을 이해합니다.
- **힌트 내용:** 여러 Json 라이브러리 중 Jsoncpp를 사용합니다.

*JSON*은 *XML*과 함께 많이 사용되는 데이터 교환 형식으로 이름과 값 형태의 쌍으로 구성되어 있습니다. *JSON* 오브젝트들은 { }를 기준으로 분류되며 { } 내부에는 { }를 또 추가하여 오브젝트 안의 오브젝트도 구현할 수 있습니다.

*C++*에는 기본 라이브러리에 포함되어 있지 않습니다. 그래서 검증된 라이브러리를 설치하여 사용해야 하는데 이 책에서는 *jsoncpp*를 이용합니다.

먼저 *Githup*에 공개되어 있는 *jsoncpp* 파일을 다운로드합니다.

JsonCpp 다운로드

https://github.com/open-source-parsers/jsoncpp

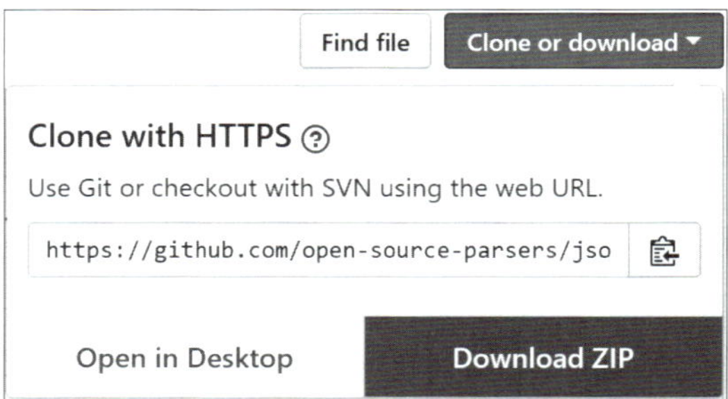

*jsoncpp*를 사용하기 전에 빌드를 해야 합니다. 빌드에 필요한 파이썬은 다음의 사이트에 접속하여 확인할 수 있습니다.

파이썬 다운로드

https://www.python.org/

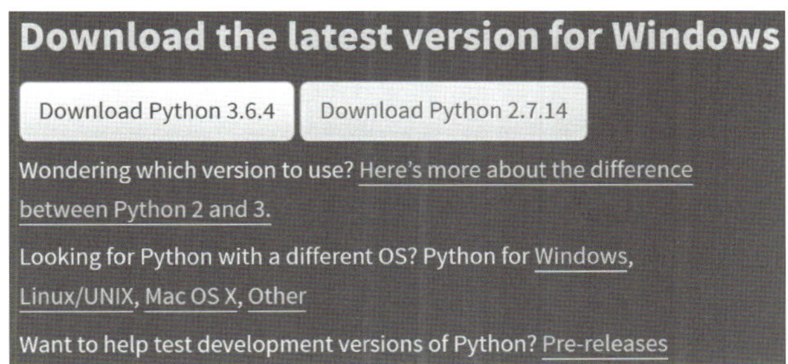

파이썬은 3.x부터 대대적인 변화가 이뤄졌습니다. 마치 Qt5가 Qt4와는 전혀 다른 언어처럼 변했듯 파이썬도 마찬가지입니다. jsoncpp 빌드에 필요한 3.x를 다운로드 한 뒤 설치합니다. 설치 경로 지정하는 것 외에 따로 설정할 사항은 없습니다.

이어서, 앞서 다운로드한 jsoncpp 압축파일을 원하는 폴더에 해제한 뒤, 아래처럼 콘솔창에서 명령어를 이용해 빌드합니다.

Jsoncpp 빌드

명령어 : *python amalgamate.py*

```
선택 명령 프롬프트
C:\jsoncpp-master\jsoncpp-master>python amalgamate.py
Amalgamating header...
Writing amalgamated header to 'dist\json/json.h'
Amalgamating forward header...
Writing amalgamated forward header to 'dist\json/json-forwards.h'
Amalgamating source...
Writing amalgamated source to 'dist/jsoncpp.cpp'
Source successfully amalgamated
```

정상적으로 이 과정이 수행되면 *jsoncpp* 폴더 안에 *dist* 폴더가 생성됩니다. 이 폴더를 프로젝트 폴더에 복사합니다.

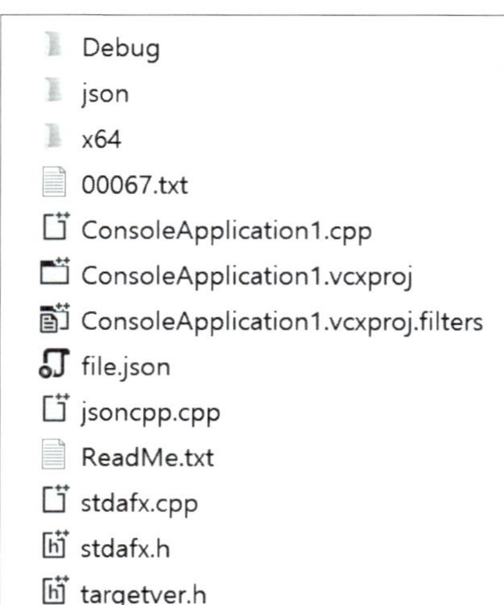

그리고 비주얼 스튜디오에서 프로젝트를 마우스 오른쪽으로 클릭합니다. 생성되는 메뉴에서 "추가 – 기존항목"을 선택한 뒤 폴더에 복사된 *jsoncpp.cpp* 파일을 선택하여 추가합니다.

만약 *jsoncpp.cpp*에서 *stdafx.h* 파일이 없다는 에러가 발생하면 아래 코드를 1번 라인에 추가합니다.

jsoncpp.cpp 추가 소스

소스 : *#include "stdafx.h"*

또한, Use CharReader and CharReaderBuilder instead 에러가 발생하면, 프로젝트 속성 – C/C++ – 일반 – SDL 검사를 "아니요(/sdl–)"로 변경합니다.

이 과정을 마치면 C++에서 json을 사용할 수 있습니다.

Json 파일에 내용 쓰기 (Value, StyledWriter)

- **학습 내용 :** json 파일에 내용 쓰는 방법을 이해합니다.
- **힌트 내용 :** Value로 트리를 구성하고 StyledWriter로 Value를 출력합니다.

```cpp
1  #include <string>
2  #include <fstream>
3  #include <iostream>
4  #include "json/json.h"
5
6  using namespace std;
7  using namespace Json;
8
9  int main()
10 {
11     ofstream json_file;
12     json_file.open("json_exam.json");
13
14     Value main;
15     main["Job1"] = "developer";
16     main["Job2"] = "author";
17
18     Value sub1;
19     sub1["Sub1"] = "Sub1";
20     sub1["Sub2"] = "Sub2";
21     main["SubItems"] = sub1;
22
23     main["Sub3"] = "blogger";
24
25     Json::StyledWriter writer;
26     string str = writer.write(main);
27     std::cout << str << std::endl << std::endl;
28
```

```
29        json_file << writer.write(main);
30        json_file.close();
31
32        return 0;
33    }
```

*json*은 현업에서 자주 사용되며, 네트워크, 시리얼 통신, 게임, 임베디드 등 다양한 분야에서 폭 넓게 사용되고 있습니다. *json* 데이터 포맷은 언어, 분야를 망라하는 표준 포맷이라 어느 분야, 어느 업종에서건 유용하게 사용할 수 있습니다.

4 ◆ 앞선 장에서 생성하여 복사한 *json* 파일을 인클루드합니다.

11~12 ◆ *json* 파일을 생성하기 위해 *ofstream*을 이용하며 파일 이름은 *json_exam.json*으로 설정합니다.

14~16 ◆ *jsoncpp*는 *Value*를 이용해 요소들을 관리합니다. *Job1*이란 이름의 값은 *developer*이며, *Job2* 이름의 값은 *author*입니다.

18~20 ◆ 새로운 *json* 오브젝트를 생성합니다.

21 ◆ 새로 추가한 오브젝트 *sub1*을 *main*에 추가합니다. 오브젝트는 내부에 오브젝트를 보유할 수 있습니다. 이 경우 *main*은 부모 트리가 되고 *sub1*은 자식 트리가 됩니다.

23 ◆ *main* 오브젝트에 새로운 값을 추가합니다.

25~27 ◆ *StyledWriter*는 *Value*를 출력하도록 돕습니다. *Wirte* 함수를 이용해 문자열로 변환하여 27번 라인에서 출력합니다. 이 라인은 콘솔에 출력되는 문자열을 얻기 위함이지 파일에 직접 쓰는 것은 아닙니다.

29~30 ◆ *StyledWriter*를 이용하여 파일에 *json* 요소를 씁니다.

결과

```
{
   "Job1" : "developer",
   "Job2" : "author",
   "Jub3" : "blogger",
   "SubItems" : {
      "Sub1" : "Sub1",
      "Sub2" : "Sub2"
   }
}
```

json 확장자는 비주얼 스튜디오에서 열 수 있습니다. 새로 생성된 파일을 비주얼 스튜디오로 드래그하여 내용을 확인해 보세요.

> **N O T E**
>
> C++ Jsoncpp 라이브러리는 비주얼 스튜디오 2003 이후 버전을 지원합니다. Json::Value는 ANSI 유형 문자열만 처리할 수 있어 한글을 다룰 때는 다소 불편할 수도 있습니다. 한글을 사용한다면 Adapt 클래스를 추가하여 언어셋을 맞추는 과정이 필요한데, 이 책에선 다루지 않습니다.
>
> 또한, Jsoncpp는 Json 자체가 크로스 플랫폼을 지원하기에 라이브러리도 크로스 플랫폼 오픈 소스 형태로 배포되었습니다.
>
> 만약, C#을 다룬다면 Newtonsoft에서 제공하는 Json.NET를 사용하는 것이 편리합니다.

Json 파일 내용 읽기 (Reader.parse)

- **학습 내용 :** json 파일을 읽어 출력하는 방법을 이해합니다.
- **힌트 내용 :** parse 함수의 반환값은 bool이며, 인자 Value에 요소가 저장됩니다.

```cpp
1  #include <fstream>
2  #include <iostream>
3  #include "json/json.h"
4
5  using namespace std;
6  using namespace Json;
7
8  int main()
9  {
10     ifstream json_dir("json_exam.json");
11     Reader reader;
12     Value value;
13
14     bool is_parse = reader.parse(json_dir, value);
15
16     if (is_parse == true)
17     {
18         cout << "Job1 : " << value["Job1"] << endl;
19         cout << "SubItems Sub1 : " << value["SubItems"]["Sub1"] << endl;
20     }
21     else
22     {
23         cout << "Json 파일을 읽을 수 없습니다." << endl;
24     }
25
26     return 0;
27 }
```

앞에서 만든 *json_exam.json* 파일을 읽습니다. ◆ 10

json 파일을 읽을 땐 Reader를 이용하며, 읽은 데이터는 *Value*에 저장됩니다. 유효한 *json* 파   ◆ 11~14
일이라면 *true*를 반환합니다.

유효한 *json* 파일을 읽었다면 18, 19번처럼 이름에 맞는 값을 출력합니다. 만약 이름 값이 잘못   ◆ 16~24
되었다면 *null*이 출력됩니다. *json* 파일의 오브젝트는 배열을 사용할 때처럼 []를 이용합니다.

결과

```
Job1 : "developer"
SubItems Sub1 : "Sub1"
```

C++에서 사용할 수 있는 json 라이브러리에는 Jsoncpp, RapidJson, JSON Spirit, cJSON 등이 있습니다. Qt는
QJson이 있었지만, Qt5 부터 기본 라이브러리로 포함되었습니다. 여러 Json 라이브러리를 사용하며 장단점을
파악하는 것도 추천합니다.

Json 배열처럼 읽고 쓰기 (append)

- **학습 내용 :** Json 요소를 배열처럼 다루는 방법을 이해합니다.
- **힌트 내용 :** Value에 append하면 배열이 됩니다.

```cpp
1  #include <fstream>
2  #include <iostream>
3  #include "json/json.h"
4
5  using namespace std;
6  using namespace Json;
7
8  int main()
9  {
10     ofstream json_write;
11     json_write.open("json_exam2.json");
12
13     Value root;
14     root["Title"] = "Array Exam";
15
16     Value array1;
17     array1.append("C#");
18     array1.append("C++");
19
20     Value array2;
21     array2.append("Q#");
22     array2.append("Qt");
23
24     root["Language"]["Sample1"] = array1;
25     root["Language"]["Sample2"] = array2;
26
27     json_write << root;
28     json_write.close();
```

```
29
30      ifstream json_open("json_exam2.json");
31      Reader reader;
32      Value value;
33      reader.parse(json_open, value);
34
35      cout << value << endl << endl;
36
37      for (auto i : value["Language"]["Sample1"])
38          cout << "Language Sample1 : " << i << endl;
39
40      return 0;
41  }
```

새로운 파일인 json_exam2.json을 생성합니다. ◆ 10~11

Title 오브젝트를 추가합니다. ◆ 13~14

Value 변수에 *append* 함수를 이용하여 *json* 배열 요소 2개를 생성합니다. ◆ 16~22

Language 오브젝트의 값으로 배열 2개를 추가합니다. 그리고 *root value*를 파일에 쓰고 닫습니다. ◆ 24~28

위에서 생성한 파일을 열고 *json* 파일 내용을 *value* 변수에 담습니다. ◆ 30~33

for 문을 이용하여 *Language* 오브젝트의 배열 중 *Sample1* 요소만 출력합니다. 이렇게 *Value* ◆ 37~38
를 배열처럼 다루게 되면 코드가 직관적이라 소스만으로도 트리를 유추하기 수월해집니다.

```
{
        "Language" :
        {
                "Sample1" :
                [
                        "C#",
                        "C++"
                ],
                "Sample2" :
                [
                        "Q#",
                        "Qt"
                ]
        },
        "Title" : "Array Exam"
}

Language Sample1 : "C#"
Language Sample1 : "C++"
```

Json 원하는 자료형으로 읽기 (get, as)

- **학습 내용 :** Json의 요소들을 원하는 자료형으로 읽어오는 방법을 이해합니다.
- **힌트 내용 :** as…() 함수는 총 9개가 지원됩니다.

```cpp
1  #include <fstream>
2  #include <iostream>
3  #include "json/json.h"
4
5  using namespace std;
6  using namespace Json;
7
8  int main()
9  {
10     ofstream json_write;
11     json_write.open("json_exam3.json");
12
13     Value root;
14     root["Title"] = "Convert Exam";
15     root["IsJson"] = true;
16
17     Value numbers;
18     numbers["No1"] = 12;
19     numbers["No2"] = 20.3;
20
21     root["Array"]["Number"] = numbers;
22
23     json_write << root;
24     json_write.close();
25
26     ifstream json_open("json_exam3.json");
27     Reader reader;
28     Value value;
```

```
29        reader.parse(json_open, value);
30
31        cout << value["Array"]["Number"].get("No1", -1).asInt() << endl;
32        cout << value["Array"]["Number"].get("No2", -1).asDouble() << endl;
33        cout << value["Array"]["Number"].get("No1", "Empty").asString() << endl;
34        cout << value.get("IsJson", false).asBool() << endl;
35
36        return 0;
37 }
```

13~21 ◆ *root*를 생성하고 2개 요소를 추가한 뒤 21번 라인에서 17번 라인의 *numbers*를 새 요소로 또
추가합니다.

23~29 ◆ *json* 파일을 새로 쓰고 *Reader.parse*로 읽어 *value*에 담습니다.

31 ◆ *get* 함수를 이용해 *No1* 오브젝트를 읽습니다. 만약 읽지 못하면 −1을 반환하며 읽는다면 *int*
정수형으로 해당 값을 반환합니다.

32 ◆ *get* 함수를 이용해 *No2* 오브젝트를 읽습니다. 만약 읽지 못하면 −1을 반환하며 읽는다면
double 실수형으로 해당 값을 반환합니다.

33 ◆ *get* 함수를 이용해 *No1* 오브젝트를 읽습니다. 만약 읽지 못하면 *Empty* 문자열을 반환하며 읽
는다면 문자열로 해당 값을 반환합니다.

34 ◆ *get* 함수를 이용해 *IsJson* 오브젝트를 읽습니다. 만약 읽지 못하면 *false*를 반환하며 읽는다
면 *bool*형으로 해당 값을 반환합니다.

결과

```
12
20.3
12
1
```

Json 요소 크기 확인하기(size)

- **학습 내용 :** Json 요소들의 크기를 확인하는 방법을 이해합니다.
- **힌트 내용 :** size 함수를 이용하면 크기를 알 수 있습니다.

```cpp
1  #include <fstream>
2  #include <iostream>
3  #include "json/json.h"
4
5  using namespace std;
6  using namespace Json;
7
8  int main()
9  {
10     ifstream json_open("json_exam3.json");
11     Reader reader;
12     Value value;
13     reader.parse(json_open, value);
14
15     cout << "Root 크기 : " << value.size() << endl;
16     cout << "Array 크기 : " << value["Array"].size() << endl;
17     cout << "Number 크기 : " << value["Array"]["Number"].size() << endl;
18
19     return 0;
20 }
```

앞선 예제에서 만든 *json* 파일을 참고하여 크기를 확인합니다.

json_exam3.json 파일에는 *Array*, *IsJson*, *Title* 오브젝트가 있어서 크기는 3입니다.   ◆ 15

Array 내부에는 *Number* 오브젝트만 있어서 크기는 1입니다.   ◆ 16

Number 내부에는 *No1*, *No2* 오브젝트가 있어서 크기는 2입니다.   ◆ 17

```
Root 크기 : 3
Array 크기 : 1
Number 크기 : 2
json_exam3.json
```

json_exam3.json

```json
{
    "Array" :
    {
      "Number" :
      {
        "No1" : 12,
        "No2" : 20.300000000000001
      }
    },
    "IsJson" : true,
    "Title" : "Convert Exam"
}
```

메모하세요

ㅋ

ㅍ

ㅎ